KARL-HEINZ OTT

HÖLDERLINS GEISTER

Carl Hanser Verlag

1. Auflage 2019

ISBN 978-3-446-26376-5
© 2019 Carl Hanser Verlag GmbH & Co KG, München
Umschlag: Peter-Andreas Hassiepen, München
Motiv: © akg-images
Satz im Verlag
Druck und Bindung: CPI books GmbH, Leck
Printed in Germany

Für Peter Vorbach

Am Rand der Verzweiflung wiederholen sich die Mythen.

Peter Handke, Am Felsfenster morgens

Das Wesen eines Mythos besteht nicht darin,
dass alle ihn kennen, sondern dass man glaubt,
er sei allen bekannt und er sei würdig, es zu sein;
deshalb kannte man ihn auch im Allgemeinen nicht.

Paul Veyne, Glaubten die Griechen an ihre Mythen?

We talked about how to get through a day without the
old horizons of belief, and there was relief in that –
in hearing another human being say how fucking *hard* it was,
for her as well, just the simple act of living in the world
without anything to blunt the edges.

Leslie Jamison, The Recovering

TÜBINGER VISIONEN

Alte Burse. Alle Viertelstunde schlagen die Glocken, Verkündigung aus naher Ferne, von was auch immer. Um elf schlagen sie dreiunddreißigmal hintereinander, von jedem Kirchturm anders, die einen voller und runder, die andern dürftiger und höher, die dritten klingen wie von weiter weg. Danach wirkt die nächtliche Stille noch stiller. Man klappt die Bücher zu, steckt die Notizhefte ein und die Stifte, stapft die knirschenden Stufen hinab, schließt die Alte Burse zu und geht hinüber in den Hölderlinturm, wenige Schritte nur. Dort gibt es noch Brot und Wein, schlicht wie beim Abendmahl, Speis und Trank der Götter, deren letzter Jesus ist, will man Hölderlin glauben. Nach Jesus kommt die Götternacht. Sie dauert Jahrtausende, bis heute. Das Christentum hat alles Schöne verscheucht, hat die Welt zum Jammertal gemacht. Doch sie kehren wieder, die Götter, Hölderlin ist davon überzeugt.

In Bielefeld oder Berlin hätte man nie das Gefühl, der Vergangenheit so nah zu sein. Hegel, Schelling, Hölderlin leben noch, in Tübingen am Neckar, man vernimmt ihre Schritte auf dem Kopfsteinpflaster, damals wie heute, bildet sich ein, dass sie die gleichen Glocken gehört haben. Nur heißt der Hölderlinturm damals noch nicht Hölderlinturm, und in der Alten Burse sind noch nicht die Philosophen untergebracht, es befindet sich dort die Authenrieth'sche Klinik, in der man Hölderlin behandelt hat, mit Methoden, über die man heute den Kopf schüttelt. Gleich nebenan das Stift, wo Hegel, Schelling und Hölderlin eine Neue Mythologie entworfen haben: »Die Poesie wird am Ende wieder, was sie am Anfang war – Lehrerin der Menschheit«, heißt es da.

Das Geistige allein ist das Wirkliche. Was hat man nicht schon gelacht über diesen Hegel-Satz! Als handle es sich um philosophischen Irrsinn, um reinstes Gaga, um Idealisten-Hypertrophie.
Trotzdem ist es der wahrste Satz, den der Geist je hervorge-
bracht hat. Aus Geist wird Wirklichkeit, Ideen werden Realität:
Das Stift, die Alte Burse, der Hölderlinturm – alles Stein gewor-
dener Geist, Gebäude, in denen Gedanken zu Hause sind, als
Wind, als Hauch, als Pneuma; die Wände voller Bücher, ganze
Räume mit Regalen voller Hegel, Schelling, Hölderlin, der
größte Teil Fußnoten, mit Blick auf die Platanenallee und den
Neckar, den schwäbischen Isthmus. Auch die Garonne ist nicht
weit, wo Hölderlin den sonnenverbrannten Gesichtern der al-
ten Griechen begegnet, unweit von Smyrnas Ufern, an Ilions
Gestaden, die bis Lauffen reichen und bis Nürtingen und bis zu
Meister Zimmers Haus, wo heutzutage Stocherkähne liegen.

Die Zeit steht hier noch still, nicht nur bei Nacht. Hört man
auf den Gassen Schritte durchs Dunkel hallen, hört man immer
auch anderes: die Geister der Vergangenheit, die heimlichen
Gesprächslenker.

Hölderlins Aber. Immer wieder das Wörtchen Aber. Jedes Mal
horcht man auf, wie Kinder. Jedes Aber lässt an die Bibel denken, man sieht einen Zeigefinger: »Ich aber sage euch …« Jesus
gegen die Pharisäer, Jesus gegen die Schriftgelehrten, Jesus gegen den Gesetzesglauben. Hölderlins Aber dagegen besteht aus
Bejahung: »Im Hofe aber wächset ein Feigenbaum.« Hölderlins
Aber macht diesen Feigenbaum erst bedeutsam, nicht nur ihn,
den ganzen Hof. Und mit ihm die ganze Welt. Als sehe man
zum ersten Mal einen Feigenbaum, als blicke man überhaupt
zum ersten Mal hin, auf alles. Der Feigenbaum wird zum Inbild, wofür auch immer.

Eine neue Mythologie. Den drei Stiftsfreunden Hegel, Schelling und Hölderlin haben es Kants Schriften angetan, wie vielen damals. Kant zertrümmert eine zweitausendjährige Metaphysik, er steckt die Grenzen der Philosophie neu ab. Die Aufklärung verbietet den Rückfall in ein bodenloses Spekulieren, das mit Begriffen wie Gott und Ewigkeit um sich wirft. Allerdings merken die drei schon bald, dass damit auch jeder höhere Sinn schwindet. Kants Vernunft, die alle Denkbereiche ordentlich trennt, zerschlägt jeden Gesamtzusammenhang. Die Wissenschaften haben fortan nichts mehr mit Ethik zu tun, die Ethik nichts mehr mit Ästhetik, alles steht bloß noch für sich. Aufklärung entpuppt sich als nüchternes Geschäft.

Was das Nachdenken übers große Ganze angeht, verlangt Kant radikale Abstinenz. Alles, was mit Gott und dem Unendlichen zusammenhängt, verbannt er ins Reich der Phantasie. Philosophen sollen sich nicht mehr mit den Letzten Dingen beschäftigen, schließlich gibt es darauf keine einzige Antwort, die sich beweisen lässt. Jahrtausendelang hat ein Wirrwarr an widersprüchlichen Thesen und Lehren Kopfgeburt auf Kopfgeburt gehäuft, damit soll nun Schluss sein. Zwar besitzt auch die Phantasie ihre Berechtigung, sie muss sich aber auf das Reich der Kunst beschränken. Sie darf unser Verlangen nach Bildern bewirtschaften und nach Geschichten, die dem Vorstellungsvermögen keine Grenzen setzen, philosophische Relevanz besitzt sie nicht mehr.

Jeder Versuch, die auseinanderfallenden Lebensbereiche wieder zusammenzudenken, führt für Kant in ein Schwadronieren, wie man es viel zu lange kultiviert hat, in sinnloser Hülle und Fülle. Allerdings lassen sich die Fragen nach dem Wohin und Woher nicht per Dekret zum Schweigen bringen. Eine Vernunft, die so viel ausgrenzt, muss in den Augen der drei Stiftler wieder entgrenzt werden. Weder wollen die drei hinter die

Aufklärung zurück, noch wollen sie bei Kant verharren. Religionskritik ist gut und recht, nur hinterlässt sie fatale Leerstellen. Die Aufklärung muss ihre eigenen Grenzen erkennen und wieder dem Bedürfnis nach Sinnstiftung nachkommen. Wo Kant auf Trennungen beharrt, sehnen Hegel, Schelling und Hölderlin sich nach neuer Ganzheitlichkeit. Sie wollen die Vernunft aus jenen Ketten befreien, die sie sich selbst angelegt hat.

Schiller geht in seinen Briefen »Über die ästhetische Erziehung des Menschen« bereits einen Schritt in diese Richtung. Mit dem Argument, dass in Kunstwerken eine freischweifende Phantasie und ein methodischer Konstruktionswille ineinandergreifen, sieht er Kants Trennungen überwunden. Wendet man die Kunst aufs Leben an, lassen sich auch dort die Gegensätze überwinden. In Hölderlins Augen genügt das allerdings nicht. Im Oktober 1794 schreibt er an Neuffer, Schiller habe einen Schritt zu wenig über die »Kantische Grenzlinie« gewagt. Während es bei Schiller Sache des Einzelnen bleibt, die Trennungen aufzuheben, drängt es Hölderlin nach einer Harmonie, die alles umfasst.

1917 entdeckt der Philosoph Franz Rosenzweig ein zweiseitiges Manuskript, dessen Urheberschaft bis heute nicht einwandfrei feststeht. Vielleicht stammt es von Hegel, vielleicht von Schelling, vielleicht von Hegel, Schelling und Hölderlin zusammen, vielleicht handelt es sich aber auch um die Abschrift eines fremden Textes. Das Manuskript besitzt keinen Titel, es beginnt mitten im Satz. Unter der Bezeichnung »Ältestes Systemprogramm des deutschen Idealismus« macht es seither die Runde. Seit den 1970er Jahren steht es im Mittelpunkt so gut wie aller philosophischer Debatten, die den intellektuellen Werdegang der drei Stiftler umkreisen oder das Aufkommen romantischer Poetologien in den Blick rücken.

Im Zentrum des »Systemprogramms« steht die Kritik an einer Welt, die immer mehr nach mechanischen Gesetzen funktioniert und es an einem organischen Ganzen fehlen lässt. Man kann das als frühe Kapitalismuskritik deuten und darin den Ruf nach einer Gemeinschaft erkennen, die sich wieder als *communio* begreifen soll. Allerdings bildet im »Systemprogramm« nicht die Idee der Gerechtigkeit den Mittelpunkt, sondern die der Schönheit. Zwar ist von der angestrebten »Gleichheit der Geister« die Rede, diese Gleichheitsvorstellung orientiert sich jedoch an ästhetischen Idealen, nicht an egalitären. Es geht nicht in erster Linie um Politik, es geht um viel mehr, nämlich um den Wiedergewinn eines allumfassenden Sinns. Das schließt Politik keineswegs aus, doch sie spielt eine untergeordnete Rolle.

Das letzte, größte Werk der Menschheit. Im »Systemprogramm« begegnen wir einer Zeitkritik, die in den gebildeten Kreisen immer lauter wird. In Schillers »Briefen« heißt es: »Ewig nur an ein einzelnes kleines Bruchstück des Ganzen gefesselt, bildet sich der Mensch selbst nur als Bruchstück aus, ewig nur das eintönige Geräusch des Rades, das er umtreibt, im Ohre, entwickelt er nie die Harmonie seines Wesens, und anstatt die Menschheit in seiner Natur auszuprägen, wird er bloß zu einem Abdruck seines Geschäfts, seiner Wissenschaft.«

Diese Kritik kehrt in Hölderlins »Hyperion« wieder, wo es heißt: »Handwerker siehst du, aber keine Menschen, Denker, aber keine Menschen, Priester, aber keine Menschen, Herrn und Knechte, Jungen und gesetzte Leute, aber keine Menschen – ist das nicht wie ein Schlachtfeld, wo Hände und Arme und alle Glieder zerstückelt untereinander liegen, indessen das vergoßne Lebensblut im Sande zerrinnt?« Novalis behauptet in seiner Schrift »Die Christenheit in Europa«, der neuzeitliche

Religionshass habe »die unendliche schöpferische Musik des Weltalls zum einförmigen Klappern einer ungeheuren Mühle« gemacht, »vom Strom des Zufalls getrieben …, ohne Baumeister und Müller«. Schon Jahre zuvor prägt Rousseau einen Ausdruck, der durch Marx prominent wird: *aliénation* – Entfremdung.

Rousseau begreift darunter allerdings Umfassenderes als Marx. Für ihn beginnt die Entfremdung schon in dem Moment, wo der Mensch die Nabelschnur zur Natur durchtrennt und die Symbiose mit dem kosmischen Ganzen zerstört. Ginge es bloß um sozialpolitische Fragen, müssten weder Rousseau noch Schiller so grundsätzlich werden, und auch nicht die Verfasser des »Systemprogramms«, in deren Augen sich die Übel der Zeit nur durch eine Neue Mythologie überwinden lassen. Es soll sich um eine Mythologie der Vernunft handeln, bei der Sinn und Sinnlichkeit wieder zusammenfinden und Verstand und Phantasie keine Gegensätze mehr bilden. »Ehe wir die Ideen ästhetisch, d.h. mythologisch machen, haben sie für das *Volk* kein Interesse; und umgekehrt, ehe die Mythologie vernünftig ist, muß sich der Philosoph ihrer schämen«, heißt es dort. »So müssen endlich Aufgeklärte und Unaufgeklärte sich die Hand reichen, die Mythologie muß philosophisch werden und das Volk vernünftig, und die Philosophie muß mythologisch werden, um die Philosophen sinnlich zu machen. Dann herrscht ewige Einheit unter uns.«

In einer fragmentarischen Abhandlung, die in einigen Ausgaben den Titel »Über Religion« trägt, erklärt Hölderlin, Religion sorge für einen Zusammenhalt, der über alles bloß Mechanische des menschlichen Getriebes und damit über alle wirtschaftlichen, rechtlichen und moralischen Verhältnisse hinausreiche und allem einen höheren Sinn verleihe. Hölderlin verwendet die Begriffe Religion und Mythologie synonym, was aus kulturgeschichtlicher Sicht Fragen aufwirft. Schließlich haben die antiken Göttervorstellungen nichts mit Glaubensbekenntnissen zu tun und nichts mit Dogmen, wie man sie von monotheistischen Religionen kennt. Es gibt dort keine reine Lehre, über die Würdenträger und Institutionen wachen. Mythologien bestehen nicht aus theologischen Gedankengebäuden, sie leben von Götter- und Heldengeschichten, die nichts Bekenntnishaftes besitzen.

Hölderlin kürt die griechische Mythologie zum Vorbild für eine zukünftige, schönere Welt. Das Christentum ist schuld, dass es diese Welt nicht mehr gibt. Mit ihm ist alles auseinandergefallen: Glaube und Wissen, Mensch und Natur, Leib und Geist, Diesseits und Jenseits. Das Christentum hat die Mythologie als Aberglauben bekämpft und an die Stelle bunter Göttergeschichten die nüchterne Wahrheit von Geboten und Verboten gesetzt. Schöner geworden ist die Welt dadurch nicht. Mit dem Ruf nach der Rückkehr des Mythischen drängt Hölderlin auf eine Umwertung der Werte. Schließlich soll der Mensch sich fortan nicht mehr nach einem Leben verzehren, das jenseits des Todes liegt. Er soll seine »Liebe zur Erde« wiederfinden, wie es später bei Nietzsche heißt. Mit den alten Göttern soll jene Natur wiederauferstehen, die vom Christentum entwertet wird. Hinter dem Wogen des Meeres soll sich wieder Poseidon verbergen, den Sonnenwagen wieder Helios lenken, das Donnergrollen wieder von Zeus kommen.

Den alten Griechen ist der Begriff Religion unbekannt. So wenig es für sie eine absolute Wahrheit gibt, so wenig gibt es für sie Häresie. Die Griechen halten die Götter anderer Völker nicht für falsch, sie entdecken in ihnen Abarten der eigenen. Alexander der Große anerkennt auf seinen Feldzügen die Götter der unterworfenen Länder unverzüglich an und weiht ihnen Opfergaben. Das macht nicht nur die Unterwerfung leichter, er vergibt sich dabei auch nichts. Zwischen den verschiedenen Mythologien herrscht Austausch. Dionysos ist ursprünglich nicht in Griechenland daheim, er kommt aus Indien: Import, Export. Bevor die Griechen den ersten Schluck Wein trinken, vergießen sie einen Spritzer für die Götter. Sie kippen damit das Öl weg, das ihn haltbar macht. In der Mythologie ist alles halb so wild wie bei den Religionen.

Den Verfassern des »Systemprogramms« schwebt die große Gleichheit der Geister vor, allerdings eine Gleichheit in Freiheit. Monotheismus und Polytheismus sollen sich nicht nur vertragen, sie sollen eins sein. »Ein höherer Geist, vom Himmel gesandt, muss diese neue Religion unter uns stiften, sie wird das letzte, größte Werk der Menschheit sein«, lautet der abschließende Satz.

Der Große Pan ist tot. Um 100 n. Chr. erzählt Plutarch die Geschichte von Seereisenden, die abends beim Wein sitzen und bei Windstille von fernher eine Stimme vernehmen. Diese Stimme trägt dem ägyptischen Steuermann auf, noch vor der Ankunft im nächsten Hafen aufs Land hinüber zu rufen: Der Große Pan ist tot! Voller Verwunderung fragt der Steuermann sich, ob er dieser Aufforderung nachkommen soll oder nicht. Er beschließt, bei günstigem Wind weiterzusegeln, bei erneuter Meeresstille der Aufforderung nachzukommen. Als vor der nächsten Küste wieder der Wind ausbleibt, ruft er: Der Große Pan ist tot! Worauf vom Land her Klagen zu vernehmen sind und Geschrei und Geheul.

Da an Bord zahlreiche Passagiere sind, verbreitet sich die Geschichte geschwind. Auch Kaiser Tiberius hört davon. Nicht das erste Mal in seiner Regierungszeit sieht er sich vor ein Rätsel gestellt. Pontius Pilatus ist sein Statthalter in Judäa, wo sich ebenfalls mysteriöse Dinge zutragen. Ein junger Mann hat sich dort als Gottes Sohn ausgegeben, deshalb hat man ihn gekreuzigt. Nach drei Tagen sei er jedoch wiederauferstanden, behaupten seine Anhänger. Und nun auch noch das. Tiberius lässt Nachforschungen anstellen.

Plutarch kommentiert die Geschichte vom Tod des Großen Pan nicht, er erzählt sie lediglich nach, ohne jeden Deutungsversuch. In seiner Abhandlung »Vom Verschwinden der Orakel« heißt es allerdings, die Flüsse seien einst voll strömenden Wassers gewesen, nun habe das Land die prophetische Dürre heimgesucht. Man kann darin ein weiteres Zeichen für die Götterdämmerung erblicken. Pan steht für eine Welt, in der es noch kein Christentum gibt. Er versinnbildlicht eine kosmische Natur, die aus Trieb und Drang besteht, in ihrer Animalität jedoch etwas Göttliches besitzt.

Tiberius kommt mit seinen Nachforschungen nicht weit. Vielleicht hat Pan selbst seinen Tod ausgerufen und den Steuermann aufgefordert, diese Nachricht in die Welt hinauszutragen, so wie Jesus auf andere Weise seine Jünger aufgefordert hat: Geht hinaus in die Welt und verkündet die Frohe Botschaft! Der eine gibt seinen Untergang bekannt, der andere verheißt einen neuen Himmel und eine neue Erde, wo alle Menschen gleich sind, zumindest vor Gott. Plötzlich steht der Mensch ganz anders da, als wenn er bloß Sklave ist oder Ruderknecht von Odysseus. Es bedeutet auch, dass die Erde vor allem für den Menschen gemacht ist, für die Krone der Schöpfung. Er kann sie sich nun untertan machen. All das ist für mich da, kann der Mensch sich jetzt sagen: die Tiere, die Bäume, die Flüsse, die Luft. Ich kann damit tun, was ich will.

Und er sagt es sich so lange, bis sichtbar wird, welche Folgen das hat. Er befolgt dieses Gebot, bis die Klage aufkommt, dass er durch seine Wissenschaft und seinen Fleiß immer barbarischer in die Natur eingreift und sich dadurch selbst immer mehr in einen Barbaren verwandelt, der seiner Gier keine Grenzen setzt. So jedenfalls liest es sich bei Rousseau. Und auch bei Hölderlin. Indem der Mensch sich die Natur gefügig macht, entfremdet er sich von ihr, und damit von sich selbst, schließlich ist er ihr Teil. Diese Klage hallt nicht nur in Marx' Frühschriften nach, sie ist gegenwärtig bis heute und wird immer lauter. Schon um 1800 führt sie dazu, dass man Volkslieder sammelt und Märchen, wie die Brüder Grimm und wie Tieck und Brentano. Man will von der früheren Welt wenigstens ihre Geschichten retten und ihre Gesänge. Man besingt mit ihnen Bäche, Wälder und Wipfel, in denen sich die Sprache der Natur kundtut. Oder auch den antiken Kosmos, in den der Mensch noch eingebettet war, ganz anders als in eine Welt, die aus christlicher Sicht voll Sünde ist und als Jammertal zu gelten hat.

Ästhetische Ideen. Solange Ideen nicht ästhetisch würden, finde das Volk kein Interesse an ihnen, heißt es im »Systemprogramm«. Ideen dürfen keine bloßen Ideen bleiben, sie müssen sinnlich erfahrbar werden. Allerdings nicht dadurch, dass man ihnen ein schönes Mäntelchen umhängt, sie müssen von innen heraus leuchten. In seinem 1800 erschienenen »System des transzendentalen Idealismus« charakterisiert Schelling das Zusammenspiel aus Phantasie und Philosophie als intellektuelle Anschauung. Bei Hölderlin taucht dieser Begriff bereits in einem Brief vom 24. Februar 1796 auf. Er spricht dort von seiner Suche nach einem Prinzip, das die Trennungen erklärt, »in denen wir denken und existieren, … , das aber auch vermögend ist, den Widerstreit verschwinden zu machen, den Widerstreit zwischen dem Subjekt und dem Objekt, zwischen unserem Selbst und der Welt, ja auch zwischen Vernunft und Offenbarung, … in intellektualer Anschauung«. Er fügt hinzu: »Wir bedürfen dafür ästhetischen Sinn, und ich werde meine philosophischen

Briefe ›Neue Briefe über die ästhetische Erziehung des Menschen‹ nennen. Auch werde ich darin von der Philosophie auf Poësie und Religion kommen.«

Mit Philosophie allein ist so etwas nicht zu leisten, sie lebt von einer Reflexion, die Distanz erzeugt: Distanz zur Welt, Distanz zur Wirklichkeit, Distanz zu uns selbst. Was sie zu bieten hat, ist trockene Terminologie, der jede Sinnlichkeit fehlt. Sie verharrt in der Sphäre der Argumentation, der Logik, der Begriffshuberei. Was Hölderlin an ihr zurückstößt, bildet für Hegel allerdings bald schon ihr schönstes Lebenselement. Die Wege der beiden trennen sich früh, allerdings halten beide an der Idee fest, dass man alles Getrennte wieder zusammendenken muss. In Hegels Augen eignet sich dafür am besten die Philosophie, da allein sie die Welt in ihrer Komplexität begreifen kann. Hegel lässt die Tübinger Träume von einer Mythologie der Vernunft nach kurzer Zeit Träume sein, Hölderlin dagegen bleibt dem »Systemprogramm« aus ihrer gemeinsamen Stiftszeit treu. Philosophie spielt für ihn zeitlebens eine untergeordnete Rolle, über allem steht die Dichtung. Hölderlin ist überzeugt, dass einzig sie die Welt verändern kann. In seinem »Hyperion« heißt es von den Athenern, sie wären »ohne Dichtung nie ein philosophisch Volk gewesen«. Auf die Frage: »Was hat die kalte Erhabenheit dieser Wissenschaft mit Dichtung zu tun?«, gibt Hyperion zur Antwort: »Die Dichtung … ist der Anfang und das Ende dieser Wissenschaft. Wie Minerva aus Jupiters Haupt entspringt sie aus der Dichtung eines unendlichen göttlichen Seins. Und so läuft am End' auch wieder in ihr das Unvereinbare in der geheimnisvollen Quelle der Dichtung zusammen.«

In einem Brief vom November 1798 bezeichnet er die Philosophie als ein Hospital, in das man flüchten kann, wenn es mit der Dichtung nichts wird. Hölderlin weiß, dass man von Dichtung schlecht leben kann, doch es geht ja nicht um sein Leben allein, es geht ums Ganze.

Die gute alte Zeit. Hölderlin glaubt nicht als Einziger, dass die schöneren Zeiten in der Vergangenheit liegen. Allerdings blicken nicht alle wie er in eine Antike zurück, die weniger aus historisch belegbaren Daten und Fakten besteht als aus Visionen. Anders als Hölderlin schwärmt Novalis in seiner um 1800 entstandenen Schrift »Die Christenheit oder Europa« vom guten alten Mittelalter. »Es waren schöne glänzende Zeiten, wo Europa ein christliches Land war«, heißt es bei ihm, »wo *Eine* Christenheit diesen menschlich gestalteten Weltteil bewohnte; *Ein* großes gemeinschaftliches Interesse verband die entlegensten Provinzen dieses weiten geistlichen Reichs. – … Wie heiter konnte jedermann sein irdisches Tagewerk vollbringen.« Zu Novalis' Bedauern tauchten eines Tages Protestanten auf, die diese Einheit zerstörten. Sie »trennten das Untrennbare, teilten die unteilbare Kirche und rissen sich frevelnd aus dem allgemeinen christlichen Verein, durch welchen und in welchem allein die echte, dauernde Wiedergeburt möglich war«. Sie haben das »kosmopolitische Interesse« der katholischen Kirche untergraben und Unfrieden in die Welt gebracht und Krieg.

Man entdeckt damals auch die Gotik neu. Seit der Renaissance galt sie als Kunst von Barbaren, wie nur Goten sie hervorbringen konnten. Nun blickt man mit frischem Blick auf sie zurück und behauptet, nie habe es Größeres gegeben. Walter Scott lässt in seinen Romanen das englische Mittelalter wiederaufleben, Victor Hugo verherrlicht im »Glöckner von Notre Dame« das mittelalterliche Paris, Wilhelm Hauff träumt sich in »Lichtenstein« in ein schwäbisches Mittelalter hinein, das man nach Erscheinen seines Romans sogar ein Stück weit wiederzubeleben versucht durch die Errichtung eines Schlosses überm Alb-aufstieg bei Reutlingen.

Auch für Eichendorff steht fest, dass die heutige Welt alles Übel der Reformation verdankt. Davor war der Mensch noch in eine geistlich-weltliche Ordnung eingebettet, die das Leben mit Sinn erfüllt hat. Sogar der späte Friedrich Schlegel flüchtet in den Schoß der katholischen Kirche, nachdem er in jungen Jahren die freie Liebe gepredigt und die Ironie zum Kernelement aller Kunst erkoren hat.

So unterschiedlich die Sehnsucht nach den alten Zeiten im einzelnen ausfällt, so sehr lebt sie von der Überzeugung, die Moderne mache das Leben weniger lebenswert. Niemals würde Hölderlin das Mittelalter als Hort des Guten und Schönen ver-herrlichen, es spielt bei ihm nicht die geringste Rolle. Was ihn jedoch mit Novalis und den anderen verbindet, ist der Glaube, einst sei alles besser gewesen, früher habe es keine Vereinzelung gegeben und keinen Mangel an Sinn. Zwar will er die neuzeit-liche Freiheit nicht missen, bodenlos soll man sich aber auf kei-nen Fall fühlen.

Kampf der Entzauberung. Von der Entzauberung der Welt ist erst bei Max Weber die Rede, dass die Aufklärung der Welt jedoch ihren Zauber nimmt, steht schon länger fest. »Wo jetzt nur … / Seelenlos ein Feuerball sich dreht, / Lenkte damals seinen gold-nen Wagen / Helios in stiller Majestät«, heißt es in Schillers Ele-gie »Die Götter Griechenlands«. Auch Goethe lässt seine Iphi-genie »das Land der Griechen mit der Seele suchen«. Sofern die Moderne überhaupt an etwas glaubt, glaubt sie vor allem an Technik, Fortschritt, Wissenschaft. Religion dagegen ist zur Pri-vatangelegenheit degradiert. Weil jetzt jeder glauben kann, was er will, muss sich auch jeder seinen eigenen Sinn suchen, einen allgemeinen gibt es nicht mehr.

Und deshalb muss eine neue Mythologie her. Eine neue Mythologie, die nicht hinter die Aufklärung zurückfallen darf, die Welt aber wieder mit Sinn beglückt. Ein sakral glühender Säkularismus soll vollbringen, was ans Unmögliche grenzt: die Quadratur des Kreises. Die Freiheit des Denkens soll gewahrt bleiben, zugleich aber ein wunderbarer Irrationalismus die Menschheit beseelen. Schon Rousseau plädiert in seinem »Contrat social« für eine Zivilreligion, die in religionslosen Zeiten den Zusammenhalt der Bürger gewährleisten soll. Mit Berufung auf Rousseau proklamiert Robespierre den Kult des Höchsten Wesens; er ordnet öffentliche Feste an und Feiern, die die kirchliche Liturgie ersetzen. Ohne Glaube und ohne Mythos geht es offenbar nicht.

Für Hölderlin kommt das Christentum nicht mehr in Betracht, es hält schon viel zu lange an und ist verantwortlich für das Ersterben der griechischen Welt. Mit seiner Jenseitsorientierung verdunkelt es die Welt, woran auch die Reformation nichts geändert hat, im Gegenteil. Für Luther ist die Welt ein Scheißhaus, in dem man sich gegen tausend Teufel bewähren muss. Fragen nach dem kosmischen Ganzen verweist Luther ins Reich leerer Spekulation. In seinen »Reden über die Religion« erklärt der protestantische Theologe Schleiermacher, wer Lehren über den Sinn des Weltganzen zusammenspinne, verlasse den Gedankenkreis des Christentums und sinke in leere Mythologie zurück.

Frühe Auseinanderdrift. Das »Systemprogramm« spiegelt die gemeinsamen Überzeugungen aus der Stiftszeit. Hegel und Hölderlin sind damals um die zwanzig, Schelling erst um die fünfzehn. Wie man den Widerspruch zwischen Freiheitsverlangen und dem Bedürfnis nach allumfassender Sinnstiftung lösen kann, diese Frage beschäftigt alle drei, das ganze Leben lang. Doch früh schon trennen sich ihre Wege, nicht nur geistig.

Schelling bleibt dem Thema Mythologie zeitlebens verhaftet, an ihre Wiederherstellung glaubt er allerdings bald nicht mehr. Hegel sieht in Kunst, Religion und Mythologie geistige Ausdrucksformen am Werk, die ihre einstige geschichtliche Bedeutung verloren haben, zumindest fürs unmittelbare Zusammenleben der Menschen. »Mögen wir die griechischen Götterbilder noch so vortrefflich finden und Gottvater, Christus, Maria noch so würdig und vollendet dargestellt sehen – es hilft nichts, unser Knie beugen wir doch nicht mehr«, heißt es in seinen Ästhetikvorlesungen. Ein Staat lässt sich damit jedenfalls nicht mehr machen, außer er setzt mit Gewalt ein bestimmtes Weltbild durch, was dem neuzeitlichen Freiheitsverständnis zuwider steht. Unser cartesianisches Ideal verlangt, dass wir alles mit der Vernunft prüfen, bevor wir etwas glauben und akzeptieren.

Als einziger der drei Stiftler hält Hölderlin an der Überzeugung fest, nur eine Neue Mythologie könne die Wunden der Moderne heilen. Mit seiner Dichtung will er ihr den Weg bereiten.

Was bleibet aber, stiften die Dichter. Dieser berühmte Hölderlin-Vers besitzt eine gänzlich andere Bedeutung als jener Vers von Horaz, mit dem er sich ewigen Ruhm voraussagt: »Exegi monumentum aere perennius / regalique situ pyramidum altius« – ich habe ein Denkmal errichtet, dauerhafter als Erz und höher als die Pyramiden. Horaz verherrlicht seine eigene Dichtung, Hölderlin geht es um die Menschheit.

Mythos bedeutet Erzählung, nicht weniger, nicht mehr. Erzählungen gibt es viele: die homerischen, die biblischen, Gilgamesch, die Upanishaden, die Edda. Unser abendländisches Denken wird von der griechischen Antike unterströmt und von der

Bibel. So gut wie jeder hier kennt die Namen Kain und Abel, David und Goliath, Antigone und Kreon, Jesus und Maria, Orpheus, Prometheus, Odysseus, Ödipus.

Handelt es sich dabei um Dichtung? Gläubige Christen und Juden würden das bei der Bibel bestreiten, und zwar vehement. Haben die Griechen an Zeus geglaubt? Fest steht, dass er in ihrem Leben eine Rolle gespielt hat, so wie bei uns der Nikolaus. Ob wir tatsächlich glauben, dass es ihn gegeben hat, spielt keine allzu große Rolle. Dichtung und Wahrheit werden zuweilen ununterscheidbar. Wir fragen uns in diesem Fall nicht, was daran stimmt und was nicht. Solche Geschichten gehören zu unserer Geschichte, jenseits dessen, ob Zeus oder der Nikolaus wirklich existiert haben.

Was aber will Hölderlin stiften? Glaubt er ernsthaft, man könne sich an den Schreibtisch setzen, eine neue Mythologie entwerfen und damit nochmals ein gemeinsames geistiges Dach über die Welt spannen?

O meine Lust / Pindarisieren, heißt es in Martin Opitz' 1624 erschienenem »Buch von der Deutschen Poeterey«. Es sollte noch über hundert Jahre dauern, bis mit Klopstock tatsächlich ein deutscher Dichter zu pindarisieren beginnt. Zu diesem Pindarisieren gehört ein hoher Ton und es gehören dazu Verse, die nicht reimselig klappern, sondern sich in kühnen Wendungen zu erhabenen Gesängen emporschwingen. »Harfenbeherrschende Hymnen, / welchen Gott, welchen Heros, welchen Mann sollen wir besingen?«, setzt Pindars zweite Olympische Ode ein. Vor lauter Göttern, Helden und Titanen weiß Pindar gar nicht, wo anfangen. Überall wartet Großes, Gewaltiges, Grandioses.

Seit Goethe dem jungen Hölderlin geraten hat, sich an kleinere Gegenstände zu halten und nicht immer gleich zu Übergroßem zu greifen, löst bei ihm der Name Goethe Krämpfe aus, zeitlebens. Dabei hat Goethe in seiner Sturm-und-Drang-Zeit selbst pindarisiert, viel ungestümer als Klopstock und Hölderlin. Goethe trumpft mit einem Pathos auf, das reichlich theatralisch klingt. Seine Verse sind für Histrionen gemacht, für die Rampe, fürs Gefuchtel, fürs Augenrollen. Was Pindarisieren bedeutet, erklärt Goethe Herder in einem Brief. Es sei, schreibt er ihm, wie »wenn du kühn im Wagen stehst und vier neue Pferde wild, unordentlich sich an deinen Zügeln bäumen, du ihre Kraft lenkst, den austretenden herbei, den aufbäumenden hinabpeitschest und jagst und lenkst und wendest, peitschest, hältst und wieder ausjagst, bis alle sechzehn Füße in einem Takt ans Ziel tragen«.

Goethes Pindarisieren bleibt eine Jugendsünde, wie er später behauptet. Ganz anders ist es bei Hölderlin, der den hohen Ton zu seinem Markenzeichen macht. Zu Hölderlins Pindarisieren gehören häufige Wendungen wie »aber«, »doch«, »nämlich«, »zwar«. In ihnen allen steckt ein Hört und Horcht! »Aber weh! es wandelt in Nacht, es wohnt, wie im Orkus, / Ohne Göttliches unser Geschlecht« – »Aber die Sonne des Geists, die schönere Welt ist hinunter« – »Vom Abgrund nämlich haben / Wir angefangen« – »Zwar leben die Götter, / Aber über dem Haupt droben in anderer Welt.«

Zuweilen verbindet sich ein solches »Aber« auch mit einem Merksatz: »Wo aber Gefahr ist, wächst das Rettende auch«. Ebenso begegnet man Wortballungen wie »göttlichschön«, »gewittertrunken«, »gedankenvoll«, »tatenarm«, »ewigbang«. Oder Oxymora wie »heilignüchtern« und paradoxen Formulierungen wie: »Nah ist / Und schwer zu fassen der Gott«.

Ein Hang zum Vieldeutigen und Schwerverständlichen zeichnet Hölderlins Verse aus, es ist viel die Rede von den Himmlischen, vom Göttlichen, von Vater Äther. Bescheiden

geht es selten zu, stets strebt die Sprache zum Erhabenen, zu
»Pindars Flug«, zu »Klopstocksgröße«, wie er selbst formuliert.

Hölderlins hymnischer Ton ist allerdings elegisch getränkt,
schließlich besingt er eine Welt, die es nicht mehr gibt. Doch er
glaubt an ihre Wiederkehr. Alabanda lässt er seinem Schüler
Hyperion erklären: »Die Helden haben ihren Ruhm, die Weisen ihre Lehrlinge verloren. Große Taten, wenn sie nicht ein
edel Volk vernimmt, sind mehr nicht als ein gewaltiger Schlag
vor eine dumpfe Stirne und hohe Worte, wenn sie nicht in hohen Herzen widertönen, sind wie ein sterbend Blatt, das in den
Kot herunterrauscht.« In dem Hymnen-Entwurf »Die Titanen«
heißt es: »Viele sind gestorben / Feldherrn in alter Zeit / Und
schöne Frauen und Dichter / Und in neuer / Der Männer viel /
Ich aber bin allein.« Das soll sich ändern.

Forgotten Songs and Unsung Heroes. »O Bellarmin!«, schwärmt
Hyperion, »wo ein Volk das Schöne liebt, wo es den Genius in
seinen Künstlern ehrt, da weht wie Lebensluft ein allgemeiner
Geist … und fromm und groß sind alle Herzen, und Helden gebiert die Begeisterung.« »Am Tage der Freundschaftsfeier« setzt
mit dem Vers ein: »Ihr Freunde! mein Wunsch ist Helden zu
singen.« Im »Lied der Freundschaft« heißt es: »Helden der Vergangenheit! / Kommt in unsern Kreis hernieder«; und in dem
Gedicht »Der Tod fürs Vaterland«: »Wie oft im Lichte dürstet'
ich euch zu seh'n, / Ihr Helden und ihr Dichter aus alter Zeit!«
In »Buonaparte«: »Heilige Gefäße sind die Dichter, / Worin des
Lebens Wein, der Geist / Der Helden sich aufbewahrt«. Seinem
Freund Bellarmin verkündet Hyperion: »Es gibt große Stunden
im Leben. Wir schauen an ihnen hinauf wie an den kolossali-
schen Gestalten der Zukunft und des Altertums, wir kämpfen
einen herrlichen Kampf mit ihnen, und bestehn wir vor ihnen,
so werden sie wie Schwestern und verlassen uns nicht.«

In »Heimkunft« heißt es allerdings auch: »Schweigen müssen wir oft; es fehlen heilige Namen«. Wo die Namen fehlen, gibt es auch die Götter nicht mehr. Nur durch Anrufung lassen sie sich wieder zum Leben erwecken. Indem man sie besingt, holt man sie zurück.

»Da rief' ich den Namen der Helden / In des hohlen Felsen finstres Geklüft, / Und siehe! der Helden Namen / Rief ernster mir zurück«, heißt es in »Am Tage der Freundschaftsfeier«. Im »Archipelagus« macht der Sänger sich auf zu Kastaliens Quelle, um der Schlafenden und Toten zu gedenken: »Dort im schweigenden Tal, an Tempes hangenden Felsen, / Will ich wohnen mit euch, dort oft, ihr herrlichen Namen! / Her euch rufen bei Nacht.« In »Ermunterung« prophezeit der Dichter: »Es kommt die Zeit, / Dass aus der Menschen Munde sich die / Seele, die göttliche, neuverkündet / … // Und er, der sprachlos waltet, und unbekannt / Zukünftiges bereitet, der Gott, der Geist / Im Menschenwort, am schönen Tage / Wieder mit Namen, wie einst, sich nennet.« Und in »Germanien«: »O nenne Tochter du der heiligen Erd' / Einmal die Mutter. Es rauschen die Wasser am Fels / Und Wetter im Wald und bei dem Namen derselben / Tönt auf aus alter Zeit Vergangengöttliches wieder.«

Die Anrufung von Helden und Göttern gerät zum magischen Akt. Indem er ihre Namen nennt, haucht der Dichter ihnen Leben ein. Aus Wort wird Fleisch, wie es am Anfang des Johannesevangeliums heißt. Dichtung bildet nicht die Wirklichkeit ab, sie erzeugt Wirklichkeit. Im 20. Jahrhundert sieht Heidegger sich durch Hölderlin in dem Glauben bestärkt, Verborgenes ließe sich nur durch dichterisches Benennen wieder entbergen. Für Heidegger ist das Unverborgene gleichbedeutend mit Wahrheit. Es geht dabei nicht um richtig oder falsch, es geht um Anwesenheit. Heidegger drängt es mit Hölderlin in die heidnische Welt zurück, in eine Welt, in der es noch keinen Sokrates gibt und noch keine zersetzende Rationalität.

Indem Dichtung die logo-technische Sprache der Metaphysik untergräbt, verändert sie das Denken. Das jedenfalls erhofft sich Heidegger, mit Hölderlins Hilfe. Mit seinen Versen soll man sich in ein anderes Fühlen, in ein anderes Sehen, ein anderes Denken hineinwiegen. Dadurch lebt man dann auch anders. Mit dem Wandel der Sprache wandelt sich das Sein. In seinen »Erläuterungen zu Hölderlins Dichtung« erklärt Heidegger, der Dichter müsse »das Heilige darstellen, damit durch sein Sagen die Götter sich selbst fühlen und so sich zum Erscheinen bringen in der Wohnstatt der Menschen auf dieser Erde«. Welche Dimensionen das annehmen soll, lässt Heideggers Satz erahnen: »Dieses Gesetz des Dichtertums der künftigen Dichter ist das Grundgesetz der durch sie zu gründenden Geschichte.«

Wie hat man sich das vorzustellen? Muss man sich Hölderlins Versmusik nur lange genug aussetzen, um sich von ihr nach einer Weile so vollkommen durchflutet zu fühlen, dass man in der Natur wieder Götter am Werk sieht? Damit alles in anderem Licht erscheint? Im englischen *spell* treffen drei Bedeutungen aufeinander: buchstabieren, bannen, bezaubern. Dichtung wird zum Gottesdienst, zum Zauberwerk, zum Mysterium. Allerdings nicht im christlichen Sinn, zumindest nicht bei Heidegger und Hölderlin.

Herkules-Helden. Wer bei Hölderlin vor allem an Zartes denkt und an Zerbrechliches, blendet seine vielen Heldenanrufungen aus. Wer sich an Pindar orientiert, muss Kämpfe besingen und Siege. Pindar verherrlicht die Sieger der Olympischen Spiele und stimmt Preislieder auf Tyrannen an, die bei Wagenrennen gewinnen. Die Mächtigen geben bei ihm Oden in Auftrag und sie entlohnen ihn fürstlich. Pindars Lieblingsheld ist Herkules.

Wer seinen Namen nicht rühme, erklärt er, sei stumpfen, dumpfen Sinns.

»Ihr Freunde! mein Wunsch ist Helden zu singen«, beginnt auch Hölderlins »Am Tage der Freundschaftsfeier«. Auch für ihn geht nichts über Herkules, über Ajax und Achill. »Von ihren Taten nähren die Söhne der Sonne sich; sie leben vom Sieg; mit eignem Geist ermuntern sie sich, und ihre Kraft ist ihre Freude«, heißt es im »Hyperion«. Achill hat Hektors Leiche geschändet, Ajax ist für seinen Zorn berühmt, Herkules ist der schlimmste Rabauke, den die Antike kennt.

Nirgends taucht bei Hölderlin eine Alkmene auf, eine Alkestis, eine Ariadne. Trotz der Symbiosesehnsüchte, von denen seine Dichtungen künden, trifft man nirgends auf einen Sappho-Ton. Lediglich die idealisch entrückte Diotima übernimmt in seinem Kosmos die Funktion eines strahlenden Spiegelbilds, in dem der bedürftige Möchtegernheld sich vervollkommnet sieht. Warum ausgerechnet Pindar zu Hölderlins Vorbildern gehört und nicht Sappho, erklärt sich aus einem Brief, den er im Dezember 1803 an den Verleger Friedrich Wilmans schreibt. »Übrigens sind Liebeslieder immer müder Flug«, heißt es da, »ein anders ist das hohe und reine Frohlocken vaterländischer Gesänge.«

Muss man sich wundern, dass die Wehrmachtssoldaten in ihren Tornistern Hölderlin-Feldausgaben mit sich trugen, zur erbaulichen Lektüre an der Front? »Umsonst zu sterben, lieb' ich nicht, doch / Lieb ich, zu fallen am Opferhügel / Fürs Vaterland«, heißt es in »Der Tod fürs Vaterland«. Das Gedicht endet mit den Versen: »Und zähle nicht die Toten! Dir ist, / Liebes! nicht Einer zu viel gefallen.« Man kann solche Verse in diverser Weise dehnen und deuten, man kann sie in verschiedene Zusammenhänge rücken, sie aus ihrer Entstehungszeit erklären und ins schiere Gegenteil verkehren, stets mit dem Hinweis, dass das Wort Vaterland damals noch etwas anderes bedeutet als heute und es sich in Wirklichkeit um einen Aufruf zur Revolution handelt. Allerdings kann man schwer übersehen, dass sich in Hölderlins Dichtung eine Umwertung der Werte ankündigt, wie Nietzsche sie später propagiert. Beide verherrlichen eine Welt, die noch nicht die christliche Entwertung des Heroischen kennt. Bei den Griechen gilt noch nicht der Satz: Die Letzten werden die Ersten sein!, bei ihnen sind die Ersten noch die Ersten. Man hält dort Schwäche nicht für eine Tugend. Auch Hölderlins Zeitgenosse Giacomo Leopardi macht das Christentum für die allgemeine Verweichlichung der Kultur verantwortlich. Auch er sehnt sich nach heroischeren Zeiten: »Ob antike Verhältnisse oder nicht antike, fest steht: Jene waren den Menschen gemäß, die jetzigen sind es nicht; damals war man selbst im Sterben noch lebendig, heute ist man im Leben schon tot«, heißt es bei ihm. In Schillers »Räubern« ruft Karl Moor: »Mir ekelt vor diesem tintenklecksenden Säkulum, wenn ich in meinem Plutarch lese von großen Menschen!«

Seit '68 will man in Hölderlin vor allem einen Jakobiner sehen. Man muss eine ganze Menge ausblenden, um ihn sich politisch gefügig zu machen. Hölderlins Ruf nach antiker Größe lässt sich nicht nur sinnbildlich verstehen, dafür ist bei ihm zu viel von »Männerruhm« die Rede, von »Männerkrieg«, vom »Ruhm der unsterblichen Herrscherkünste«, vom »heißen Durst nach Männervollkommenheit«. An Johann Christian Ebel schreibt Hölderlin am 10. Januar 1797, die Gegenwart sei eine Zeit der »altklugen Jungen« und »läppischen Männer«. In solchen Zeiten will er nicht leben. Am 23. Mai 1800 heißt es in einem Brief an die Mutter: »… wenn ich das Urteil von Männern und Freunden höre, über mich und meine Sache, so möcht' ich … doch auch manchmal fragen, warum ich mich in der bürgerlichen Welt so herum behelfen müsse?« Die bürgerliche Welt gefällt ihm nicht. Es ist eine Welt, in der man sich durchschlagen muss, ohne Heldentum, ohne Ruhm, ohne Größe. Es fehlen Heroen und Götter.

Das große Anrufen von Götternamen. Heidegger teilt mit Hölderlin den Glauben, Dichter könnten die Götter wieder zum Leben erwecken. Sie können es nicht nur, sie müssen es auch. »Denn unsterblich lebt in Tönen fort, was kunstvoll ein Mund erzählt hat«, heißt es bei Pindar. Das entspricht Hölderlins »Was bleibet aber, stiften die Dichter«. Indem sie die großen Zeiten in Erinnerung rufen, bereiten sie eine große Zukunft vor: »Heilige Gefäße sind die Dichter / Worin des Lebens Wein, der Geist / Der Helden sich aufbewahrt«, heißt es in »Buonaparte«. Und in »An unsre großen Dichter«: »O weckt, ihr Dichter! weckt sie vom Schlummer auch, / Die jetzt noch schlafen, gebt die Gesetze, gebt Uns Leben.«

In »Die scheinheiligen Dichter« zeiht Hölderlin Dichter, die nicht ans Heilige glauben, einer kalten Vernunft. Sie sollten Götternamen erst gar nicht in den Mund nehmen, es ist für sie nur Spiel. Man denkt an Goethe, der mit Bildungsgütern jongliert, ohne echten Glauben. Hölderlin mag das nicht, solcher Leichtsinn ist ihm zuwider. In einer Kultur, die von Ironie lebt, will er nicht zu Hause sein. Hätte Hölderlin Voltaire gelesen oder Diderot, es müsste ihn gegraust haben.

Bei Hölderlin geht es meist heilig zu: »Wo sind jetzt Dichter, denen der Gott es gab, / Wie unsern Alten, freudig und fromm zu sein?«, fragt er. »Fürchtet den Dichter nicht, wenn er edel zürnet« – »Wozu Dichter in dürftiger Zeit? / Aber sie sind, sagst du, wie des Weingotts heilige Priester, / Welche von Lande zu Land zogen in heiliger Nacht.«

Wo bleibt Odysseus? Als der Zyklop in seiner Höhle schon sechs von Odysseus' Gefährten verspeist hat, ein Felsbrocken jedoch den Ausgang versperrt und jede Flucht unmöglich macht, bleibt Odysseus wieder einmal nichts, als auf List zu sinnen. Wie der Zufall will, führt er gerade einen Schlauch herrlichen Weins mit sich, der für die Weiterreise gedacht ist. Da man dem Zyklopen nicht entkommen kann, muss der Wein dran glauben. »Nimm, Zyklop, und trink!«, fordert Odysseus ihn auf: »Wein verträgt sich gut mit Menschenfleisch.« Der Zyklop kostet. Er will mehr. Er trinkt, bis er umkippt. Während er schnarcht und ihm Reste seines kannibalischen Mahls aus dem Mund schwappen, sengt Odysseus mit seinem verbliebenen Häuflein an der Feuerstelle einen Olivenstamm an, den sie dem Zyklopen ins Auge rammen. Rasend vor Schmerz wacht er auf, sieht aber nichts. Tobsüchtig torkelt er in seiner Höhle umher und schreit um Hilfe. Die in umliegenden Höhlen hausenden Zyklopen rufen: Wer hat dir was getan? Weil Odysseus ihm weisgemacht hat, sein Name sei Niemand, schreit er: »Niemand!« Keiner eilt zu Hilfe. Aus Verzweiflung stößt der Zyklop den Felsbrocken zur Seite und taumelt hinaus ins Freie. Odysseus und die Seinen entkommen, klauen ihm seine Ziegen und Schafe und machen sich mit dem Diebsgut davon.

Odysseus taucht bei Hölderlin so gut wie nie auf, obwohl wenige Gestalten die Mythengeschichte so nachhaltig prägen wie er, bis heute, wie man nicht nur an James Joyces »Ulysses« sieht und an Adornos und Horkheimers »Dialektik der Aufklärung«. Warum spielt er bei Hölderlin keine Rolle? Warum rühmt Hölderlin vor allem Haudegen wie Ajax, Achill und Herkules? Ist Odysseus ihm zu verschlagen? Strahlt er zu wenig Heldentum aus? Kann Hölderlin mit seinen jahrelangen Irrfahrten wenig anfangen, und sei es der amourösen Abenteuer wegen und weil er untreu ist? Findet Hölderlin Figuren wie Circe nicht der

Dichtung würdig, eine Frau, bei der Männer sich in Schweine verwandeln? Gefällt ihm nicht, dass Odysseus bei seiner Heimkehr wie ein Aussätziger behandelt wird? Wie einer, den keiner mehr sehen will?

Lediglich in zwei, drei Nebensätzen kommt Hölderlin auf Odysseus zu sprechen, etwa in seinen »Bemerkungen zu Homer«, wo er Achill als seinen Lieblingshelden ausgibt, während er über »Ulyß« urteilt: »Dieser ist ein Sack voll Scheidemünze, wo man lange zu zählen hat, mit dem Gold ist man viel bälder fertig.« Bei Scheidemünzen handelt es sich um Notgeld, um wertloses Geklimper, verlogenes Metall. Odysseus ist für Hölderlin kein Held. Er schlägt sich mit Tricks durchs Leben und mit Täuscherei. Was soll daran erhebend sein? Herkules hätte den Zyklopen einfach am Kragen gepackt und fertiggemacht.

Die vielen Dionysoi. Was bringt Hölderlin dazu, Dionysos zum großen Gemeinschaftsstifter zu stilisieren? Was bringt ihn dazu, aus ihm den Gott allumfassender Harmonie zu machen und seliger Vereinigung? Nicht erst bei Nietzsche tritt Dionysos in ganz anderer Funktion auf, bereits bei den Griechen ist er alles andere als ein Friedensapostel. In Platons »Symposion« erfahren wir, Dionysos' Anhängerinnen, die Mänaden, hätten Orpheus bei lebendigem Leib zerfleischt. Es hört sich entsetzlich an, was man dort liest.

In Euripides' blutrünstigen »Bakchen« begegnet uns Dionysos als gnadenloser Eroberer Thebens. Weil die Bewohner Widerstand leisten, verwandelt er die Frauen in Furien, die alles zerfleischen, was ihnen begegnet. Von Harmonie keine Spur. Wohin man blickt, nichts als Exzess. Dionysos steht nicht für gemütliches Zusammensitzen beim Wein, er steht fürs Animalische. Auch Nietzsches Dionysos lässt in Abgründe blicken. Es sind die Abgründe des Lebens selbst; mit Dionysos tanzen wir laut Nietzsche überm Bodenlosen und vergessen alles, was nach christlicher Moral riecht und nach Jenseitsversprechen. Es gibt dort nur noch diese Welt, ohne Sinn, ohne Ziel, aber auch ohne Strafe. Wir können tun und lassen, was wir wollen, es liegt in unserer Hand.

Im Übrigen wissen die Griechen noch nicht, dass es sich bei Dionysos und Apoll um ein klassisches Gegensatzpaar handelt. Das ist Nietzsches Erfindung. Apoll repräsentiert für ihn Schönheit und Ordnung, Dionysos exzentrische Lebenskraft. »Man muss noch Chaos in sich haben, um einen tanzenden Stern gebären zu können«, lautet ein berühmter Satz aus dem »Zarathustra«. Niemals hätte Hölderlin wie Nietzsche von sich behauptet: »Ich bin mehr Dynamit als Mensch.«

Bei Hölderlin dagegen geht es sofort harmonisch zu, wenn der Weingott auftritt. Sein Antikebild bleibt Winckelmann, verpflichtet, der die griechische Welt als Hort vollkommener Schönheit imaginiert. Während wir bei Euripides Herkules als Rammler und Säufer erleben, wird bei Winckelmann selbst das Gemächte schön, wenn er einen Herkules-Torso beschreibt: »Es sind keine Adern sichtbar, und der Unterleib ist nur gemacht, zu genießen, nicht zu nehmen.« Winckelmann erkennt in ihm das »hohe Ideal eines über die Natur erhabenen Körpers« und ein Wesen, das »bis auf den Grad göttlicher Genügsamkeit erhöht« und »von den Schlacken der Menschheit mit Feuer gereinigt« ist. Nichts Derbes mehr, nichts Protziges, nichts Karnalisches.

Haben weder Winckelmann noch Hölderlin Euripides gelesen und auch nicht Platon? Warum denken sie nicht an wüste Gelage und rohe Gewalt, an Schändung und Raserei? Warum blenden sie das alles aus?

Kleist ruft zwar nie Dionysos an, doch es geht bei ihm durch und durch dionysisch zu, nicht nur in seiner »Penthesilea«. Alle Sublimierung hat dort ausgespielt, alle Vernunft ihr Ende gefunden; man zerfleischt sich nur noch. Penthesileas Raserei spiegelt sich in Kleists Sprache, wir sehen uns mit einem einzigen Zerstörungsrausch konfrontiert. Während Kleist an Euripides anknüpft, erfindet Hölderlin sich einen Dionysos, der wenig Bedenkliches besitzt. Kleist führt in schwer zu überbietender Drastik vor, wie grausam Eros und Thanatos ineinanderspielen können, Hölderlin sieht nur Schönes am Werk, wo Dionysos im Spiel ist. Redet Kleist von Wollust, handelt es sich um eine besessene, nicht geistige. Bei Kleist blicken wir in ein dionysisches Pandämonium, Hölderlin macht aus Jesus in »Brod und Wein« einen Gesinnungsgenossen von Dionysos, die beiden feiern friedlich das Abendmahl. Hölderlin verniedlicht Dionysos zu einem lieben Apoll.

Bezeichnenderweise redet Hölderlin so gut wie nie von Dionysos, er redet vom »Gemeingeist Bacchus« und vom Weingott. Das lässt an klirrende Gläser denken und an Mozarts »Entführung«, wo der besoffene Osmin singt: »Vivat Bacchus!, Bacchus lebe, Bacchus war ein braver Mann.« Solche Assoziationen liegen Hölderlin fern, obwohl auch bei ihm gern von Gesang die Rede ist. Exzesse kann man sich jedoch schwer vorstellen in seinem vereinigungsseligen Kosmos. Zwar beflügelt sein Weingott die Geister, doch stets mit heiligem Ernst. Von Delirien keine Spur, von Barbarei schon zweimal nicht.

Dionysische Exzesse. Dionysos drängt in der deutschen Dichtung erst spät an die Rampe, als Mythenfigur gibt es ihn seit Jahrtausenden. In Goethes frühem Gedicht »Wanderers Sturmlied«, wo viel von Glut die Rede ist und Feuerflügeln, taucht er unter der Bezeichnung Vater Bromius auf. Später sagt Goethe über dieses Sturm-und-Drang-Gedicht: »Ich sang diesen Halbunsinn leidenschaftlich vor mich hin, da mich ein schreckliches Wetter unterweges traf, dem ich entgegen gehn musste.«

Heiliger Ernst spricht aus Goethes Versen nicht, ganz anders als bei Hölderlin. Klingt bei Goethe ein hoher Pindar-Ton an, fühlt man sich gleich im Theater. Sein Pathos schrammt an der Parodie vorbei. Der junge Goethe macht einen auf unbändig, im Alter schämt er sich fast dafür.

Dionysische Drogen. Als der Schweizer Chemiker Albert Hofmann aus Mutterkorn eine Droge namens LSD erzeugt, glaubt er, es handle sich um ein Mittel, mit dem sich bereits die Griechen bei ihren eleusischen Mysterienfeiern tagelang in Trance versetzt haben. Ohne Hofmanns Entdeckung wäre die Hippie-Zeit um ihr prekärstes Lebenselixier gebracht. Die Rede von der Bewusstseinserweiterung macht die Runde: Lucy in the Sky with Diamonds – Sex & Drugs & Rock'n'Roll – Make love, not war. Nicht mehr das Realitätsprinzip ist angesagt, sondern Entgrenzung, in jeder Hinsicht. Man sehnt sich nach kosmischen Delirien.

»Eines zu sein mit Allem, was lebt, in seliger Selbstvergessenheit wiederzukehren ins All der Natur«, das ist auch Hyperions ganzes Begehr. Ohne Drogen sind solche Zustände schwer zu haben. Hölderlins Zeitgenosse Thomas de Quincey sucht sein Glück im Opium. Anfangs, um seine Schmerzen zu lindern und seine Schwermut zu verscheuchen, später, weil er süchtig ist. »Ich nahm es – und – eine Stunde später! – o Himmel! Welch ein Umschwung! … Dass meine Schmerzen verschwunden waren, spielte kaum noch eine Rolle: – dieser negative Effekt wurde vom Unermesslichen positiver Wirkungen verschlungen, die urplötzlich den Abgrund himmlischer Genüsse eröffneten. Das Allheilmittel war gefunden für alles menschliche Weh: Auf einmal war das Geheimnis entdeckt für ein Glück, über das die

Philosophen seit Jahrtausenden bloß disputierten. Glückselig-keit ließ sich nun für einen Penny kaufen und in der Westen-tasche herumtragen; transportable Ekstasen ließen sich in Fla-schen füllen; Seelenfrieden in Gallonen per Post verschicken«, heißt es in seinen 1821 erschienenen »Bekenntnissen eines engli-schen Opium-Essers«.

Die Beatniks – William Burroughs, Jack Kerouac, Allen Gins-berg – schreiben de Quinceys Geschichte fort, mit Opium, Mor-phium, Marihuana, Meskalin, Heroin, LSD und Alkohol. Für die Hippies, Freaks und Flower-Power-Kinder gehören Drogen und Gesellschaftskritik zusammen: Kiffen bedeutet Leistungs-verweigerung. Im Namen des Dionysischen begehrt man auf gegen eine Ordnung, die aus Triebunterdrückung besteht und aus Normierungszwang. Marcuse lässt grüßen. Grenzen soll es keine mehr geben, Übertretung ist angesagt, in jeder Hinsicht: Mit Drogen übertritt man die Gesetze, mit freier Liebe die tra-dierte Moral. Den Sound dazu liefert eine Musik, die für kollek-tiven Taumel sorgt, Woodstock wird zum Mythos.

Zuweilen ist der Weg von der Ekstase zum Horrortrip aller-dings nicht weit. Jimi Hendrix, Janis Joplin und Jim Morrison sterben kurz nacheinander an einer Überdosis, alle in jungen Jahren. Burroughs erschießt seine Frau, als er mit ihr besoffen die Apfelszene aus Schillers »Wilhelm Tell« nachspielt. Charles Mansons kalifornische Hippie-Kommune ritualisiert Gruppen-sex und LSD-Konsum, eines Tages kommen Morde hinzu. Be-rühmtestes Opfer ist die schwangere Schauspielerin Sharon Tate, Polanskis Frau.

Dionysos war nie ein Gott, der einen nur selig werden lässt. Seine Anhängerinnen hetzen Orpheus durch die Wildnis und zerfetzen ihn bei lebendigem Leib. In Platons »Symposion« wird das sogar gerechtfertigt. Man verhöhnt ihn dort als Heul-suse, die den Tod der Gattin nicht verkraftet. Man hält ihn für einen Schnulzensänger. Wie aber kann Hölderlin in Dionysos ernsthaft ein harmoniestiftendes Wesen sehen? Den Erretter vor öden Lebensverhältnissen? Einen Jakobiner, der nicht in den Niederungen des Politischen herumzündelt, sondern die Welt zum Tanzen bringt? Der im schönsten Sinne subversiv ist, ohne entsetzliche Folgen? Ist Dionysos wirklich nur der »Freudengott«, wie es in dem Gedicht »An unsre großen Dichter« heißt? Macht er tatsächlich »allzeit froh«, wie in »Brod und Wein« zu lesen ist? Enden dionysische Exzesse nicht selten im Orkus? Lassen sie einen nicht wahnsinnig werden?

Bei Hölderlin gibt es zwei Figuren, die den Weg der Selbstzerstörung gehen. Aus Widerwillen gegen die Verhältnisse, in denen sie leben müssen. In den Entwürfen zum »Empedokles« heißt es: »Durch sein Gemüt und seine Philosophie schon längst zu Kulturhass gestimmt, … reift sein Entschluss, … durch freiwilligen Tod sich mit der unendlichen Natur zu vereinen.« Sein Unbehagen an der Gesellschaft führt zur mortalen Revolte. Im »Hyperion« lesen wir: »Wir saßen einst zusammen auf unsrem Berge, auf einem Steine der alten Stadt dieser Insel und sprachen davon, wie hier der Löwe Demosthenes sein Ende gefunden, wie er hier mit heiligem selbsterwähltem Tode aus den Macedonischen Ketten und Dolchen sich zur Freiheit geholfen. Der herrliche Geist ging scherzend aus der Welt, rief einer.« Hyperion kommentiert: »Warum nicht? sagt' ich; er hatte nichts mehr hier zu suchen. … Schade, schade, daß es jetzt nicht besser zugeht unter den Menschen, sonst blieb' ich gern auf diesem guten Stern. Aber ich kann dies Erdenrund entbehren.«

Verschmelzungssehnsucht, Todessehnsucht. Kleist schreibt vor seinem Doppelselbstmord mit Henriette Vogel an seine Schwester: »Die Wahrheit ist, dass mir auf Erden nicht zu helfen war.« Mit Freude gehe er aus dem Leben und unaussprechlicher Heiterkeit. In einem anderen Brief erklärt er, sein qualvolles Dasein werde »durch den herrlichsten und wollüstigsten aller Tode vergütigt.« Schon dem Prinzen von Homburg legt er die Worte in den Mund: »Nun, o Unsterblichkeit, bist Du ganz mein! / … / Es wachsen Flügel mir an beiden Schultern, / Durch stille Ätherräume schwingt mein Geist; / Und wie ein Schiff, vom Hauch des Winds entführt, die muntre Hafenstadt versinken sieht, / So geht mir dämmernd alles Leben unter.«

Empedokles sucht Erlösung durch den Sturz in den Ätna. Im Verglühensrausch findet alles Getrennte, findet jeder Widerstreit ein Ende. *Hen kai pan*, lautet das Losungswort der drei Stiftler: Alles und eins, alles in einem. Selbstauflösung um vollkommener Symbiose willen. Kosmischer Orgasmus.

Beim Dionysiker Nietzsche entgrenzt sich der Geist auf andere Weise. Sein letzter, an Jacob Burckhardt gerichteter Brief setzt mit den Worten ein: »Lieber Herr Professor, zuletzt wäre ich sehr viel lieber Basler Professor als Gott; aber ich habe es nicht gewagt, meinen Privat-Egoismus so weit zu treiben, um seinetwegen die Schaffung der Welt zu unterlassen. Sie sehen, man muß Opfer bringen, wie und wo man lebt.« Ein paar Sätze weiter heißt es: »Was unangenehm ist und meiner Bescheidenheit zusetzt, ist, daß im Grunde jeder Name in der Geschichte ich bin.«

Bei Nietzsche tanzt man mit Dionysos über dem Bodenlosen. Abgrund bedeutet Grenzenlosigkeit. Der Abgrund schafft den Rausch. In Nietzsches Gedicht »Nach neuen Meeren« begegnen wir den Versen: »Offen liegt das Meer, in's Blaue / Treibt mein Genueser Schiff. // Alles glänzt mir neu und neuer, / Mittag schläft auf Raum und Zeit –: / Nur d e i n Auge – ungeheuer / Blickt mich's an, Unendlichkeit!«

I shall be released. In seiner »Historia Naturalis« bemerkt Plinius der Ältere, die Menschen hätten den Göttern eines voraus: Sie könnten sich umbringen. Auf den ersten Blick spielt Selbstmord in Hölderlins Werk keine maßgebliche Rolle, auf den zweiten durchaus. Bei Kleist denkt man sofort an seinen Doppelselbstmord, Hölderlin jedoch scheint Kleists Radikalität fremd, in jeder Hinsicht. Kleist erregen die Konflikte der wirklichen Welt, Hölderlin schwebt in entrückteren Sphären. Alles besteht bei ihm aus Sehnen, Wehmut, Hoffen.

Als sein Empedokles überm Abgrund des Ätna steht, sehen wir uns mit einem Wesen konfrontiert, dessen Gesinnung unendlich hoch, unendlich erhaben, unendlich edel ist. Das gnadenlose Wort Selbstmord will einem dabei nicht in den Sinn kommen. Seine Tat scheint nicht einmal etwas Destruktives zu besitzen, es handelt sich um die orgiastische Wiedervereinigung mit den Elementen.

Und doch steckt auch hinter Empedokles' Selbstauslöschung Kleists Gefühl, für diese Welt nicht geschaffen zu sein. Bei Kleist gewinnt man den Eindruck, dass er der Welt nicht einmal einen Vorwurf daraus macht. Auch das unterscheidet ihn von Hölderlin, dessen Klage lautet: Solange die Welt nicht ist, wie ich sie mir wünsche, ist der Tod besser als das Leben. Werther, Tristan, Isolde.

Die veredelte Diotima. Bei Hölderlin treffen wir auf eine seltsam reine Diotima. Im »Hyperion« lässt er sie sterben. Auf diese Weise kann Hyperion umso intensiver trauern. Intensität ist ihm alles. Wäre sie nicht gestorben, alles wäre gut, das Glück wäre vollkommen, für immer. Vor lauter Glück gäbe es nichts mehr zu sagen. Doch nun muss er ohne sie leben, zurückgelassen in öder, sinnloser Welt. Es fehlt ihm jene andere Hälfte, von der in Platons »Symposion« die Rede ist.

Was allerdings Platons Mythos von den beiden auseinandergerissenen Hälften angeht, die sich unentwegt suchen, so kolportiert man diese Geschichte meist ohne ihren Kontext. Man zitiert sie herbei, als handle es sich um Platons ureigenste Erklärung für unser Liebesleid. Das genaue Gegenteil ist der Fall.

Platon legt die Geschichte der zwei Hälften dem Komödiendichter Aristophanes in den Mund. Alles lacht. Die Geschichten von Aristophanes sind immer vergnüglich, aber auch ein bisschen simpel. Er will die Leute zum Lachen bringen, mit allen Mitteln. Kaum hat Aristophanes seine Geschichte von den beiden Hälften zum Besten gegeben, wartet Sokrates mit einer Gegen-Geschichte auf. Es handelt sich um eine Geschichte, die ihm Diotima erzählt hat. Sie kenne sich in Liebesdingen besser aus als er, behauptet Sokrates.

Während Aristophanes glaubt, alles sei gut, wenn zwei Hälften sich wiederfinden, kann Diotima über solche Illusionen bloß den Kopf schütteln. Was sie über das Wesen des Eros zu sagen hat, klingt weitaus beunruhigender. Sie glaubt mitnichten, dass das Glück anfängt, wenn zwei scheinbar Richtige sich gefunden haben. Eros ist für sie das Kind erbärmlicher Armut und größten Reichtums, gegensätzlicher könnten die Eltern nicht sein. Arm ist er, weil ihm nie etwas genügt; reich, weil er im siebten Himmel schwebt, wenn er verliebt ist. Allerdings nur kurze Zeit. Der Überschwang lässt nach, sobald der Alltag einkehrt. Er will den Taumel von vorn erleben, wieder und wieder, es drängt ihn zu weiteren Höhenflügen. Jedes Mal glaubt er, den Richtigen oder die Richtige gefunden zu haben, jedes Mal hält die Seligkeit nur eine Weile an. Eros ist ein bedürftiges Wesen, bei allem Überglück, das er immer wieder erlebt, das aber auch regelmäßig in Katerstimmung umkippt. Er ist ein Getriebener, ein Wegelagerer, ruhelos, rastlos, mal himmelhoch jauchzend, mal zu Tode betrübt, mit nichts zufrieden, was ihn

43

kurze Zeit schweben lässt. Das Einzige, was sich nie bei ihm ändert, ist sein unersättliches Begehren. Sein Gefühl des Mangels findet nie ein Ende.

»Wo wir Eins und Alles werden, / Da ist nun mein Element«, heißt es in Hölderlins »Diotima«-Gedicht. Auch Hyperion verzehrt sich nach einem Wesen, das ihn ein für alle Mal glücklich machen soll. Wer an ein solches Glück glaubt, dem ist auf Erden nicht zu helfen. Freilich fragt man sich, warum bei Hölderlin ausgerechnet die antike Diotima das höchste Glücksversprechen versinnbildlicht? Eine Frau, die sich keinen Täuschungen hingibt, vor allem nicht in erotischen Belangen? Die weiß, dass Unersättlichkeit den Kern des Begehrens ausmacht und permanente Ambivalenz.

An Hölderlins Diotima ist alles idealisch. Sie verkörpert das Bild in sich ruhender Schönheit. In Liebesdingen kennen Hölderlins Schmachtende nur einen einzigen Exzess: die Gier nach ewiger Vereinigung, nach Verschmelzung, nach einem Zustand ohne alles Schwanken und Wanken. Allerdings lautet der einzig angemessene Begriff, den es dafür gibt, Tod. Denn woher sollte eine Liebe ihre Spannung beziehen, wenn nichts mehr in Frage steht? Wenn Narziss alles hat, was er will? Wenn er in seinem selbst erzeugten Spiegelbild ertrinkt?

Bei Hölderlin stirbt Diotima, weil sie glaubt, Hyperion sei tot. Ohne Hyperion gäbe es sie gar nicht, in keiner Hinsicht. Sie ist sein Geschöpf, sein Phantasiegebilde, seine Imago. Ihr Tod dient Hyperion vor allem dazu, seine Klagegesänge ins Maßlose zu steigern, sie in ihrem Schmerz nur umso herrlicher klingen zu lassen. Er darf sich nun an noch größerer Einsamkeit berauschen, sich noch intensiver fühlen. Im Grunde hat er alles erreicht. Seine Elegien sind nicht mehr zu überbieten, was siegt, ist seine Kunst.

Man stelle sich vor, Diotima lebte noch, und sie hätte eigene

Gefühle; Gefühle, die von den seinen abwichen, ihnen nicht entsprächen. Das wäre tausend Mal schlimmer. Könnte man sich die beiden beim Abendessen vorstellen? Wie sie angeschickert am Tisch sitzt und einen Witz reißt? Oder sauer auf ihn ist? Wie sie ihm erklärt, dass sie keine Lust hat aufs Gleiche wie er? Oder keine Lust, mit ihm zu schlafen? Vielleicht schon eine ganze Weile nicht mehr? Würde er selbst nicht gelegentlich an andere Frauen denken? Sich nach einem Prickeln sehnen, wie er es früher gekannt hat? Wie kommt man mit dem täglichen Trott zurecht? Wie mit Gebrechlichkeit und Krankheit?

Hyperions Diotima darf nichts Eigenes besitzen, nichts Eigensinniges, nichts Eigenmächtiges. Sonst wäre sie nicht die von ihm Vergöttlichte. Sie muss das Erfüllungsorgan seiner eigenen Glückseligkeit sein: Ein »himmlisches Wesen«, das »anspruchslos zur Seite« ihm geht, ihm Tränen des Glücks in die Augen treibt, ewig sein Herz erfreut. Dazu ist sie da, für sonst nichts. Durch sie fühlt Hyperion sich heil und im Vollbesitz seiner Kräfte. Nach ihrem Tod wünscht er nichts mehr, als selbst zu sterben. Nur so kann er sich mit ihr vereinen: »Aber in die tobende See will ich mich werfen und ihre Woge bitten, dass sie an Diotimas Gestade mich wirft!« Verschmelzung, Verschmelzung, Verschmelzung. Doch davor müssen noch sterbenstraurige Verse gedichtet werden, die in ihrer Schönheit alles überdauern.

Aufgeklärte Religion. Auch als er nicht mehr dem jugendlichen Utopismus einer Neuen Mythologie anhängt, kreisen Hegels Gedanken weiterhin um die Frage, wie Gedanken und Gefühl, Vernunft und Empfindung zusammenkommen. Mythen und Religionen bilden in seinen Augen eine historisch überkommene Form des Geistes, die in einem bildlichen Denken verharrt, das sich in Geschichten entfaltet und in Gleichnissen.

Aufgeklärte Geister können auch ohne solche Hilfsmittel Prinzipien fürs Zusammenleben entwickeln, sie bedürfen zur Begründung gültiger Verhaltensregeln keiner Gleichnisse mehr und keiner Gottesgeschichten. Dennoch lebt das Bedürfnis fort, Dinge nicht bloß abstrakt zu fassen, sondern in Bildern zu vergegenwärtigen. Mythen und Religionen taugen dafür besser als philosophische Grundsatzdebatten.

Der frühe Hegel unterscheidet zwischen objektiver Religion und subjektiver Religion, denen er als Drittes die Volksreligion zur Seite stellt. Die objektive besteht aus Dogmen und Institutionen, die den lebendigen Geist zum toten Buchstaben versteinern lassen. Bei der subjektiven dagegen regiert das individuelle Gefühl. Jeder macht sich hier seine eigenen Vorstellungen von Gott, von der Wahrheit, vom Unendlichen; ein verbindliches Glaubensgerüst gibt es nicht. Da die subjektive Religiosität aber eine private Angelegenheit bleibt, kann sie schwerlich Gemeinschaft stiften, man lebt sie für sich allein aus oder nur mit Gleichgesinnten. Die Volksreligion hingegen kennt zwar auch keine Priester und keinen Vatikan, doch sie bildet, wie Hegel formuliert, eine »unsichtbare Kirche«, die sich in öffentlichen Feiern kundtut.

Diese Art von Religion sieht Hegel in der Antike verwirklicht. »Die Volksfeste der Griechen waren wohl alle Religionsfeste«, schreibt er: »Alles, selbst die Ausschweifungen der Bacchanten waren einem Gotte geheiligt – selbst ihre öffentlichen Schauspiele hatten einen religiösen Ursprung.« Diesen Zweck sollte auch die Neue Mythologie erfüllen. Sie sollte eine Religion sein, die ohne Katechismus auskommt und ohne Sündenregister, schließlich kennt auch die Antike solche Phänomene nicht. Es gibt dort keine Priesterkaste und keine kirchlichen Behörden, die über den wahren Glauben wachen und Häretiker verfolgen. Es gibt dort keine komplizierten Lehren wie von der Heiligen Dreifaltigkeit, der Erbsünde und der unbefleckten Empfängnis, und auch keine Theologen, die endlos darüber diskutieren, was man darunter zu verstehen hat. Man zermartert sich dort nicht den Kopf über Dogmen, an die man zwar gern glauben möchte, die aber so unbegreiflich sind, dass am Ende nur jenes *Credo quia absurdum* bleibt, das christliche Geister in permanenter Paradoxie leben lässt.

Bei Mythen stellen sich solche Fragen ebenso wenig wie bei Volksreligionen. Beide müssen aufgeklärter Vernunft nicht widersprechen, schließlich wissen wir, dass Mythen einer anderen Logik gehorchen als wissenschaftliche Theorien. Doch sie beleben die Phantasie und damit die Kunst, vom Theater über die Dichtung bis zu Malerei und Musik. Je nach Gusto wechseln wir die Ebenen, ohne darin kapitale Widersprüche zu entdecken, ganz im Sinne Voltaires, der bemerkt, dass wir während des Hochamts an Gott glauben, in der Oper aber zu Heiden werden. Um sich in mythologischen Welten zu bewegen, muss man nicht gläubig sein, zumindest nicht im Sinne des Christentums. Solange man sich auf keine dogmatische Wahrheit verpflichtet, hat vieles Platz.

Anders als Hölderlin hält Hegel es jedoch für ausgeschlossen, dass wir uns wieder eine Mythologie aneignen können, wie man sie aus der Antike kennt. Selbst wenn wir es wollten, würde uns eine innere Stimme zuflüstern: Das ist Mumpitz! Auch lassen sich freie Geister nicht mehr auf ein bestimmtes Weltbild verpflichten. Schließlich gehört zum Prinzip neuzeitlicher Subjektivität nicht nur Entscheidungsfreiheit, es gehört dazu auch die Überzeugung, dass nichts als gültig gelten darf, was nicht dem eigenen Urteil unterworfen worden ist.

Die Moderne zeichnet sich in Hegels Augen dadurch aus, dass man Fragen nach dem Zusammenleben gemeinsam aushandeln muss. Wie viele würden bei solchen Aushandlungsprozessen wohl für eine Neue Mythologie stimmen? Ein Zurück kann es nicht mehr geben, immerhin hat jener Weltgeist, von dem Hegel spricht, auf seinem Weg in die Neuzeit eine lange Strecke hinter sich gebracht und eine Menge Ballast abgeworfen. Seinen Ausgang hat er vom Orient genommen und ist über Ägypten, Griechenland und das Römische Reich ins nordwestliche Europa gelangt. Für Hegel spielt sich dabei etwas ab, das er »Fortschritt im Bewusstsein der Freiheit« nennt. Auch wenn Hegel in seinen Stiftsjahren zusammen mit Hölderlin und Schelling von einer Neuen Mythologie träumt, glaubt er an solche Visionen bald nicht mehr. Eine solche Mythologie ließe sich nicht mehr durchsetzen, aus freien Stücken könnten sich gewiss nicht alle mit ihr anfreunden. Das 20. Jahrhundert hat zur Genüge gezeigt, wohin es führt, wenn im Namen nationaler Mythen oder kommunistischer Utopien Glaubenslehren verordnet werden, die sich zwar nicht mehr als Religion ausgeben, jedoch deren Funktion erfüllen.

Lehrerin der Menschheit, heilige Priester. »Die Poesie … wird am Ende wieder, was sie am Anfang war – Lehrerin der Menschheit; denn es gibt keine Philosophie, keine Geschichte mehr, die Dichtkunst allein wird alle übrigen Wissenschaften und Künste überleben«, lautet die oberste Botschaft des »Systemprogramms«. Seit die Religion als allumfassende Sinnstiftungsmacht entthront ist, muss die Kunst für Sinnstiftung sorgen. »Wozu Dichter in dürftiger Zeit?«, fragt Hölderlin in »Brod und Wein«. Es ist eine rhetorische Frage, die Antwort folgt auf der Stelle: Die Dichter sind »des Weingotts heilige Priester«. Sie sind Künder einer Gemeinschaft, die nicht nur spärlich von nackten Interessen zusammengehalten werden soll, sondern von einem Geist, der alles aufs Schönste durchdringt.

Just in dem Augenblick, da Hegel das Ende der Kunst verkündet, erlebt sie einen nie gekannten Aufschwung. Hegels Diktum wird häufig missverstanden. Es meint keineswegs, dass fortan nicht mehr gedichtet, komponiert und gemalt wird, ganz im Gegenteil besagt es, dass die Kunst sich jener Aufgaben entledigt hat, die sie jahrtausendelang erfüllen musste. Sie muss nun nicht mehr der Kirche dienen und keiner Mythologie und auch keiner höfischen Gesellschaft. Sie ist frei geworden und kann tun und lassen, was sie will. Das Ende der Kunst fällt in eins mit dem Beginn ihrer Autonomie.

Allerdings weist das »Systemprogramm« der Kunst sofort wieder Aufgaben zu, und zwar die allerhöchsten. Denn sie muss wieder werden, was sie am Anfang war: Lehrerin der Menschheit. Das erhofft sich nicht nur Hölderlin, ähnlich sieht es Schiller und auf andere Weise auch Novalis, für den sich unter dem Dach der Poesie alle Denk- und Lebensbereiche vereinigen müssen: von den Wissenschaften über die Philosophie bis zur Ethik und Politik. Schiller argumentiert vorsichtiger, obwohl auch er von einer Gemeinschaft träumt, in der jeder sich frei entfalten kann und sich trotzdem alles zu einem herrlichen Ganzen fügt. Allerdings glaubt Schiller, dass eine solche Utopie sich bestenfalls in »auserlesenen Zirkeln« verwirklichen lässt, selten darüber hinaus.

In unterschiedlicher Weise leben solche Visionen auch im Denken von Nietzsche, Heidegger, Adorno und Derrida fort. Dass diese Visionen reichlich abstrakt bleiben, kann ihnen nur zum Vorteil gereichen, schließlich müsste alles Konkrete wieder auf Regeln hinauslaufen, die das alte Spiel von Gesetz und Bestrafung fortsetzen. Weder bei Nietzsche erfahren wir, wie ein dionysisches Leben tatsächlich aussieht, noch kann uns Heidegger im Einzelnen erklären, wie eine Welt aussieht, in der nicht mehr der Mensch spricht, sondern die »Sprache des Seyns«. Auch Adorno weiß nicht genau zu sagen, wie man sich eine Gesellschaft vorzustellen hat, in der es keinerlei Hierarchie mehr gibt zwischen Einzelnem und Allgemeinem, wie er es in großer Kunst vorzufinden meint. Ebenso wenig weist Derrida einen gangbaren Weg in eine Welt, die vor Differenz birst und dennoch nicht zerfällt.

Diesseits solcher Diskussionen hat sich inzwischen eine Aktionskunst etabliert, die gar nicht erst fragt, wie solche Visionen ins Soziale überführt werden können. Kunst und Botschaft, Happening und Agitation sind dort immer schon eins; Ästhetik und Alltag verschwimmen, alles gerät zur Performance. Wo das politische Statement beginnt und der theatralische Auftritt endet, weiß man oft nicht, Spiel und Nicht-Spiel, Bühne und Realität, Spektakel und Predigt sind kaum zu unterscheiden. Beste Beispiele sind Joseph Beuys und Christoph Schlingensief, bei aller Unterschiedlichkeit. Man spielt dort mit Ritualen, ruft eine neue Kirche aus, halb ironisch, halb ernsthaft, oder ruft zum Mord an einem Bundeskanzler auf, was man als Kunst verstanden wissen will, allerdings nicht nur, ein bisschen Schock soll schon dabei sein.

Kann das gemeint gewesen sein mit der Aufhebung aller Grenzen? Oder existiert hier kein Gefühl mehr für Trennungen, die man einmal als kulturelle Errungenschaften verbucht hat? Und die auch niemand wirklich aufheben wollte, aller scheinbaren Behauptung zum Trotz, weder Schiller noch Novalis noch das »Systemprogramm«, am allerwenigsten Adorno.

Magik, Mythik, Mystik. Ausgerechnet in der Zeit der Aufklärung greift ein immenses Bedürfnis nach Unerklärlichem, Numinosem, Okkultem um sich. Unterschwellig lässt sich das sogar bei Kant beobachten, der sich in seinen Schriften lustig macht über den Hang zum Übernatürlichen, jedoch in ausführlichen Fußnoten mit sichtlichem Vergnügen Geschichten zum Besten gibt von »sich dünkenden Weisen«, die das Paradies, die Welt und die Hölle in kühnen Bildern ausmalen und wilde Lehren über den Sinn des Daseins verbreiten. Vollkommen unverstellt zeigt sich der Hang zum Mystischen und Mythischen bei den Freimaurern, die sich als Aufklärer begreifen, aber eine Geheimgesellschaft bilden mit eigener Geheimschrift und mit Zeremonien, die an alte Mysterienkulte anknüpfen. Neben der ägyptischen Pyramiden- und Sonnensymbolik reaktivieren sie theosophische Theorien, wozu spiritistische Sitzungen gehören, Tischrücken und Geistererscheinungen. Der Wunderheiler Mesmer zieht damals durch halb Europa, wo Gott und die Welt ihn empfängt, gar nicht zu reden von Cagliostro, der mit magischen Experimenten eine Unmenge Geld macht; nicht zu vergessen Swedenborg, der mit Engeln und Geistern spricht und allerlei Ereignisse voraussagt, unter anderem die große Feuersbrunst von Stockholm.

1781 erscheint von Christoph Martin Wieland ein Artikel mit dem Titel »Über den Hang der Menschen, an Magie und Geistererscheinungen zu glauben«. Wieland stellt fest, dass die Einbildungskräfte sprießen wie selten zuvor, aller Aufklärung zum Trotz. Man sehnt sich nach Geistern und nach Phänomenen, die alle Vernunft übersteigen. Diesen Hang zum Okkulten und Ominösen glaubt Wieland weniger beim einfachen Volk wahrzunehmen als bei den Gebildeten. »Die Dichter, welchen mit dem Wunderbaren die reichste Quelle von Erfindung … genommen würde, nähren diese Anlage auf eine so verführerische Art, dass, wenn wir gleich Verstand genug haben, zu sehen, dass sie uns täuschen, wir doch mit Vergnügen einwilligen, so angenehm getäuscht zu werden«, heißt es bei ihm. Gegen diese Überhöhung des Fiktiven führt Wieland ein platonisches Argument ins Feld. So wenig wie Platon will Wieland die künstlerische Phantasie aus der Welt verbannt wissen, beide sehen aber die Gefahr, dass man sie wichtiger nimmt als die wirkliche Welt.

Wieland überträgt nicht nur als Erster einen Großteil von Shakespeares Werk ins Deutsche, er beweist auch mit seiner eigenen Fabulierkunst, dass ihm das Phantastische alles andere als fremd ist. Schikaneders Libretto für Mozarts »Zauberflöte« basiert auf zwei orientalisierenden Erzählungen von ihm, nur wäre er der Letzte, der Mysterienkulten eine wirkliche Bedeutung fürs heutige Leben beimisst. Kunst ist für ihn ein Spiel, bei dem sich unsere Imaginationskraft austobt, wird sie jedoch zum Religionsersatz, macht Wieland nicht mehr mit.

Obwohl Wieland den Namen Hölderlin vermutlich nie gehört hat, meint man, er rede vor allem über ihn, wenn er von zeitgenössischen Dichtern sagt, mit ihrem hohen Ton hätten sie »nichts Geringeres als die größte Veredlung der Menschheit« im Sinn und die »Erhöhung ihrer natürlichen Kräfte bis zur Gemeinschaft mit der göttlichen Natur«. Dazu gehört laut Wieland auch das Besingen eines Freundschaftskults, der sich auf die ganze Menschheit erstrecken und alles Böse aus der Welt verbannen will. Nicht minder gehört dazu die Mystifizierung der Natur, deren Zauber man retten muss angesichts der fortschreitenden Wissenschaften, die sie auf Zahlen reduzieren und auf Daten und Formeln.

Wieland stellt fest: »Die Einbildungskraft findet immer wieder Mittel, sich im Besitz ihrer alten Rechte zu erhalten. Der Kreis ihrer Wirksamkeit erweitert sich zugleich mit dem Kreise unsrer Kenntnisse. Die Natur (gleich als ob sie eifersüchtig sei, sich über ihren verborgnen Mysterien von sterblichen Augen überschleichen zu lassen) erscheint immer wunderreicher, geheimnisvoller, unerforschlicher, je mehr sie gekannt, erforscht, berechnet, gemessen und gewogen wird.« Und weiter: »Mitten in der Überzeugung, dass die ganze Maschinerie ihrer Götter-

und Geister-Erscheinungen … aus bloßen Geschöpfen ihrer Einbildungskraft zusammengesetzt sei, ertappen wir uns über einem heimlichen Seufzer, dass doch diese Wunderdinge wahr sein möchten; und je empfänglicher unsre Seele für die Einwirkungen dieser Art von Dichtungen ist, desto geneigter sind wir, uns … von der Wahrheit dessen, was wir wahr zu finden wünschen, überreden zu lassen.«

National oder universal? Ist die Neue Mythologie für die ganze Menschheit gedacht oder gesellschaftlich und geographisch begrenzt? Lässt sie sich in eine andere Sprache übertragen, obwohl das bei Dichtung schwer möglich ist? Schließlich leben Verse nicht von nackten Inhalten, sondern von einer Sprachmusik, die sich nur mit Mühe in ein anderes Idiom übertragen lässt. Hegel vergleicht Übersetzungen mit Rheinwein, dessen Bouquet verduftet ist. Wie soll man »heilignüchternes Wasser« übersetzen? Kann man damit in Armenien, Anatolien und Afghanistan etwas anfangen? Oder in Bangkok und Delaware? Oder hat Hölderlin an die Leute dort überhaupt nicht gedacht? Handelt es sich um eine dichterische Wahrheit, derer nur die Griechen teilhaftig werden können und die Deutschen, wie Heidegger glaubt?

Was unsterblich im Gesang soll leben, / Muß im Leben untergehn. So endet Schillers munter daherspazierendes Gedicht »Die Götter Griechenlands«. Schillers Verse vermitteln nicht den Eindruck, dass hier jemand wirklich der Antike nachtrauert. Dafür klingt seine Klage zu reimselig und zu leichtfüßig. Christian Gottfried Körner bescheinigt seinem Freund Schiller »Bravour«, mit kritischem Unterton. Gedanklich ist ihm dieses Gedicht zu schlicht. Was die Form angeht und den Schwung, gesteht er Schiller zu, dass ihm ein kleines Kunststück gelungen ist.

Es kommt auch gut an und entspricht dem Zeitgeist, mit seiner wohlfeilen Kritik an einem tristen Christentum, das mit dem Göttergewimmel der Griechen nicht mithalten kann. Wieder lässt Winckelmann grüßen, dessen Thesen man damals nachbetet. Schiller hat das Gedicht für Wielands Zeitschrift »Der teutsche Merkur« geschrieben, es handelt sich um eine Gelegenheitsarbeit, er hätte auch ein anderes Thema nehmen können. Dringlich klingt an diesen Versen nichts, sie zeugen in erster Linie von Könnerschaft. Weder spricht aus ihnen ein tiefer Schmerz noch eine ernst zu nehmende Klage über den Untergang einstiger Herrlichkeit. Wenn es heißt: »Ach, nur in dem Feenland der Lieder / Lebt noch deine fabelhafte Spur«, legt schon die Wortwahl nahe, dass wir uns im Reich der Märchen und Sagen bewegen.

Auch Gustav Schwabs berühmte Nacherzählungen griechischer Mythen tragen den Titel »Die schönsten Sagen des klassischen Altertums«. Sie erscheinen ab 1838, zwölf Jahre davor gibt Uhland eine Sammlung von Hölderlin-Gedichten heraus. Die Begriffe Sage und Fabel gehören nicht zu Hölderlins Welt. Tauchen sie bei ihm selten einmal auf, staunt man über ihren Gebrauch, wie beispielsweise in den Vorarbeiten zum »Hyperion«, wo es heißt: »Die Fabel sagt von Menschen, sie hätten die gegenwärtige Gottheit getötet.« Worauf der Zusatz folgt: »Die Fabel ist Wahrheit.« Ansonsten begegnet man diesen literarischen Gattungsbegriffen bei Hölderlin so gut wie nie. Vermutlich wäre er entrüstet gewesen, hätte man sein Griechenland damit in Verbindung gebracht. Während Schiller ein hitparadentaugliches Klagegedicht vorlegt, weint Hölderlin tatsächliche Tränen.

Die große Vereinigung alles Getrennten. Auf nichts anderes läuft Hölderlins Ostinato hinaus, vor allem in seinen philosophisch angehauchten, meist fragmentarisch gebliebenen Abhandlungen. Hölderlin setzt auf ein mythisch getränktes Weltbild, das die Wunden der Moderne heilen soll. Aus Hegels Sicht fällt er damit in eine geschichtlich überwundene Bewusstseinsstufe zurück. Schließlich können wir nicht mehr ungebremst in mythischen Bildern schwelgen, als habe es nie eine Aufklärung gegeben. Wir können nicht mehr ausblenden, dass es sich nur um Mythen handelt und nur um Bilder. Schließlich könnte man sich auch für ganz andere Bilderwelten erwärmen und für ganz andere Mythen, für germanische, keltische, indianische, afrikanische, karibische, asiatische. Was historisch abgewirtschaftet hat, lässt sich schlecht wiederbeleben und in eine Welt implantieren, die ganz anderen Vorstellungen gehorcht und weitaus komplexer ist als ein soziales System, in dem Frauen, Sklaven und Fremde nichts zu sagen hatten. Von der heliozentrischen Wende ganz zu schweigen.

In Hegels Augen lassen sich die Probleme heutiger Gesellschaften nicht mit dichterischen Visionen lösen. Hölderlin dagegen will die neuzeitliche Subjektivität in einer allumfassenden Mythologie aufgehoben wissen, bastelt damit jedoch selbst an einem Weltbild, das sich aus subjektiven Phantastereien zusammensetzt und deshalb niemals Anspruch auf Allgemeingültigkeit erheben kann. Aus Hegels Sicht handelt es sich bei Hölderlins weltgeschichtlichen Imaginationen um romantischen Eskapismus. Wo Hölderlin die Grenzen der Philosophie erkennt, erkennt Hegel die Grenzen der Dichtung.

Ein kunstlos Lied. »Lange lieb' ich dich schon, möchte dich, mir zur Lust, / Mutter nennen, und dir schenken ein kunstlos Lied, / Du, der Vaterlandsstädte / Ländlichschönste, so viel ich sah«, lautet die erste Strophe von Hölderlins Ode »Heidelberg«. Selten dichtet Hölderlin kunstlose Lieder, oft muten seine Verse schwierig an, ganz anders als bei Brentano oder Eichendorff. Hölderlin erreicht mit seiner Neuen Mythologie in keiner Weise das Volk, dazu klingt seine Dichtung zu hoch, zu dunkel, zu erhaben. Wie soll man schlichten Gemütern beibringen, dass der Isthmus und der Neckar geschichtsmythisch zusammengehören? Dass Jesus der letzte der griechischen Götter ist, ein Kollege von Dionysos? Dass Hölderlin, wenn er den Tod fürs Vaterland verherrlicht, nichts Chauvinistisches meint, sondern die Französische Revolution, irgendwie jedenfalls? Wie bei Celan ergeht man sich bei ihm in endlosen Deutungen, die den Fortbestand literaturwissenschaftlicher Exegese sichern.

Mit Hölderlin beginnen sich die Künste zu spalten in leicht und schwer verständliche. Man spricht damals noch nicht von E und U, was sich jedoch in der Musik vollzieht, vollzieht sich auch in der Dichtung. Auf der einen Seite sammeln die Brüder Grimm Volksmärchen, auf der andern entstehen Kunstmärchen mit verknoteter Symbolik. Auf der einen Seite sammeln Tieck und Brentano volkstümliche Lieder für »Des Knaben Wunderhorn«, auf der andern weist Hölderlin den Weg in eine Lyrik, die als hermetisch gilt. Hier das Klare, dort das Komplexe, hier das Rohe, dort das Gekochte, mit Claude Lévi-Strauss zu reden.

Im Juli 1799 schreibt Hölderlin an Neuffer, seine Gedichte seien »vielleicht zu wenig populär«, er halte es aber für abwegig, dem Publikumsgeschmack entgegenzukommen. Wo würde man da landen? Man sieht es an Goethes »Heidenröslein«. Hölderlin nimmt Goethes Namen nicht in den Mund, doch man darf an ihn denken.

Wenige Hölderlin-Verse erlangen wirklichen Bekanntheitsgrad: »Weh mir, wo nehm' ich, wenn / es Winter ist …« – »Wo aber Gefahr ist, wächst / Das Rettende auch« – »Was bleibet aber, stiften die Dichter«. Damit hat es sich mehr oder weniger. Eichendorff-Gedichte kennt jedes Kind. Sie klingen so volkstümlich, als seien sie von alters her überliefert. Auch Heines Verse versteht jeder auf Anhieb. Brecht spricht von der pontifikalen Linie der deutschen Lyrik und von der profanen. Wobei profan nicht bedeutet, dass es profan zugehen muss. Der beste Beweis ist Eichendorff.

Ein anderes Sehnen, eine andere Romantik. Im Vorwort zu ihren »Lyrical Ballads« erklären Wordsworth und Coleridge, sie wollten Verse schreiben, die jedem verständlich sind. Dichtung lebe vom »spontanen Überflutetwerden mit mächtigen Gefühlen«. Ein berühmtes Sonett von Wordsworth trägt den Titel »Composed upon Westminster Bridge, September 3, 1802«. Es hält einen Glücksmoment fest, der sich dem Anblick des morgendlichen London verdankt: »Earth has not anything to show more fair« – Schöneres hat die Erde nicht zu bieten. Keinen Ort der Welt habe die Sonne je herrlicher beschienen, kein Tal, keinen Felsen, keinen Hügel. Wordsworth besingt kein ländliches Idyll und keinen bukolischen Frieden, er besingt den Anblick einer Stadt, die schon damals über eine Million Einwohner hat und größer ist als alle andern in Europa. Wir begegnen keiner Klage, keiner Sehnsucht nach Vergangenem, keiner Hoffnung auf bessere Zeiten. Stattdessen reine Gegenwart, die erfüllter nicht sein könnte. In einem seiner »Prelude«-Gedichte findet sich der Vers: »There are in our existence spots of time / That with distinct pre-eminence retain« – es gibt Augenblicke in unserem Leben, die wie weniges unvergessen bleiben.

Wordsworth ist so alt wie Hölderlin, fast auf den Tag genau. John Keats ist fünfzehn Jahre jünger, er verliert früh seine Eltern und leidet früh an Tuberkulose. Die Eltern seiner Geliebten, in deren Haus er wohnt, verbieten ihm jeden Umgang mit ihrer Tochter, aufgrund seiner Krankheit. Er reist nach Rom, zu seinem Freund Shelley. Dort stirbt er mit fünfundzwanzig. In Keats' Versen klingt stets etwas Schwermütiges mit, diese Schwermut versackt aber nie in nur dunkler Schwere, sie richtet sich auf an den Epiphanien des Schönen. Auch bei Keats spielen immer wieder die Griechen herein, nicht nur in der bekannten »Ode on a Grecian Urn«. Allerdings sehnt Keats sich nach keiner Wiederkehr antiker Mythologie. Sie lebt für ihn fort, in anderer Gestalt, mehr braucht es nicht. Wie Wordsworth besingt Keats das Hier und Jetzt, mit allem Traumwandlerischen, Halluzinativen. Das Mysterium der Schönheit vergrößert sich für ihn durch ein Leiden, in dessen Angesicht die Herrlichkeiten des Lebens umso eindrücklicher leuchten.

Keats' »Ode to Melancholy« besingt sogar ausdrücklich die Schwermut. Zwar verfolgen uns ihre nächtlichen Schatten und ziehen uns hinab, ohne sie würde jedoch jener dunkle Grund fehlen, der das Schöne nur umso schöner macht. Wer keine Schwermut kennt, dem fehlt es an Intensität. Man muss sie auskosten, um den Blick auf die Welt zu erhellen. »Then glut thy sorrow on a morning rose, / Or on the rainbow of the salt sand-wave, / Or on the wealth of globed peonies« – »Dann stärk dich an des Morgens rotem Gold, / An Regenbögen über Salz und Sand, / An der Päonie reichbemeßnem Rund«, lauten Keats' Verse in Ludwig Harigs Übertragung. Schwermut vermählt sich schon deshalb mit Schönheit, weil wir wissen, dass wir sterben müssen: »She dwells with Beauty – Beauty that must die.«

Hebels Universum. Friedrich Hölderlin und der zehn Jahre ältere Johann Peter Hebel leben zur gleichen Zeit im deutschen Südwesten. Beide sind Protestanten, beide könnte man sich unterschiedlicher kaum denken. Der eine schreibt alemannische Gedichte, die Goethe über alles schätzt, der andere hochtönende Verse, angesichts derer Goethe dem jungen Dichter rät, sich auf kleinere Gegenstände zu konzentrieren.

Hebel gelingt, was Hölderlin lediglich vorschwebt: Er erreicht mit seiner Dichtung das Volk. Zwar klagt auch Hebel in einem Brief, der christliche Gott gebe für die dichterische Phantasie weit weniger her als die olympischen Götter, was sich aber nicht ändern lasse, schließlich sei der Weg zurück zu den Griechen versperrt. »Das Organ dazu ist in uns zerstört. Wir haben ihnen keine einzige Form mehr übriggelassen, in der sie uns erschaubar werden könnten«, erklärt er. In dichterischer Hinsicht bedauert er das, als Christ trauert er dem heidnischen Hokuspokus keine Träne nach.

Hebels Christentum kommt auf ganz selbstverständliche Weise aufgeklärt daher, in äußerst freundlicher Weise. Hebel gelingt es sogar, den Lesern seines Hauskalenders – allen voran Handwerkern und Bauern – den durch Kopernikus entzauberten Kosmos in neuem, nie dagewesenem Zauber wiederaufstehen zu lassen. Nichts ist dabei von dem Entsetzen zu spüren, das Novalis anwandelt, für den das All seit der heliozentrischen Wende zu einem mechanischen Universum verkommen ist, über dem kein Gott mehr thront. Für Hebel dagegen offenbart dieses Universum jetzt erst seine überwältigende Schönheit. Der Himmel ist für ihn »ein großes Buch über die göttliche Allmacht und Güte«, in dem sich viele bewährte Mittel gegen alle Arten von Aberglauben finden. Allerdings sei dieses Buch auf Arabisch geschrieben, behauptet Hebel: »Man kann es nicht verstehen, wenn man keinen Dolmetscher hat. Wer aber einmal in diesem Buch lesen kann, ... dem wird hernach die Zeit nimmer lang, wenn er schon bei Nacht allein auf der Straße ist, und wenn ihn die Finsternis verführen will, etwas Böses zu tun.«

DER BRÄUNLICHE HÖLDERLIN

Erde, Heimat, Seyn. Keinen anderen Begriffen begegnet man in Heideggers Hölderlin-Deutungen häufiger als Erde und Heimat. Auch von Zugehörigkeit ist viel die Rede und vom Heimischen und Heimischwerden, vom Wohnen des Menschen, vom Bleiben, Stiften und Gründen, vom Eigenen, Eigentum und Eigensten, von Ankunft und Ankommen, vom Aufenthalt und von Heimkunft, vom Schicksal, von der Schickung und vom Schicklichen. Immer wieder taucht bei Heidegger die Wendung vom Eigensten der Heimat auf und von ihrem Einladenden, Aufgeräumten und Eingeräumten, von der unversehrten Erde, dem sachten Bann der allbekannten Dinge, vom Hellen, Heilen und Heiligen, vom Leuchtenden und Lichtenden, von Klarheit und Gesang. Mit Berufung auf Hölderlin weist Heidegger in eine Zukunft, die Abschied nimmt von einem humanistischen Denken, das mit Platon einsetzt, von dort aufs Christentum übergeht und schließlich in die Aufklärung mündet.

Dieses Denken führt in die Seinsvergessenheit. Es gipfelt in unserer Moderne, die den Menschen entwurzelt. Diese Entwurzelung beginnt mit Platons Hypostasierung der Ideen, wird fortgeführt mit der christlichen Entwertung der Erde und erfasst die ganze Welt, seit das abendländisch-aufklärerische Denken sich ihrer rundum bemächtigt, sowohl weltanschaulich als auch technisch. Was sich heutzutage Globalisierung nennt, ist in Heideggers Augen gleichbedeutend mit Bodenlosigkeit und Nomadentum. Dieses Nomadentum setzt schon im frühen Judentum ein, das nirgends Rast findet und Ruhe und sich über die ganze Welt verstreut; in Ahasver findet es seine Versinnbildlichung. Es kennt keine Liebe zur Heimat und zur Natur, es fühlt sich einzig einem Gott verpflichtet, der sich in Buchgestalt offenbart. Sein Buch- und Buchstabenglaube gebiert einen Intellektualismus, der etwas Zersetzendes besitzt. Im Juden zeichnet sich früh der haltlos gewordene Mensch ab. So jedenfalls sieht es Heidegger, dessen erst vor wenigen Jahren veröffentlichte »Schwarze Hefte« eine ungleich deutlichere Sprache sprechen als seine offiziellen Werke.

Judentum bedeutet Kosmopolitismus, im schlimmsten Sinn, jedenfalls für Heidegger. Der Kosmopolit kennt keine Grenzen; er will überall zu Hause sein und ist nirgends daheim. Sein Lebenselement ist der Austausch, der Transfer, der Handel, ganz im Sinne des frei zirkulierenden Kapitals, das am Ende die einzige verbliebene Gottheit darstellt. Die rechte und die linke Gesellschaftskritik treffen sich in ihrer Kritik an der Globalisierung, an beider Ränder blüht der Antisemitismus. Die einen machen für alle Übel den grenzenlos agierenden Kapitalismus verantwortlich, die andern einen Kosmopolitismus, der seinen Urgrund im weltweit agierenden jüdischen Geschäftsmann findet. Im heutigen Ungarn hängen staatliche Plakate mit dem Inbild neoliberaler Zersetzung: Sie zeigen den Juden George Soros.

Heideggers heimatselige Hölderlinerei ist alles andere als politisch unschuldig. Während man den Begriff Humanismus gewöhnlich mit Menschenliebe in Verbindung bringt oder dabei an geistesgeschichtliche Bildung denkt, steht er in Heideggers Augen für alles, was den Menschen auf heillose Weise überhöht und ihn damit entwurzelt. Der Tanz um den Menschen führt für ihn in ein Nichts, das im Nihilismus zum Tragen kommt. Ins Heimische und Heile kann der Mensch nur wieder gelangen, wenn er von seiner humanistischen Selbstanbetung lässt und wieder zum »Hirten des Seins« wird. Der Humanismus zeichnet sich in Heideggers Augen durch eine obsessive

Fixierung auf Ethik, Moral und Werte aus, was beweist, dass es nur ums Subjekt geht und ums Soziale, nicht ums Sein. Nicht nur in den »Schwarzen Heften« zieht Heidegger gegen ein christliches Moralisieren her, das immer nur ans Humanum denkt. Begriffe wie Vernunft, Freiheit, Subjektivität, Individualität und Autonomie kommen bei ihm nicht nur nicht vor, sie beweisen ihm, dass der Mensch sich zu einem Wesen überhöht, das frei schalten und walten will und damit jeden Bezug zur Erde verliert. Was daraus resultiert, ist Bindungslosigkeit, und zwar nicht persönliche, sondern Bindungslosigkeit in Bezug auf Erde, Heimat, Wurzeln. Seit der Mensch sich nicht mehr als Teil eines mythischen Kosmos begreift, hält er bloß noch Zwiesprache mit sich selbst und mit seinesgleichen, mit seinem eigenen Gewissen, mit seinem Moral-Gott und mit seiner zur Gottheit erhobenen Vernunft. Er merkt nicht einmal mehr, wie heimatlos ihn das macht.

In seinen »Schwarzen Heften« verhöhnt Heidegger alles, was nach christlichem Biedersinn riecht und nach moralischer Bevormundung. Nicht Hitler ist in seinen Augen das Übel und der Faschismus, vielmehr ist es der planetarisch gewordene Humanismus, aus dem alle Arten von Barbarei erwachsen. Auschwitz ist für ihn das Resultat jener Techno-Logik, die einsetzt mit Platon. Wäre man bei den Vorsokratikern stehengeblieben oder mit Hölderlin rechtzeitig zu den vorphilosophischen Griechen zurückgekehrt, hätte es kein Auschwitz gegeben. Damit ist für Heidegger dieses Thema abgehakt. Die platonisch-christliche Onto-Theologie ist an allem schuld, mit ihrem zwanghaften Drang, die Welt nach selbst gemachten Gesetzen zu gestalten und aus ihr ein einziges Gestell zu machen. Wer nicht weiß, was Heidegger damit meint, versteht es spätestens, wenn er eine Rede liest, die er 1949 in Bremen gehalten hat, vor erlesenem Kreis. Ihr ursprünglicher Titel lautet »Das Gestell«, veröffentlicht wurde sie unter »Die Frage nach der Technik«. In der ersten Druckfassung wurde folgender Satz unter den Teppich gekehrt: »Ackerbau ist jetzt motorisierte Ernährungsindustrie, im Wesen das Selbe wie die Fabrikation von Leichen in Gaskammern.« In den »Schwarzen Heften« lesen wir: »Die modernen Systeme der totalen Diktatur entstammen dem jüdisch-christlichen Monotheismus«.

Die immer wieder an ihn herangetragene Bitte, sich zu seinem nationalsozialistischen Engagement zu erklären, schlägt Heidegger nicht nur konsequent aus, er findet sie dumm und unverschämt. Er lässt sich nicht vor Mikrophone zerren und sich Entschuldigungen abtrotzen, die einer moralisierenden Meute Genüge tun, die keine Ahnung hat von der Tiefe seines Denkens. Wer Hitler auf politischer Ebene kritisiert oder auf moralischer, hat in seinen Augen rein gar nichts begriffen. Solche Leute gehören für ihn zur Masse ahnungsloser Tugendbolde. Es sind christliche, liberale, linke Flachköpfe, die all dem Vorschub leisten, was sie verhindern wollen. Wer glaubt, es komme auf die Alternative zwischen Faschismus, Demokratie und Kommunismus an, denkt oberflächlich. Was einzig uns retten kann, ist die Überwindung jener übermächtig gewordenen humanistischen Normierung, die für die Barbarei der Seinsvergessenheit verantwortlich zeichnet. In den »Schwarzen Heften« findet sich eine freistehende Notiz mit zwei Begriffen in Anführungsstrichen: »Die ›Massen‹ und die ›Ethik‹.«

Wenn Heidegger mit Hölderlin die Rückkehr zum Seinsdenken anmahnt, glaubt er, diese Rückkehr könne nur von den Deutschen geleistet werden. Wer meint, philosophische Prinzipien und Postulate zielten auf universale Geltung, wird von Heidegger eines anderen belehrt. Für ihn feiert das Seinsdenken seine Rückkehr im Schwäbischen, vor allem dank Hölderlin und ihm. Mit Blick auf Hölderlin bemerkt er in den »Schwarzen Heften«, ihm werde immer deutlicher, dass das Seinsdenken nirgends so erwache wie im deutschen Südwesten. Er hätte es auch präzisieren und von Tübingen und Meßkirch reden können. Bereits Hellingrath hebt hervor, Hölderlins griechischer Geist verkörpere so sehr den deutschen Geist, dass Nicht-Deutsche ihn nicht begreifen könnten. In seiner Rektoratsrede verortet auch Heidegger ihn ganz und gar auf germanischem Boden. Er spricht dort von den »erd- und bluthaften Kräften«, die uns mit aller Macht erregen.

Mit Hölderlin rennt Heidegger gegen ein Denken an, das die Erde in eine techno-logische Hölle verwandelt hat. In seinem posthum erschienenen »Spiegel«-Interview erklärt er: »Die Erde ist keine Erde mehr, auf der der Mensch heute lebt.« Zur Heimat kann sie erst wieder werden, wenn der Mensch sich nicht mehr zu einem Subjekt überhöht, das sich die Erde im biblischen Sinn untertan macht. Er muss sich wieder ins Seyn hineinverwoben fühlen, in ein Seyn, das Heidegger im Anschluss an Hölderlin mit Y schreibt. Dieses Seyn besteht aus einem Geviert, in dem Götter und Menschen, Erde und Himmel schicksalhaft miteinander verfugt sind. Heideggers Aversion gegen alles Halt- und Heimatlose offenbart sich nicht zuletzt in seinem Hang zum bäurischen Etymologisieren. Seit es Mähdrescher gibt, ist allerdings auch der Bauer vom Wesen der Technik bedroht. Oder fängt das Übel schon an mit Egge und Pflug?

Heidegänger. Heideggers wiederkehrende Behauptung, neben den Griechen besäßen nur die Deutschen Tiefe, richtet sich allenfalls nebenbei gegen die essayistisch-oberflächlichen Franzosen und die pragmatisch orientierten Engländer. Weit mehr zielt sie gegen die Juden. Dass Juden keine Tiefe besitzen, gehört nicht erst seit Richard Wagner zu den elementaren antisemitischen Glaubensartikeln. Auch für Heidegger bedeutet

Judentum »leere Rationalität und Rechenfähigkeit«, wie es in den »Schwarzen Heften« heißt. Juden denken vor allem ans Geschäft, ans Kalkül, an klingende Münze.

Juden wird nachgesagt, sie seien schriftgläubig und besäßen kein Verhältnis zur Natur. Aus ihren endlosen Auslegungen der Thora hat sich ein rabulistischer Intellektualismus entwickelt, dem man gern zersetzende Eigenschaften bescheinigt. Von Naturgöttern und mythischen Geschichten hält der jüdische Monotheismus nichts, es handelt sich für ihn um Götzendienst. Als Moses vom Sinai herabsteigt, muss er mit ansehen, wie sein Volk ums Goldene Kalb tanzt. Voller Zorn zerschlägt er die Gesetzestafeln. Statt auf Gott zu setzen, rennt sein Volk um ein Tier herum, das Stärke symbolisieren soll. Damit muss nun Schluss sein.

Mit Wiesen, Wäldern und Bächen können Juden ebenso wenig anfangen wie Sokrates, der im »Phaidros« einen jugendlichen Naturschwärmer mit den Worten vor den Kopf stößt: Haine und Bäume erzählen mir nichts, ganz anders als die Leute in der Stadt, mit denen man diskutieren kann und argumentieren! Nicht zufällig setzt die Verdunklung des Seins-Denkens für Heidegger mit Sokrates ein und seinem penetranten Disputierdrang. Mit Sokrates beginnt der Aufstieg einer Philosophie, die alles in Begriffsschubladen presst und die Welt einzwängt in Koordinatensysteme. Aus solcher Perspektive ist Sokrates unter den Griechen der erste Jude.

Weil das Christentum gleichermaßen auf dem jüdischen Monotheismus fußt wie auf dem sokratischen Platonismus, kennt auch es keine wirkliche Erdverbundenheit und keinen Vater Äther. Es kennt nur Gebote und Verbote. In Heideggers Denken finden ethische Fragen keinen Platz. Nie geht es dort um Verantwortung und Schuld, immer nur ums Hinausstehen ins Offene eines Seins, das von der Theologie und Metaphysik verfinstert wird. Aus diesem Grund durchzieht Heideggers Philosophie ein antichristlicher Affekt.

Doch mit Hölderlin wird das Ende der abendländischen Onto-Theologie eingeläutet, mit ihm öffnet sich das Denken wieder einem heidnischen Seinsdenken. In dem Gedicht »Largo« wandelt Paul Celan den Namen Heidegger ab in »heidegängerisch«. Es handelt sich um mehr als bloß einen Kalauer.

Löwith. 1936 wird Heidegger zu einem Vortrag nach Rom eingeladen, er spricht dort über »Hölderlin und das Wesen der Dichtung«. Es geht um die dürftige Zeit, aus der die Götter entflohen sind, die sich durch die Anrufung des Dichters allerdings wieder herbeirufen lassen. »Die übergroße Helle hat den Dichter in das Dunkel gestoßen«, erklärt Heidegger. »Aber er hält stand im Nichts dieser Nacht.«

Heidegger begegnet in Rom seinem früheren Schüler Karl Löwith, der wie seine anderen jüdischen Schüler Hannah Arendt und Herbert Marcuse Deutschland verlassen musste. Heidegger trägt ein Hakenkreuzabzeichen, er nimmt es auch nicht ab, als er mit Löwith und seiner Frau zusammentrifft. Heidegger redet über alles Erdenkliche, kommt aber mit keinem Wort auf deren Situation zu sprechen. Die beiden wissen nicht, wie es weitergeht, sie stehen vor dem schieren Nichts.

Nach dem Krieg lässt sich Heidegger zu seiner Hitler- und Hakenkreuzbegeisterung bloß einen einzigen Satz entlocken: »Wer groß denkt, muss groß irren.« 1953 veröffentlicht Löwith ein Buch mit dem Titel »Heidegger – Denker in dürftiger Zeit«. Löwith zeigt sich verwundert, dass ein Denker, der in seinen Anfängen alles in Frage gestellt und keinen Stein auf dem anderen gelassen hat, mit Beginn der Nazizeit auf einmal Begriffe wie Aufenthalt, Heimat, Heiles, Heiliges ins Zentrum rückt. Die in »Sein und Zeit« konstatierte existentielle Geworfenheit gerät plötzlich zu einer Heimatlosigkeit, die es mit Hölderlin zu überwinden gilt.

In God we trust. Heidegger könnte sich in seiner Aversion gegen die christlich-jüdische Religion bestätigt fühlen durch eine Anekdote, die Max Weber erzählt. Auf einer Bahnreise durch Amerika kommt Weber mit einem Handelsvertreter für Leichensteinaufschriften ins Gespräch. Er will von ihm wissen, warum in Amerika die Religion eine so wichtige Rolle spielt. Dieser Mann erklärt: »Herr, meinethalben mag jedermann glauben oder nicht glauben, was immer ihm passt; aber: wenn ich einen Farmer oder Kaufmann sehe, der überhaupt keiner Kirche angehört, so ist er mir nicht für 50 Cts gut: – was kann ihn veranlassen, mich zu bezahlen, wenn er an gar nichts glaubt?«

Auf amerikanischen Dollarscheinen steht: *In God we trust.* Gott fungiert als geschäftliche Versicherungsinstanz, als Gewährsmann für soziales Wohlverhalten, als gesellschaftlicher Kitt. Max Weber sieht den kapitalistischen Geist der christlichen Religion vor allem durch die Reformation ausgeprägt, am deutlichsten im Calvinismus; angelegt ist er jedoch schon im Judentum. Schließlich hat das Volk Israel mit Gott einen Vertrag geschlossen, der verlangt, dass es seine Gebote einhält, wofür Gott ihm im Gegenzug Schutz bietet und ihm ein Land verspricht, in dem Milch und Honig fließen. In Webers Augen unterscheiden sich die abendländischen Religionen von den arabischen und asiatischen durch einen juristisch-ökonomischen Rationalismus, bei dem es um Soll und Haben, Geben und Nehmen, Schuld und Wiedergutmachung geht. Für pantheistische Naturmystik und ozeanische Entgrenzungsgefühle ist dabei wenig Platz. Kein Wunder, dass die Technisierung der Welt ihren Anfang im Westen genommen hat, wo das Subjekt im Zentrum steht, mit seinem Willen und seinem Wollen. Das sind für Heidegger lauter gute Gründe, sich von dieser Tradition abzuwenden und mit Hölderlin zurück zu einem dichtenden Denken zu finden, in dem sich ursprüngliche Weltfrömmigkeit offenbart.

Kredit und Glaube. Zwölf Jahre vor der ersten Mondlandung hält Ernst Jünger in seinem Reisetagebuch »Serpentara« fest: »Die Entmythisierung der Welt ... ist beängstigend. Sie wird auch durch Raumbeherrschung, die Möglichkeit, Entferntes schnell zu erreichen, nicht wettgemacht. Wir bringen die Auslöschung des göttlichen Lichts mit. Wenn wir den Mond erreichen, was bevorzustehen scheint, so löschen wir damit ein Geheimnis, das währte, solange Menschen das Gestirn betrachteten. Wir wandeln Selenes schimmernde Paläste in Minenfelder und Abraumhalden für Atomschutt um.«

Adorno, der zwei Wochen nach der ersten Mondlandung stirbt, bemerkt in seiner unvollendet gebliebenen »Ästhetischen Theorie« in ganz ähnlicher Weise: »Wie industriell es im anorganischen Weltraum aussieht, wird einmal sich weisen«. Allerdings zieht Adorno daraus nicht den Schluss, dass die Welt besser war, als man noch an Mythen geglaubt hat. Den Glauben, früher sei alles schöner gewesen und sinnerfüllter, hält er für so töricht wie die schlichte Entgegensetzung von Technik und Natur. Wer sich nach einer Welt sehnt, in der noch keine unnötige Komplexität den ewigen Kreislauf des Lebens stört, hängt in seinen Augen regressiven Träumen nach. Anders als Jünger hat es Adorno auch nie in Weltgegenden gezogen, die nicht westlich geprägt sind. Bei aller Klage über die fortschreitende Rationalisierung glaubt er keine Sekunde, dass das Leben einst lebenswerter war und in vormodernen Gesellschaften bis heute lebenswerter ist. Niemals möchte Adorno hinter die Aufklärung zurück, bei aller Entzauberung, die sie mit sich bringt.

Alles, was nach Archaik riecht, löst bei ihm schieres Entsetzen aus. Bestenfalls wittert er hinter der Sehnsucht nach dem Einfachen und Übersichtlichen bloßen Provinzialismus, schlimmstenfalls Faschismus.

Ernst Jünger nutzt dagegen ausgiebig »die Möglichkeit, Entferntes schnell zu erreichen«. Er reist mehrfach nach Afrika, nach Asien, nach Brasilien, gar nicht zu reden von Sizilien, Dalmatien und Griechenland, wo man bis weit ins vorige Jahrhundert hinein auf nahezu vorindustrielle Verhältnisse trifft. Nur Nordamerika interessiert ihn nicht, ebenso wenig wie Heidegger. Er schätzt lediglich Melville und Jack London, deren Abenteuergeschichten in den Weiten der Natur spielen und von Kampf und Überleben handeln. Jünger ist immer auf der Suche nach Naturwüchsigem, Zivilisation wird bei ihm schnell zum Schimpfwort. Was man heutzutage als Freiheit anpreist, besteht für ihn aus bloßem Schein, der darüber hinwegtäuscht, dass es an »ursprünglicher Bindung« fehlt. Jünger redet von Züchtung und Rasse, wie man vom Klima redet und vom Boden, was für ihn ohnedies zusammengehört. Nach einer Fahrt über den Kongo hält er am 23. Oktober 1966 im Tagebuch fest: »Lieber wüßte ich an seinen Ufern Flußpferde und Krokodile, ja selbst Kannibalen, als Kraftwerke.« Der Mann aus Wilflingen nutzt gern die Möglichkeit, in der Welt herumzureisen, die Leute am Kongo sollen im Ursprünglichen verharren.

So denkt Jünger auch von den Juden. 1930 erklärt er in seinem Nachwort zu einer Aufsatzsammlung des nationalbolschewistischen Antisemiten Ernst Niekisch, einem Juden werde nie auch nur eine einzige Strophe im Geist Hölderlins gelingen, selbst wenn er tausend Jahre daran arbeiten würde. Das liegt nicht daran, dass er nichts kann, es liegt daran, dass er kein Deutscher ist, dass in ihm ein anderes Blut fließt, dass er aus einer anderen Welt stammt. Jünger hat nichts gegen Juden, solange sie wissen, wo sie hingehören, solange sie sich nicht assimilieren, sich nicht durchmischen, sich nicht kreuzen mit anderen Rassen. Nicht der echte, urtümliche Jude stößt ihn ab, sondern jener »Zivilisationsjude«, der überall seine Finger reinsteckt und aus seiner Heimatlosigkeit eine entsetzliche Tugend macht.

Jünger ist wie Heidegger überzeugt, wir leben in götterferner Zeit. Zwar glaubt Heidegger, dass sein philosophisch bloß mäßig geschulter Freund Jünger in metaphysischen Denkmustern verharrt, was allein seine Neigung beweist, Nietzsches Willen zur Macht als Aufruf zur Mannhaftigkeit zu begreifen. In seiner epochalen Zeitkritik ist er mit ihm jedoch eines Sinnes. Jünger ist und bleibt ein Krieger, für Heidegger dagegen müssen wir Nietzsches Subjektzentrierung überwinden, um in die Lichtung des Seyns zurückzufinden. Voluntarismus hat in Heideggers »Kehre« keinen Platz. Beide zitieren jedoch gern Hölderlin, am liebsten den Vers »Wo aber Gefahr ist, wächst das Rettende auch«.

Jünger geht davon aus, dass sich die gegenwärtige Sinnleere so sehr verschlimmert, dass es eines Tages zum großen Knall kommt. In seiner 1959 erschienenen Schrift »An der Zeitmauer« erklärt er mit Blick auf Hölderlin: »Die mythische Welt ist gegenwärtig, und daher führen ihre Nichtachtung, ihre Verbannung zu wachsender Anstauung und endlich zu Dammbrüchen.« Die Frage nach dem Mythischen und nach Entmythisierung bildet das Hauptthema seiner Tagebücher und seiner Reiseschriften. Am 24. November 1982 notiert er: »Mit dem Rückzug der Götter und der Heraufkunft der Titanen haben mein Bruder Friedrich Georg und ich uns schon früh beschäftigt, sowohl als Leidende wie als Beobachter.« Jünger ist besessen von dem Gedanken, dass im 21. Jahrhundert die Titanen wiederkehren, dessen ist er sich sicher. Mit ihnen hält er

Zwiesprache, weit mehr als mit seinen vermassten Zeitgenossen, die jeden Sinn für Größe und Heldentum verloren haben. Was die Rückkehr der Titanen betrifft, dient Hölderlin ihm als Gewährsmann.

Als Jünger sich im Januar 1981 in Paris aufhält, heißt es im Tagebuch: »Die Bewegung durch die Stadt erinnert an die eines Römers durch das Athen der sullanischen Zeit.« Das Göttliche, Erhabene, Majestätische ist nicht verschwunden, es ist nur verstellt und unsichtbar für die meisten. Es hat eine andere Gestalt angenommen, schließlich lebt auch der Mythos von Metamorphosen. Auch im Oktober 1984 hält Jünger sich in Paris auf, wo er schreibt: »In den großen Banken haben sich Reste kultischer Substanz erhalten; sie sind halb Festungen, halb Schatzhäuser, in denen Merkur sehr mächtig ist. Ungeachtet des Kommens und Gehens herrscht achtungsvolles Schweigen; offenbar wird eine wichtige Sache zelebriert. Man hört Zahlen zum leisen Anschlag von Tasten beim Hin und Her von Geldscheinen. Zwar klimpert kein Gold mehr, aber man bewegt sich auch nur als Proselyt in den Vorhöfen. Die Priesterschaft verbirgt sich in Büros, die obersten vielleicht in anderen Kontinenten; von ihrer Entscheidung hängt das Wohl von vielen, selbst der Ruin von Staaten ab. Kredit und Glaube stammen von *einer* Wurzel ab. Wenn ein bescheidener Pilger wie ich seine Barschaft bringt, die ihm in der Fremde nichts nützen würde, erhält er dafür gängige Noten, mit denen er seine Fahrt fortsetzen kann, nachdem er ein levitisches Opfer gespendet hat.«

Die leise Ironie tröstet über den Verlust hinweg, den man ertragen muss. Immerhin, so viel hat er Heidegger voraus.

Griechisch-germanischer Mutterschoß. 1930 erklärt Alfred Baeumler in seinem Nachwort zu »Also sprach Zarathustra«, Nietzsche feiere in Gestalt des Übermenschen die alten Griechen und wolle mit ihrer Wiederkehr das christlich-demokratische, liberal-optimistische Europa überwinden. Ein Zeitalter gehe nun zu Ende und ein neues beginne: »Der Kulturstaat, diese Schöpfung des ›letzten Menschen‹, ist im Begriff unterzugehen« und damit »ein feminines Zeitalter, das einmal das Zeitalter des erotischen Romans heißen wird« und »nicht einmal den Begriff Freundschaft mehr kennt«.

Baeumlers 1926 erschienenes Werk »Das Mythische Weltalter« setzt ein mit einem Hymnus auf Hölderlin, der als Erster und Einziger vor Nietzsche »das unter den griechischen Götternamen verborgene unendliche Leben« erahnt: »Wo andere Kunstwerke erblickten, schaute er Götter. Aber es war niemand da, der ihn verstand.« Baeumlers Kampf gilt unserem selbstzerstörerischen Rationalismus, unserer »humanistischen Begriffskultur« und dem sezierenden Geist des wissenschaftlichen Denkens. Er setzt ihnen die Idee einer organischen Verwurzelung entgegen, wie sie die deutsche romantische Philosophie entwickelt hat, wo sich Naturanbetung mit völkischer Mystik und Mythologie verknüpft. Will der Mensch wieder heimisch werden auf Erden, muss er laut Baeumler auf seine unbewussten Kräfte hören, allerdings nicht im Sinne Freuds, – denn der ist des Teufels –, sondern im Sinne eines tiefsitzenden Zugehörigkeitsgefühls, das einem sagt, wo man hingehört und was das Fremde ist und was das Eigene. Diese unbewussten Kräfte haben nichts mit individuellen Gefühlszuständen zu tun oder gar mit Neurosen, ganz im Gegenteil verweisen sie auf eine Kollektivseele, deren Stimme die zweitausendjährige Geschichte permanenter Entmythologisierung beinahe zum Verstummen gebracht hat. Statt von unbewussten Kräften könnte man auch von gesunden Instinkten reden, die nicht mehr gebremst werden sollen durch ständiges Reflektieren, christliches Moralisieren und humanistisches Geschwafel.

Zurück zu den Ursprüngen, lautet die Devise, zum Echten und Eigentlichen, und zwar nicht in rousseauistischer Weise, vielmehr in Namen mythischer Zugehörigkeit. Das deutsche Volk muss zurückfinden zum archaischen Mutterboden: »Das Weib als Mutter, als fruchtbare, gebärende Erde – das ist die unausgesprochene neue Konzeption der Romantik«, heißt es bei Baeumler. Wer auf Vernunft setzt, untergräbt sich seine eigenen Wurzeln; wer im Namen universalistischer Gleichheits- und Freiheitsideale alle Grenzen zwischen Stämmen, Rassen und Sitten aufheben will, zerstört, was Sinn bietet und Schutz. Baeumlers Kampf gilt dem christlichen Gleichheits-Dogma und der Aufklärung mit ihren allgemeinen Menschenrechten. In seinen Augen besitzt jedes Volk ein Recht auf seine eigene Mythologie und seine eigenen chthonischen Götter, die für erdhafte Zugehörigkeit stehen. Laut Baeumler gibt es nur zwei Völker, deren Götter und Denkweisen sich ähneln: das griechische und das germanische. Heidegger sieht das genauso, nur stellt Baeumler diese These schon ein paar Jahre vor ihm auf.

In seiner 1934 erschienenen Aufsatzsammlung »Männerbund und Wissenschaft« definiert er den Liberalismus als eine Ideologie, die dem Einzelnen die Wahl zwischen verschiedenen Weltbildern lässt. Damit ist man bereits verloren und schwebt überm Bodenlosen. Um nicht an Haltlosigkeit zu kranken, muss das Motto gelten: »Besinne dich, wer du bist!« Liberale Geister kennen keine männliche Standhaftigkeit, sie schwanken und wanken. Baeumler verabscheut den Liberalismus als weibische Kultur. Alles an ihm ist Schminke: Heute folgen seine Jünger dieser Mode, morgen jener. Sie haben nichts, woran sie sich halten können. Vom Weib sagt Baeumler: »Sie will gerade nicht aussehen wie die Natur, sondern wie etwas, das magische, niederwerfende Kraft hat.«

Aus diesem Grund ist die liberale Kultur zum Untergang

verdammt. Nur wollen es noch nicht alle wahrhaben. Am wenigsten die Franzosen. Was nicht wundert, schließlich ist Paris wie keine andere Stadt das Inbild einer Hure. Auch wenn Baeumler Rousseaus Universalismus nicht teilt, tauchen bei ihm immer wieder rousseauistische Topoi auf: der Kampf gegen die effeminierte Zivilisation, der Widerwille gegens urbane Leben, die Feier des Ursprünglichen und Gesunden. Auf dem Land wird hart gearbeitet, dort gilt das männliche Prinzip; auf dem Land regiert nicht der Salon, sondern »die Männerversammlung und das Feldlager«. Das Gegenteil des Urbanen ist das Heroische. Heroisch war auch die griechische Kultur, dort standen Kampf und Sieg im Mittelpunkt, vor allem bei den Spartanern. Das Ende dieser Kultur verdankt sich der athenischen Verweichlichung, dem Christentum und der modernen Verstädterung. Die heutigen Germanen können ihre Feinde nur niederzwingen und nur als Stamm bestehen, wenn sie sich ein Vorbild an den Spartanern nehmen. Anders als die Athener haben die Spartaner ihre bäurische Prägung nie zu überwinden versucht. »Die deutsche Geschichte ist die Geschichte der Urbanisierung eines Volkes, das dieser Urbanisierung im Innersten widerstrebt«, erklärt Baeumler. Und damit ist er bei Hölderlin, von dem er die Verse zitiert: »Was schläfst und träumst du, Jüngling, … / … / Und achtest nicht des Ursprungs …« Kein anderes Volk, behauptet Baeumler, könne diese Verse wirklich verstehen. Sie richten sich auch an kein anderes.

Baeumler gilt während des Hitler-Regimes als prominentester Nietzsche-Exeget. Seit 1929 ist er Mitglied im »Kampfbund für deutsche Kultur«, 1933 tritt er in die Partei ein, ab 1934 leitet er die Abteilung Wissenschaft in der Dienststelle Rosenberg, deren offizielle Bezeichnung lautet: »Amt für die Überwachung der gesamten geistigen und weltanschaulichen Schulung und Erziehung der NSDAP«. Mit Nietzsches Schwester

Elisabeth Förster teilt Baeumler die Überzeugung, dass Nietzsches Werk auf ein Opus Magnum hinauslaufen sollte mit dem Titel »Der Wille zur Macht«. Auch Heidegger ist davon überzeugt, bis zuletzt, obwohl immer deutlicher zutage tritt, dass Elisabeth Förster den Nachlass ihres Bruders gefälscht hat. Heidegger muss an diesem Nietzsche-Bild festhalten, denn anders könnte er ihn nicht zum letzten Metaphysiker stilisieren und sich selbst zum ersten Überwinder der Metaphysik.

Heidegger beglückwünscht Baeumler zu seinen Schriften, die beiden gehen zusammen wandern, laden sich gegenseitig ein. Baeumler holt Heidegger zu einem Vortrag an die Dresdner Universität, Heidegger revanchiert sich mit einer Einladung in seine Todtnauberger Hütte. Hölderlin und Nietzsche bilden die Brücke, politisch zielt man in dieselbe Richtung. Beide erkennen in den alten Griechen die heutigen Germanen, denen es obliegt, die griechische Mission zu vollenden. Als Vorbild dient eine Antike, die nichts mit Sokrates zu tun hat, sondern zurückreicht in archaisches Gelände.

Während Heidegger sich in einer etymologisierenden Mehrdeutigkeit ergeht, die Komplexität suggeriert, redet Baeumler Klartext. Zwar will auch er tiefsinnig erscheinen, doch spätestens beim Endspurt seiner Aufsätze und Reden geht der Propagandist mit ihm durch. Hölderlin wird dann zum Künder einer Zeit, die sich im Nationalsozialismus verwirklicht. So platt würde Heidegger nie daherreden, und so platt denkt er auch nicht.

Was die beiden eint, ist das Verlangen nach einer Umwertung der Werte: Die Erde soll wieder im Mittelpunkt stehen, das Heimische, der Boden, die Wurzeln. Chthonische Gottheiten sollen regieren, keine universalistischen.

Bilder- und Begriffsgerümpel. In Heideggers Augen ist die techni-sche Zurüstung der Welt Ausdruck ihrer logischen Zurichtung durch philosophische, theologische, wissenschaftliche Begriffs-gestelle. Sie alle verstellen den Blick aufs Seyn. Um diesen Blick wieder freizugeben, muss man alle diese Gedankengebäude aus dem Weg räumen.

Warum aber greift Heidegger dann auf Hölderlin zurück, der die antike Mythologie wiederzubeleben hofft? Handelt es sich dabei nicht auch um ein Bilder- und Begriffsgestell? Bevor-zugt Heidegger gegenüber andern schlichtweg dieses Modell, statt allen Modellen zu entsagen?

Pneuma, Spiritus, Geist. In seinem 1987 erschienenen »De l'esprit. Heidegger et la question« umkreist Derrida die Unterschiede zwischen dem griechischen Pneuma, dem lateinischen Spiritus und dem deutschen Geist. Glaubt man Wörterbüchern, handelt es sich bei allen dreien um das Gleiche, obwohl man sofort hört, dass es nicht das Gleiche ist. Wir verbinden damit auch nicht das Gleiche, in jedem Begriff schwingt anderes mit. Auch ohne profunde philologische Kenntnisse spürt man den atmo-sphärischen Unterschied.

Mit Blick auf Heideggers immerwährendes Etymologisieren behauptet Derrida, er selbst wolle diesmal keine neuen ety-mologischen Kriege führen und kein erneutes alchimistisches Gespenstertheater aufführen. Derrida wäre jedoch nicht Derri-da, täte er nicht genau das, in aller Ausgiebigkeit. Während er auf verschlungenen Wegen herausarbeitet, wie Heidegger im Namen eines neuen und zugleich uralten Geistes den christ-lich-aufklärerisch-rationalen Geist bekämpft, zeigt er gleich-sam nebenbei, dass Heidegger seinen eigentlichen Widersacher nie beim Namen nennt. Die »Schwarzen Hefte« konnte Derri-da noch nicht kennen.

Dass Heidegger es nach Unverstelltem, Ursprünglichem, Unverborgenem drängt, ist bekannt, schließlich begegnet man seiner Klage über die seit Platon fortschreitende Seinsvergessenheit unentwegt. Wenn er dafür den Platonismus und das Christentum verantwortlich macht, spart er den jüdischen Anteil aus. Das Judentum geht dem Christentum jedoch nicht nur zeitlich voraus, das Christentum baut auf ihm. Laut Derrida verortet Heidegger seine Seinsvergessenheitstheorie im Dreieck von griechischer Philosophie, römisch-christlicher Theologie und aufklärerischem Geist, um den noch ursprünglicheren Verantwortlichen nicht beim Namen nennen zu müssen.

Risse. Nicht bloß für Heidegger zeichnet Hölderlin sich dadurch aus, dass er den Weg vom Denken zum Dichten geht, wodurch ein verändertes Denken entsteht. Auch Philippe Lacoue-Labarthe erkennt darin eine Umgestaltung des Denkens, allerdings in avantgardistischer Weise. Laut Lacoue-Labarthe knüpft Hölderlin nicht nur an die antike Dichtung an, er erfindet sie neu. Lacoue-Labarthe behauptet sogar, was bei den Griechen vorgedichtet sei, finde erst bei Hölderlin seinen angemessenen Ausdruck.

Ohne auf Bertaux zu rekurrieren, insinuiert auch Lacoue-Labarthe, dass Hölderlin nicht wahnsinnig geworden ist, sondern sich zurückgezogen hat. Allerdings nicht so sehr aus politischen Gründen, sondern weil er sich gegen den übermächtigen Goethe und gegen Schiller nicht behaupten konnte und seine Zeit noch nicht gekommen war. Hölderlin bildet für Lacoue-Labarthe die Avantgarde der Avantgarde; er ist moderner als die Modernen, er überspringt ganze Generationen. Er lässt jene Moderne bereits hinter sich, die man mit Rationalität, Fortschritt, Selbstreflexion und einem soziologischen Blick auf die Welt verknüpft. Hölderlin bewegt sich in anderen Regionen. Seine Dichtung offenbart, dass wir einer Kunst bedürfen, die jenseits all dessen liegt. Sie »desystematisiert« die Dinge, wie Lacoue-Labarthe sich ausdrückt; sie lässt sie aus den Fugen geraten, versetzt sie in Zuckung, bringt sie in die Schwebe.

Für Lacoue-Labarthe führt Hölderlins Dichtung nicht wie bei Heidegger ins Geviert und zu neuer Seinsfrömmigkeit, sie ist »die offene Wunde im Gewebe der Philosophie«, auf einzigartige Weise. Während es bei Heidegger auf mythisch-mystische Weise erbaulich zugeht und viel vom Heilen und Heiligen die Rede ist, erzeugt Hölderlins Dichtung aus Lacoue-Labarthes Sicht Risse. Wo Hölderlins Dichtung für Heidegger ins Heimische führt, führt sie für Lacoue-Labarthe in die dissoziierten Gefilde der Dekonstruktion. Beim einen winkt die große Sinnstiftung, beim andern legt die Moderne ihre Wunden offen, ohne dass man sie wieder heilen könnte. Für Lacoue-Labarthe fordert Hölderlins Dichtung das Denken dadurch heraus, dass sie etwas Verstörendes besitzt, das sich nicht beruhigen lässt. Sie stellt die Philosophie vor radikale Herausforderungen, und nicht nur die Philosophie, sondern alles.

Der Güter gefährlichstes. Lacoue-Labarthe erinnert daran, dass die Philosophie sich seit je im Verhältnis zur Dichtung definiert, sei es in Abgrenzung wie bei Platon, sei es in Anerkennung wie bei Aristoteles. Immer spielen politische Motive mit, bis heute, wie man nicht nur von Rousseau über Edmund Burke bis zu Nietzsche, Heidegger, Lukács und Adorno sehen kann, sondern noch deutlicher an den Verbots- und Gebotstafeln, die kommunistische und faschistische Staaten gegenüber der Kunst aufstellen. Kunst wird nie nur als Kunst wahrgenommen, immer erblickt man in ihr auch Weltanschauliches.

Lacoue-Labarthe behauptet, Heidegger wende sich in den 1930er Jahren nicht zufällig Hölderlin zu. Als Dichter der Not, der Klage und der Krise ist er für ihn wie kein zweiter Dichter ein Prophet, der mit seinen Visionen aus dem Dunkel hinausweist. Hölderlins Götternacht steht nicht für einen diffusen Mangel an Sinn, sie steht für die Zeit nach dem Ersten Weltkrieg: für die Niederlage, für die wirtschaftliche Misere, für den Versailler Vertrag und für ein allgemeines Unsicherheitsgefühl, für das man den leeren Liberalismus der Weimarer Demokratie und seine geistige Haltlosigkeit verantwortlich macht. Zugleich fühlt Deutschland sich von zwei übergroßen Mächten eingezwängt: im Osten vom Kommunismus, im Westen vom Amerikanismus. Nur noch ein starker Führer kann aus dieser desolaten Lage herausführen, ein Führer, der aufs Ganze geht und nicht bloß politische Kosmetik betreibt.

Wenn Heidegger in seinem posthum veröffentlichten »Spiegel«-Gespräch behauptet, er habe sich ab 1934 in die Lehre zurückgezogen und sich mit seinen Nietzsche- und Hölderlin-Vorlesungen mit dem Nationalsozialismus auseinandergesetzt, widerspricht Lacoue-Labarthe nicht, erkennt darin aber keine Abkehr von der »Rektoratsrede«, sondern die Treue zu ihr. Heidegger ist nicht grundsätzlich enttäuscht vom nationalsozialistischen Projekt, er bedauert, dass es nicht konsequent verwirklicht wird. Hitler geht nicht weit genug, es mangelt ihm an einer Vision, die aufs Ganze zielt und alles umpflügt, von Grund auf, alles Denken, alles Sinnen. Schon in seiner »Rektoratsrede« lässt Heidegger den Gedanken anklingen, dass der Führer sich führen lassen muss – am besten von Heidegger selbst und damit indirekt von Hölderlin. Solange das nicht geschieht, verharrt Hitlers Vorhaben im Geschick der Seinsvergessenheit. Hitler müsste in größeren Dimensionen denken, es fehlt ihm an Tiefe. Er müsste sich auf die Ursprünge besinnen und eine Sprache sprechen, in der Mythos und Logos noch nicht geschieden sind, wie einst, als es noch keinen Sokrates gab und noch keinen Platon und als noch kein Judentum in Gestalt des Christentums die Welt der Götter zerstört hat.

Lacoue-Labarthe betont, dass Hölderlins Sprache für Heidegger nichts mit Kunst zu tun hat. Kunst interessiert Heidegger nicht, ihm geht es um mehr. Weil in Hölderlins Dichtung das Seyn selbst zur Sprache gelangt, verwandelt diese Sprache unser ganzes Sehen, unser ganzes Empfinden. In Heideggers Augen ist das nur wünschenswert. Lacoue-Labarthe dagegen führt einen Hölderlin-Vers an, der zur Vorsicht gemahnt. Die Sprache, heißt es dort, könne »der Güter gefährlichstes« sein.

Vorbilder, Führer. In seinem nachgelassenen, in der Zeit der Weimarer Republik verfassten Essay »Vorbilder und Führer« stellt Max Scheler fest: »Es ist eine beispiellose Sehnsucht nach Führerschaft allüberall lebendig – so groß und mächtig, dass sie auch die verkehrtesten, windigsten und groteskesten Ausdrucksformen nicht verschmäht. Das zeigen vielleicht am deutlichsten die zahllosen neuen ›Gemeinschaften‹, ›Kreise‹, ›Orden‹, ›Sekten‹, ›Schulen‹, die mit einem Male in unserem Lande für alle Arten von Lebensinteressen emporgetaucht sind, jede mit ihrem besonderen ›Heiland‹, ›Propheten‹, ›Weltverbesserer‹ in der Mitte, jede mit hohen Ansprüchen aller Art, die Welt zu bessern und zu bekehren.«

Ähnliche Sätze finden sich in Hermann Hesses 1932 erschienener Erzählung »Morgenlandfahrt«. Sie spielt in einer ungreifbaren, märchenhaft angehauchten Vergangenheit; es treten Brentano und Novalis auf, aber auch Lao Tse und Pythagoras. Was dort allerdings zur Sprache kommt, kündet von der zeitgeistigen Sehnsucht nach einem neuen Bund, einem neuen Geist, einer neuen Gemeinschaft. Viel ist vom Geheimnis die Rede und von Träumen, aber auch von einem Führer, der den Weg weist. Es gibt Getreue und Abtrünnige, Kundige und Neo-

phyten. Gleich auf den ersten Seiten heißt es: »Zu jener Zeit …
war unser Land voll von Heilanden, Propheten und Jünger-
schaften, von Ahnungen des Weltendes und Hoffnungen auf
den Anbruch eines Dritten Reiches. Erschüttert vom Kriege,
verzweifelt durch Not und Hunger, tief enttäuscht durch die
anscheinende Nutzlosigkeit all der geleisteten Opfer an Blut
und Glut, war unser Volk damals manchen Hirngespinsten,
aber auch manchen echten Erhebungen der Seele zugänglich.«

1928 veröffentlicht der zum jüngeren George-Kreis gehören-
de Literaturwissenschaftler Max Kommerell die Schrift »Der
Dichter als Führer in der deutschen Klassik«. Im Zentrum stehen Goethe und Hölderlin, die für Kommerell prototypischen,
aber auch antagonistischen Dichter-Führer des deutschen Volkes. Von akribischer Werkanalyse kann in diesem Buch keine
Rede sein, es ergeht sich in einem hohen Ton, den man aufge-
bläht, schön, steif, umständlich oder würdevoll finden kann.
Viel ist von Wink und Kunde, Wesen und Wandel die Rede,
vom Besten und Höchsten, von Seins- und Lebensstufen, von
dichterischer Beschau und Tatverlangen, Überwirklichkeit und
Heldenluft, niederziehenden Mächten und höchst Geistigem,
Zeitfluch und edlerem Leben, heroischem Seelentum und
vollem Völkermorgen. Ebenso werden deutsche Urbilder be-
schworen, die nun endlich wiederkehren, und sei es in griechi-
schem Gewand wie bei Hölderlin, dem zu verdanken ist, dass
»die Jugend die Geburt des neuen Vaterlandes fühlt in glühender Einung und im Klirren der vordem allzu tief vergrabenen
Waffen«.

Kommerell redet nicht nur über Dichtung, auch sein eigener
Ton will höchst dichterisch klingen. Dabei handelt sein Buch
bloß vordergründig von Dichtung, in Wirklichkeit entfaltet es,
wie Walter Benjamin bemerkt, »eine Heilsgeschichte der Deutschen«. Kommerells Botschaft lautet: »Der Deutsche ist der

Erbe der griechischen Sendung; die Sendung Griechenlands die Geburt des Heros.« Auf den ersten Blick scheint Kommerell sich im Bunde mit Alfred Baeumler und Heidegger zu befinden. Wenn Benjamin jedoch vom esoterischen Charakter seines Werks spricht, stellt er den entscheidenden Unterschied heraus. Kommerells poetisierende, in dunkler Schwere dahinströmende Sprache offenbart, wie sehr er sich in den hehren Lüften des George-Kreises bewegt. »Der Dichter als Führer in der deutschen Klassik« erscheint fünf Jahre vor der Machtergreifung. So mancher Begriff, der ab 1933 eine fatale Bedeutung annimmt, klingt zuvor noch nicht rundum bedenklich, selbst nicht für Benjamin, obwohl auch ihm widerstrebt, wie bei Kommerell ätherische Entrückung einhergeht mit martialischem Gescharre.

Das zeigt sich nirgends deutlicher als an seinen Auslassungen über Hölderlins Dichtung, die in Kommerells Augen nicht nur eine geistige Umwälzung vorbereitet. Mit ihr soll »der Frevel der Sonderung« ein Ende finden und alles Zersplitterte wieder eins werden. Ohne Waffenklang geht das nicht: »Der Kampf der Völker wird ein Aufruhr der Titanen, der Friede wird heilige Einkehr.« Wie wörtlich Kommerell das meint, lässt sich schwer sagen. Häufig weiß man auch nicht, ob er über Hölderlins Dichtung spricht oder über seine eigene Vision eines künftigen Deutschland. Beides lässt sich bei ihm nicht trennen. Allzu konkret wird Kommerell freilich selten, was ihn vor politischer Eindeutigkeit schützt. Im Ungefähren kann der Geist sich leichter entfalten als im Greifbaren, im Großen lässt sich grandioser spekulieren.

Geht es um Grundsätzliches, lässt Kommerell es allerdings an Klarheit nicht missen. So hält er etwa Schiller vor, für die neuzeitliche Zerstückelung des Geistes den Staat und die Philosophie verantwortlich zu machen, statt den eigentlich Schuldigen beim Namen zu nennen: das Christentum. Schließlich beginnen mit ihm alle Trennungen: die Trennung des Menschen von der Natur, die Trennung des Menschen vom sinnstiftenden Kosmos, die Trennung von Diesseits und Jenseits, die Aufspaltung des Menschen in Vernunft und Sinnlichkeit. Auch alle weiteren Aufspaltungen verdanken sich dem christlichen Ungeist, bis heute. Heiles lässt sich nur wiederfinden in einer Welt, in der Hölderlins Götter zurück sind. Darin ist Kommerell sich einig mit Heidegger und Baeumler. Anders als für diese beiden haben für ihn jedoch die Deutschen einen weltumspannenden Auftrag: »Die Seele der Deutschen aber, die reiche unerschöpfliche, ist die alles Neu- und Wiedererwachens: Alle Würde der Völker bis in ferne Zukunft wird von ihr verteilt, und im noch dunkeln Geschick des Erdteils ist das einzig Helle ihre Größe und ihre Herrschaft.«

Dieses Wiedererwachen kann nur von den Deutschen ausgehen, vor allem von Hölderlin, von dem Kommerell – in George'scher Auslassung so mancher Kommata – behauptet: »Keiner der Dichter und Wortführer seiner Zeit hat dem Deutschen ein so ungeheures Anrecht auf Macht, ein solches Gefühl ausschließenden Wertes und Ranges verleihen können: und mit dem Fühlen dessen was es ist, beginnt einem Volke auch der äußere der anerkannte Vorrang. Das Land auf das der Adler Gottes sich herabließ, kennt kein Recht neben dem seinen, und wer seine Weihe leugnet, ist nicht nur sein, sondern des Gottes Widersacher. Auch ist es vorm Untergange gefeit: dem Volk, dem ein Bild seiner selbst war ist sein Bestand auf Jahrhunderte verbürgt.«

Geheimes Deutschland. Der Hitler-Attentäter Stauffenberg ruft vor seiner Hinrichtung: »Es lebe das geheiligte Deutschland!« Mit lupenreinen Demokraten hat man es beim Stauffenberg-

Kreis nicht zu tun, es handelt sich um George-Jünger, die von nationaler Wiedererweckung träumen. Anders als für Hitler ereignet sich diese Wiedererweckung allerdings in höheren Sphären. Der Ruf nach einem Führer ist auch Georges Geheimem Deutschland nicht fremd, Massenkult jedoch liegt ihm fern. Auf die Menge schaut man von oben herab, mit leicht steifer Haltung, von wahrer Kunst versteht sie nichts.

Oberster Säulenheiliger im George-Kreis ist Hölderlin. Von ihm führt ein direkter Weg zu George selbst, er gilt als sein Vorfahr, sein Herold, sein Ahne. Als Mittler fungiert Norbert von Hellingrath, der in der Münchner Universitätsbibliothek Schriften von Hölderlin entdeckt, als er an seiner Doktorarbeit sitzt über Pindar-Übersetzungen. Hellingrath eröffnet sich eine neue Welt, seine unverhoffte Entdeckung lässt ihn nicht in Ruhe, er macht sich an eine Hölderlin-Ausgabe, an die erste überhaupt. Vollenden kann Hellingrath sie nicht, er fällt 1916 vor Verdun. Aufgrund einer Kriegsverletzung verbringt er ein Jahr zuvor einige Zeit in München, wo er zwei Vorträge hält über Hölderlin.

In dem Vortrag »Hölderlin und die Deutschen« stellt er klar, dass wir nicht das Volk Goethes sind, sondern das Volk Hölderlins. Hellingrath gefällt nicht, dass man ständig auf Goethe verweist, um die Deutschen vom Vorwurf der Barbarei und Mordbrennerei reinzuwaschen. Goethe mag gut und recht sein, Hölderlins Tiefe besitzt er nicht, und schon zweimal nicht sein »Heilandsbewusstsein«. Die Berufung auf Goethe findet Hellingrath »klein-Leute-haft«. »Ich nenne uns ›Volk Hölderlins‹«, erklärt er, »weil es zutiefst im deutschen Wesen liegt, dass sein innerster Glutkern unendlich weit unter der Schlackenkruste, die seine Oberfläche ist, nur in einem *geheimen* Deutschland zutage tritt.«

Hölderlin ist für Hellingrath »der deutscheste Dichter«, und zwar deshalb, weil er der griechischste ist. Heidegger, Baeumler und Alfred Rosenberg, der oberste Nazi-Philosoph, beten Hellingrath in dieser Hinsicht nach. Zwar hebt Hellingrath hervor, dass man Dichtung nicht auf Inhalte und Aussagen reduzieren kann, doch das hindert ihn nicht, Hölderlin zum Propheten des Geheimen Deutschland zu küren. Auf den ersten Blick widerspricht sich das, auf den zweiten passt es durchaus zusammen. Obwohl Hellingrath deutschnationale Vokabeln im Munde führt, die den damaligen Kriegsgeist atmen, träumt er nicht von germanischer Imperatorengröße, sondern von einem Reich, das unendlich über den Niederungen des Alltags schwebt. Es handelt sich um ein Reich, das aus ästhetisch entrückten George-Geistern besteht, die Dichtung als Gottesdienst zelebrieren.

Hellingraths Stil klingt in heutigen Ohren reichlich steif, jeder Satz will bedeutsam sein, alles drängt zum Erhabenen. Allerdings hat auch Hölderlin nicht zur Masse gesprochen, sondern zu wenigen. Hellingrath will mit ihm nicht ein ganzes Volk bekehren, er soll allein denen gehören, deren Seelen bei seinen Versen in Verzückung geraten. Nicht-Deutsche können ihn ohnehin nicht verstehen, davon ist Hellingrath überzeugt.

Deutscher Aufstand gegen den Westen lautet der Titel eines 1940 erschienenen Werks von Kurt Hancke, einem Germanisten und SS-Hauptsturmführer. Hancke erblickt in Europa einen Kontinent, der sich zusehends der amerikanischen Zivilisation angleicht und geistig-seelisch verrottet. Die heutigen Engländer, Holländer und Franzosen verwandeln sich immer mehr in »Standard-Yankees«, die nur eine einzige Religion kennen: »die Religion des *business*«. Ihren Ursprung besitzt diese Religion im Judentum, das letztlich nur eines kennt: Raffgier. Etwas Höheres ist ihm unbekannt, sein Gott ist der Gott des Mammon.

Auch im Christentum lebt dieser Geist fort, vor allem bei den Puritanern, die nicht zufällig Amerika gegründet haben. Seither sieht man in aller Klarheit, wohin ein solcher Geist führt. Was dort als Liberalismus, Freiheit und Toleranz angepriesen wird, dient nichts als zügelloser Geldmacherei.

Man kennt solche Argumentationsmuster nicht nur von rechts, am linken Rand hört man sie ebenso. Für beide verkörpert Amerika den materialistischen Ungeist. Hancke fährt alle Übel auf, die damit zusammenhängen: Individualität, Rationalität, Humanismus, Menschlichkeitsuniversalismus, Zivilisationsgläubigkeit, Vergottung der Technik. Aus all dem ergibt sich nur Nivellierung, Standardisierung, Normierung. Sie zeugen von fortschreitender Entartung und bieten dem Menschen keinen Sinn mehr, was sich vor allem daran zeigt, dass alle Unterschiede eingeebnet werden zwischen Hohem und Niedrigem und zwischen Rassen und Klassen. Was bleibt, ist leerer Konsumismus. Soweit es noch Gefühle gibt, sind sie nicht echt; man sehnt sich nach Kitsch, den eine florierende Surrogatsindustrie produziert, die künstliche Bedürfnisse erzeugt. Rousseau lässt grüßen, der statt von Surrogaten von Supplements spricht, was aufs Gleiche hinausläuft. Wie bei ihm begegnet man auch bei Hancke der Klage, dass wir uns von der gesunden, wahren, echten Natur immer weiter entfernen. Während Rousseaus Gesellschaftskritik jedoch keinerlei nationalistische Wendung nimmt, traut Hancke die Rückkehr zum Gesunden nur noch dem wiedererwachenden Germanentum zu.

Für Hancke weist Hölderlin den Weg aus der substanzlos gewordenen westlichen Welt in »ein künftiges Reich«, das stolz den Namen Germania tragen soll. Das restliche Europa hält Hancke für verloren, allein die Deutschen können zurückfinden zu archaischer Stärke, dank Hölderlin und Hitler. Diese beiden lassen einen neuen, in mythischer Größe erstrahlenden

Geist erstehen, der gefeit ist vor intellektualistischer Zersetzung. Hölderlins Dichtung will »mit dem Blick auf die klassische Antike die Zukunft ergreifen«, in ihr lodert »der Glaube an eine deutsche Zukunft Griechenlands«. Mit dem weltbürgerlichen Humanismus Weimarer Provenienz hat dieses Griechenbild nichts mehr zu tun, es unterscheidet sich von ihm radikal durch seine germanische Prägung. Weil Hölderlin seiner Zeit weit voraus war, blieb seine Stimme so lange ungehört und unerhört. Jetzt jedoch erkennt das deutsche Volk in ihm seinen Priester.

Wie Baeumler behauptet auch Hancke, Hölderlin habe nicht die verweichlichte Kultur der Athener hochgehalten, sondern die züchtige der Spartaner. Zum Beweis zitiert Hancke einen Satz aus »Hyperion«: »Ich will die Brust an den Freuden der Vergangenheit versuchen, bis sie wie Stahl wird, ich will mich üben an ihnen, bis ich unüberwindlich bin.« In dialektischer Verrenkung zieht Hancke daraus den Schluss, dass der »Willen zur Härte gegen das Ideal« ein Ideal gebiert, das »selbst zum Vorbild dieser Härte« wird.

Mit dem Ersten Weltkrieg hat für Hancke der Kampf um Hölderlins »Neues Reich« begonnen. Dass Hölderlins Wiederentdecker, Norbert von Hellingrath, in diesem Krieg sein Leben lassen musste, ist zeichenhaft. Der Zweite Weltkrieg soll das Begonnene vollenden. Schließlich war alles Reden und Verhandeln mit den westlichen Völkern vergebens, und zwar nicht, weil sie nicht reden wollten, sondern weil ihre Reden die Nichtigkeit jenes »Geredes« offenbaren, dem Heidegger in »Sein und Zeit« Seinsferne bescheinigt. »Ein Deutschland, das vom Westen verstanden wurde, das mit ihm ›Verständigung‹ betrieb, war jeweils ein verwestlichtes Deutschland«, erklärt Hancke. Damit ist nun Schluss. Im Land der Dichter und Denker redet man nicht in so nichtiger Weise wie im verweichlichten Westen.

Hancke beschließt sein Werk mit den Worten: »Es war genau der Geist des alten Westens, ... der bis zuletzt gegen Deutschland mobil gemacht wurde; der Geist des Rationalismus – gegen deutsche ›Dunkelheit‹; der Geist des Kalküls – gegen deutsche ›Unberechenbarkeit‹; der Geist des Liberalismus – gegen deutsche ›Despotie‹; der Geist der Toleranz – gegen deutschen ›Radikalismus‹; der Geist einer humanitären Brüderlichkeit – gegen deutschen ›Rassenwahn‹; der Geist der *standardization* – gegen deutsche ›Barbarei‹; der Geist der Säkularisation – gegen deutsches ›Neuheidentum‹.« Alle diese Zuschreibungen beweisen Hancke, dass der Westen »ursprünglich und wesenhaft ignorant ist«.

Für Hancke handelt es sich bei Hitlers Krieg um das letzte Gefecht, in dem es um viel mehr geht als nur den deutschen Sieg. Es geht um die Rettung einer Kultur, die der jüdisch-puritanische Geist des Christentums seit langem zerstört. Seinem Buch stellt er die Widmung voran: »Den Kameraden von der Wehrmacht und SS.« Ein Jahr nach der Veröffentlichung fällt er beim Einmarsch nach Russland. Bevor er sich die Offiziersuniform übergezogen hat, ist er in Heideggers Vorlesungen gesessen, auf den er sich in seiner Schrift beruft. Heidegger hat Hancke als sehr begabten Studenten gerühmt.

Amerika. In Frankreich ist Amerika vor dem Ausbruch der Revolution nicht nur in aller Munde, viele Franzosen haben im Unabhängigkeitskrieg gegen die Engländer gekämpft. Die moderne Demokratie beginnt nicht mit dem Sturm auf die Bastille, sie beginnt mit der Ausrufung der amerikanischen Unabhängigkeit. Wozu in einer solchen historischen Situation noch von der athenischen Polis schwärmen, wo Frauen, Sklaven und Fremde nichts zu sagen hatten? Oder gar von einem archaischen Griechenland, in dem es noch nicht einmal eine Polis gegeben hat? Chateaubriand stattet auf seiner Amerikareise George Washington einen Besuch ab, über dessen bescheidenes Regierungsgebäude er staunt und auch darüber, dass weder Wachen noch Diener um ihn sind, zumal er eine Art römische Herrscherfigur erwartet hat. Chateaubriand schwärmt von der unermesslichen Weite der dortigen Natur, Europa erscheint ihm auf einmal unendlich klein.

Rechts des Rheins spielt Amerika keine große Rolle, weder weiß man viel über dieses Land noch will man viel wissen. Einzig Schiller spielt kurze Zeit mit dem Gedanken, dorthin auszuwandern. Er habe große Lust, die Neue Welt zu sehen, schreibt er am 24. Januar 1783 an Frau von Wolzogen: »Wenn Nordamerika frei wird, so ist es ausgemacht, daß ich hingehe. In meinen Adern siedet etwas.« Als Schiller diesen Brief schreibt, ist Hölderlin dreizehn Jahre alt. Zehn Jahre später richtet er im Tübinger Stift den Blick nur auf die Französische Revolution. Dass sie ihre Inspiration zu einem nicht geringen Teil aus der amerikanischen bezieht, blendet man hierzulande aus.

Sieht man ab von dem späten Hymnen-Fragment »Kolomb«, das einsetzt: »Wünscht' ich der Helden einer zu sein / … / So wär' es ein Seeheld«, gewinnt man den Eindruck, Amerika habe für Hölderlin nicht existiert. Die weltgeschichtlichen Umwälzungen jenseits des Atlantiks entzünden seine Phantasie nicht im Geringsten. Sein ganzes Sinnen kreist ums untergegangene Griechenland, dessen Herrlichkeit sich reiner Phantasie verdankt. Allerdings kann man eine solche Phantasie auch nicht zerstören, anders als wenn man nach Amerika ginge und sich dort nicht erfüllte, was man erträumt hat.

Noch Jahre später fällt auch Hegel in seinen Vorlesungen zu Amerika nicht viel mehr ein, als dass es keine Vergangenheit besitzt und keine Kultur. Seit je genießt Amerika in deutschen Landen einen fragwürdigen Ruf. Als Carl Zuckmayer nach

dem Zweiten Weltkrieg aus dem amerikanischen Exil zurückkehrt, zeichnet er in einem Artikel das Amerikabild vieler Deutscher, die nie dort waren, jedoch genau wissen, um was für ein
Land es sich handelt, nämlich um »ein Land ohne Tradition,
ohne Kultur, ohne Drang nach Schönheit und Form, ohne Metaphysik …, ohne Melos, ohne Apollo, ohne Dionysos«. Zuckmayer legt keinen Wert darauf, die ihm aberkannte deutsche
Staatsbürgerschaft wieder anzunehmen. Er beantragt die ame-
rikanische.

Im Winde klirren die Fahnen. Die erste Strophe von Adam Zaga-
jewskis Gedicht »Thema: Brodsky« lautet: »Bitte aufschreiben:
geboren im Mai, / in einer feuchten Stadt (daher das Motiv Wasser), / die kurz darauf von einer Armee / belagert wurde, deren
Offiziere im Rucksack / einen Band Hölderlin trugen, doch leider hatten sie / keine Zeit zum Lesen. Zuviel Arbeit im Gelände.« Joseph Brodsky ist 1940 in Leningrad geboren, ein Jahr später wird die Sowjetunion von der Wehrmacht überfallen, im
September 1941 beginnt die dreieinhalb Jahre anhaltende Le-
ningrader Blockade, bei der mehr als eine Million Bewohner
umkommen oder verhungern.
    Während des Zweiten Weltkriegs werden diverse Hölderlin-
Feldauswahlheftchen in großer Auflage an die Wehrmachtssoldaten verteilt, als geistige Nahrung im Tornister. Auch Friedrich
Beißner, der Herausgeber der seit 1943 erscheinenden Stuttgarter Hölderlin-Ausgabe, stellt ein Büchlein zusammen. »Wo aber
Gefahr ist, wächst das Rettende auch« – solche Verse dienen
seelischer Stärkung, nebst allerlei »vaterländischen Gesängen«.
Nicht jeder Soldat erinnert sich dieser Lektüre gern. Günter
Eich schreibt nach dem Krieg ein Gedicht mit dem Titel »Latri-
ne«, in dem es heißt: »Über stinkendem Graben / Papier voll
Blut und Urin, / umschwirrt von funkelnden Fliegen, / hocke

ich in den Knien, // den Blick auf bewaldete Ufer, / Gärten, ge-
strandetes Boot. / In den Schlamm der Verwesung / klatscht der
versteinte Kot. // Irr mir im Ohre schallen / Verse von Hölderlin. / In schneeiger Reinheit spiegeln / Wolken sich im Urin. //
›Geh aber nun und grüße / die schöne Garonne – ‹ / Unter den
schwankenden Füßen / schwimmen die Wolken davon.«

In Wolfgang Borcherts »Das ist unser Manifest« lesen wir
von den »Hölderlinhelden, für die kein Tag zu hell und keine
Schlacht schlimm genug war«. An anderer Stelle heißt es:
»Hörst du Hölderlin noch? Kennst du ihn wieder, blutbe-
rauscht, kostümiert und Arm in Arm mit Baldur von Schirach?«
Bei Hans Magnus Enzensberger, der gegen Ende des Krieges als
16-Jähriger zum Volkssturm eingezogen wurde, jedoch flüchte-
te, finden sich in dem frühen Gedichtband »Landessprache«
die Verse: »wohin mit dem, / was da sagt hölderlin und meint
himmler.«

Von Ludwig Harig erscheint am 4. Juni 1994 in der FAZ ein
Artikel mit dem Titel »Alles hat seine Zeit«. Er beginnt mit
den Sätzen: »Am ersten Sonntag im Mai 1945, einem amerikanischen Gefangenentransport entsprungen, lag ich am schönsten
Waldrand der Schwäbischen Alb – und war frei. Ich packte meine Feldauswahl mit den Gedichten Hölderlins aus dem Tornister und las zum erstenmal die Ode ›Abendphantasie‹. Von völ-
kisch gesonnenen Lehrern verdorben, in öden Schulungsaben-
den bis zur Entstellung missbraucht, hatte ich dreieinhalb Jahre
lang einen Hölderlin der Kriegsbegeisterung und der Fremden-
verachtung eingesogen, war in seinem Namen fanatisiert, die
letzte Schlacht aufzusuchen und mit Vaterlandsgesängen auf
den Lippen am Opferhügel zu fallen, hatte mit seinen Worten
geschworen, nicht sanft zu sein zur Unzeit, hatte in seiner Nach-
folge aber auch träumen, doch nicht nachdenken wollen.«

Jean Améry schildert in »An den Grenzen des Geistes« seine

Tage in Auschwitz. Wir lesen dort: »Ich erinnere mich eines Winterabends, als wir uns nach der Arbeit im schlechten Gleichschritt unter dem entnervenden ›Links zwei, drei, vier‹ der Kapos vom IG-Farben-Gelände ins Lager zurückschleppten und mir an einem halbfertigen Bau eine aus Gott weiß welchem Grunde davor wehende Fahne auffiel. ›Die Mauern stehen sprachlos und kalt, im Winde klirren die Fahnen‹, murmelte ich assoziativ-mechanisch vor mich hin. Dann wiederholte ich die Strophe etwas lauter, lauschte dem Wortklang, versuchte dem Rhythmus nachzuspüren und erwartete, daß das seit Jahren mit diesem Hölderlingedicht für mich verbundene emotionelle und geistige Modell erscheinen werde.« Darauf folgen die Sätze: »Nichts. Das Gedicht transzendierte die Wirklichkeit nicht mehr. Da stand es und war nur noch sachliche Aussage: so und so, und der Kapo brüllt ›links‹, und die Suppe war dünn, und im Winde klirren die Fahnen. Vielleicht hätte sich das im psychischen Humus verkapselte Hölderlingefühl eingestellt, wäre da ein annähernd gleichartig gestimmter Kamerad gewesen, dem ich die Strophe hätte zitieren können. Das Schlimmste war, daß man den guten Kameraden nicht hatte, in der Kommandoreihe nicht – und wo im ganzen Lager. Gelang es aber doch, ihn einmal aufzustöbern, dann war er durch seine eigene Isoliertheit so geistentfremdet, daß er nicht mehr reagierte.«

DIE WAHNSINNSMASKE

Widerstand in der Zitadelle. Zwanzig Jahre später ist all das ver-
flogen. Niemand bringt Hölderlin mehr mit Nazis, mit Krieg,
mit Heldengesängen in Verbindung oder mit einer Trostlosig-
keit, die sich schwer in Worte fassen lässt. Hölderlin steht plötzlich links. Zu seinem 200. Geburtstag verfasst Peter Weiss ein
Stück, das den so großen wie lapidaren Titel trägt: Hölderlin. Es
treten dort weitaus mehr Figuren auf als in opulenten Shakes-
peare-Stücken, neben Hölderlin, Hegel und Schelling auch
Schiller, Goethe und Fichte, in der letzten Szene sogar Marx.
Von Anfang an sind Arbeiter und Arbeiterinnen auf der Bühne,
die »die große Mehrheit des Volks repräsentieren«, wie Weiss in
einem Kommentar erklärt, wo es heißt: »Weil dieses Stück vor
allem vom Überbau handelt und dessen Auswirkungen auf einige der hervorragenden Persönlichkeiten in Kunst und Wissenschaft, so sollen die Auftritte der Arbeiter mit Stärke auf das
Fundament hinweisen, das die Gesellschaft trägt.«

Nach den ersten Aufführungen sieht Weiss sich zu Retu-
schen gezwungen, man hält ihm vor, Schiller und Goethe als
bloße Karikaturen bürgerlicher Angepasstheit gezeichnet zu
haben. In der verbesserten Fassung sind sie es immer noch. Das
Stück wird landauf, landab gespielt, von der Landesbühne bis
zu den größten Häusern. Die Botschaft steht von vornherein
fest, gleich zu Beginn verkündet der Chor, für wahre Gerechtigkeit und Gleichheit sei die Zeit in Hölderlins Tagen noch nicht
reif gewesen. Während die Weimarer Klassiker auch in der re-
vidierten Fassung vor radikalen Umwälzungen warnen, begegnen wir in Hölderlin einem strammen Jakobiner, dem sein
Jugendfreund Hegel die utopische Überspanntheit austreiben

will, während Schelling sich als Lavierer entpuppt, der schließlich in die Religion flüchtet. Weil Schiller nur auf langsame Veränderung setzt, die beim Einzelnen zu beginnen hat, hält Hölderlin ihm vor, mit seinen Idealen auch seine Kunst zu verraten. »Lernte ich doch gerade bei Ihnen / dass uns die Kunst Waffe ist / im Kampf ums Hervorbringen / eines menschenwürdigen Daseyns«, lässt Weiss Hölderlin sagen und ihn verkünden: »Es muss von Grund auf / alles umgeworfen werden. … Wir nehmen Theil / am lezten und grössten / Werck des Menschen.« Wer kein Jakobiner ist, ist ein Spießer. Man sieht es an Schiller.

In Weiss' Welt ist zwar viel von Dialektik die Rede, in Wirklichkeit erstickt aber alles in einem schematischen Dualismus: hier die Aufrechten, dort die Angepassten; hier die Entschlossenen, dort die Lauen; hier die Helden, dort die Verkommenen; hier die Revolutionäre, dort die Duckmäuser. Als am Ende Marx im Tübinger Turm auftaucht, erklärt er dem bewunderten Hölderlin, er strebe das Gleiche an wie er, nur auf effizientere Weise: »Dass Sie / ein halbes Jahrhundert zuvor / die Umwälzung nicht / als wissenschaftlich begründete / Notwendigkeit sondern / als mythologische Ahnung / beschrieben / ist Ihr Fehler nicht.« Der verwirrte Hölderlin versteht nicht sofort, doch als Marx ihm sagt, dass Schiller schon lange tot ist und inzwischen auch Goethe, fällt eine Last von ihm ab. Endlich traut er sich, ein vor Jahren entworfenes Drama über den Spartakusaufstand aus der Schublade zu ziehen. Nicht nur aus Angst vor Schiller und Goethe, auch aus Angst vor politischer Verfolgung hat er es versteckt.

Um die Aktualität seines Stücks hervorzuheben, stellt Weiss in seinem Kommentar unmissverständlich klar: »Hölderlin ist … ein Mensch, der in einer ganz bestimmten Epoche seinen Weg nicht verwirklichen kann, aber deshalb seine Grundhal-

tung nicht aufgibt. Es gibt auch heute genügend Personen, …
die trotz der gegenwärtigen politischen Schwierigkeiten weiterhin überzeugte Marxisten sind.« Für Weiss wie für Bertaux steht
fest, dass Hölderlin nicht krank ist, sondern so lange in seinem
Turm überwintern will, bis das Volk auf die Barrikaden geht
und die Revolution ausruft. Hölderlins Rückzug hat nichts mit
Resignation zu tun, es handelt sich um einen Widerstand, den
man irrigerweise für Wahnsinn hält. Er ist ein Märtyrer, der seine jakobinischen Ideale bis zuletzt nicht verrät. Er opfert sich
wie Empedokles, dessen Volk auch noch nicht reif war für die
Verwirklichung der wahren Welt. Beide sind ihrer Zeit voraus,
die Masse vermag ihnen noch nicht zu folgen; beide sehen eine
Zukunft, die die Mehrheit noch nicht sieht; beide wissen, dass
sich nur zu leben lohnt, wenn man sich für die kommunistische Gesellschaft verzehrt.

Bleierne Zeit. In einer Tübinger Pizzeria sitzen um einen Tisch
vier Bekannte, abgetaucht in wütende Trauer, die Lippen ver-
engt. Sie schauen drein, als sei jemand gestorben, ja schlimmer,
als müsse man jemanden dafür bestrafen, am besten die halbe
Welt. Man wagt kaum zu fragen, was passiert ist.

Es stellt sich heraus, dass sie aus dem Kino kommen. Sie haben Margarethe von Trottas »Die bleierne Zeit« gesehen. Hölderlin liefert den Filmtitel.

Nun wagt man noch weniger zu fragen, was daran so
schlimm war. Man könnte mit falschem Bewusstsein dastehen,
wie so oft, als ahnungslos, als Stümper, was gesellschaftliche
Analyse anbelangt. Als habe man immer noch nichts kapiert.
Als wolle man nicht genau hinschauen, wie damals. Als habe
man immer noch nicht begriffen, wie weit es bereits wieder ist:
Faschismus, Mörderstaat, Klassenjustiz. Hier und heute.

Alle am Tisch sind überzeugt, dass Baader, Ensslin und

Raspe in Stammheim ermordet worden sind, vom deutschen Staat. Vier Jahre ist das her. Man lebt in bleierner Zeit.

Mit Hölderlin gegen die Welt, heißt es bei Heiner Müller. In der ersten Hälfte des 20. Jahrhunderts hat der George-Kreis Hölderlin für sich entdeckt, dann Heidegger, nebst Baeumler und Rosenberg. In der zweiten Hälfte umgarnt man ihn von anderer Seite, in der DDR nicht weniger als in der Bundesrepublik. Johannes R. Becher, Peter Weiss, Gerhard Wolf, Stephan Hermlin, Volker Braun, Wolf Biermann, F.C. Delius, Erich Fried – endlos ist die Phalanx. Für alle ist Hölderlin eine gebrochene Lichtgestalt, ein von der Gesellschaft Geschundener, einer von uns! In Hölderlin erblickt man sich selbst, in seinem Leiden an den Verhältnissen, in seiner Klage über die beschissenen Zustände. Nicht Hölderlin war krank, ganz im Gegenteil, die Gesellschaft war krank, sie hat ihn zerstört. Der wahnsinnige Hölderlin ist in Wirklichkeit der Gesunde, die Kranken sind die Angepassten. Dafür, dass er sich diesem kranken Getriebe verweigert hat, hat er bitter bezahlen müssen.

Für Georg Lukács steht schon 1934 fest, dass Hölderlin zu Marx führt, so wie auch Büchner. Was sie unterscheidet, ist ihre Sprache, in der Sache zielen sie aufs Gleiche. In einem Aufsatz über »Hölderlins Hyperion« erklärt Lukács, Hölderlin habe sich für die Formulierung der kommunistischen Utopie einer mythischen Sprache bedienen müssen, weil ihm in seiner noch feudal geprägten schwäbischen Hinterwelt das kapitalismuskritische Begriffsbesteck gefehlt hat. Was Marx wissenschaftlich auf den Nenner bringt, verschwimmt bei Hölderlin in dichterischer Phantasie. Der eine drückt sich unmissverständlich aus, dem andern fehlen noch die richtigen Worte.

Dafür hören Hölderlins Verse sich wunderbar elegisch an, was man Marx' Prosa schwerlich nachsagen kann. Lukács schätzt Hölderlins sprachliche Eigenheiten durchaus, zumal er weiß, worauf sie hinauslaufen. Allerdings moniert er: »Hölderlin geht … an den kapitalistischen Widersprüchen der bürgerlichen Revolution achtlos vorbei. Seine Gesellschaftstheorie muss sich deshalb in Mystik verlieren, freilich in eine Mystik der verworrenen Vorahnungen einer wirklichen Umwälzung der Gesellschaft, einer wirklichen Erneuerung der Menschheit.« Da er nicht in der Lage ist, die wahren Ursachen der um sich greifenden Entfremdung zu erfassen, führt seine poetische Vision in eine »tragische Sackgasse«.

In Blochs messianischem Marxismus spielt Hölderlin zwar keine große Rolle, doch auch er will den Vers »Wo aber Gefahr ist, wächst das Rettende auch« nicht den Nazis überlassen, schließlich hat Hölderlin ihn mit Blick auf jenes letzte große Gefecht verfasst, das den Kommunismus einläutet. Auch zum Theorie-Praxis-Problem steuert Hölderlin in Blochs Augen sein Scherflein bei, denn es heißt bei ihm: »Kommt, wie der Strahl aus dem Gewölke kommt, / Aus Gedanken die Tat? Leben die Bücher bald?« Auch hier steckt in der Frage die Antwort. Überall lässt sich ein revolutionärer Funke finden.

Seit den 1960er Jahren gehört Hölderlin nicht mehr wohlbestallten Professoren, die ihn mit gediegener Fußnotenliteratur am Leben erhalten, er gehört auf die Barrikaden. Ein Gedicht von Arnfried Astel lautet: »Ich habe Leute / über Hölderlin reden hören, die / mit ihm nicht / geredet hätten. / Mit denen will ich / nicht reden.« Wolf Biermann zitiert in seinem »Hölderlin-Lied« einen seiner bekanntesten Verse: »In diesem Lande leben wir / wie Fremdlinge im eigenen Haus.« Bruno Ganz reist mit Hölderlin-Lesungen durch die Lande, nachdem er in der Regie von Klaus Michael Grüber an der Schaubühne den »Empedokles« gespielt hat. In Tübingen ist das Landestheater ausverkauft bei seinem Auftritt, bis auf den letzten Platz. Am selben Abend findet eine Veranstaltung zu Karl Marx statt, die kaum ein Dutzend Besucher zählt. Bei den Tübinger Ernst-Bloch-Tagen zitiert man in Eröffnungsreden gern Hölderlins »Hyperion«: »O ein Gott ist der Mensch, wenn er träumt, ein Bettler, wenn er nachdenkt.« Hölderlins »Antigone«-Übertragung kommt plötzlich auf die Bühnen, zuerst in Bremen, ebenfalls mit Bruno Ganz. Heiner Müller bearbeitet Sophokles mit Rückgriff auf Hölderlins Fassung. Schon Brechts Fassung trägt den Titel: »Die Antigone des Sophokles nach der Hölderlinschen Übersetzung für die Bühne bearbeitet von Bert Brecht«.

Peter Härtlings »Hölderlin« wird zum Kassenschlager. Bei Härtling ist Hölderlin ein Kerl zum Anfassen, ein schwäbischer Sonderling, mit dem man sich locker identifizieren kann. Wir alle sind ein bisschen Hölderlin, wir alle ein bisschen verrückt, wir alle finden die Verhältnisse nicht toll, genau wie er. Auch wissen wir, was Verzweiflung ist: bleierne Zeit. Unweit von Tübingen, auf der Schwäbischen Alb, gründet sich in Melchingen das Theater Lindenhof. Es ist auf Hölderlin abonniert, jahrelang. Man zelebriert ihn dort auf Schwäbisch. Wia oim d'Gosch g'wagsa ischd. Dr Hölderlin ischd oiner von ois!

Roter Stern. Allein der Name ist Programm. 1970 gegründet von dem ehemaligen SDS-Vorsitzenden KD Wolff, erregt der Verlag Roter Stern in seinen ersten Jahren keineswegs Aufsehen mit editorischen Großbaustellen, die über Jahrzehnte hinweg philologische Präzisionsarbeit erfordern. Nebst der Zeitschrift »Erziehung und Klassenkampf« erscheinen dort Texte vom Baader-Meinhof-Mitglied Jan-Carl Raspe und vom nordkoreanischen Diktator Kim Il-sung. Seinen größten Erfolg feiert der Verlag mit Klaus Theweleits »Männerphantasien«. 1975 sorgt er mit ganz anderem für Aufruhr: Es erscheint der erste Band einer neuen Hölderlin-Ausgabe, herausgegeben von D.E.Sattler, dessen Namen niemand kennt, zumindest nicht in der akademischen Welt. Mit literarischen Werken ist man beim Roten Stern nicht aufgefallen; die Nachricht, dass dort eine neue Hölderlin-Ausgabe erscheint, schlägt ein wie der Donner.

Wozu eine neue, nachdem noch nicht einmal die Stuttgarter abgeschlossen ist? Ein Affront! Und das bei einem Verlag, der als linksradikal verschrien ist. Sogleich entwickelt sich ein regelrechter Krieg. Vordergründig wird mit philologischen Geschossen gekämpft, im Hintergrund rumoren politische Motive, von Anfang an. Seit der Begründer der Stuttgarter Ausgabe, Friedrich Beißner, tot ist, setzt der Tübinger Germanist Jochen Schmidt die Edition fort. Schmidt ist ganz der gediegene Professor, ein bisschen steif, höflich, ein historisierender Fleißarbeiter im Sinne Diltheys, dessen ganzes Begehr darin besteht, nachzuweisen, dass so gut wie jedes Hölderlin-Wort auf eine Stelle bei Pindar, Platon, Homer und Hesiod anspielt. Bei Schmidt löst Hölderlin sich so sehr in geistigen Vergangenheiten auf, dass man den Eindruck gewinnt, er habe nie in irgendeiner Gegenwart gelebt. Natürlich bestreitet auch Schmidt nicht, dass die Tübinger Stiftler gebannt nach Frankreich geblickt haben, als dort die Revolution ausbrach, doch damit ist das Zeitgeschichtliche auch abgehakt. Der große Hölderlin'sche Rest besteht aus poesiegeschichtlicher Anknüpfungs- und Umformungsarbeit, die zu entziffern emsigen Literaturexegeten vorbehalten bleibt.

Jochen Schmidt lässt sich selten aus der Reserve locken. Fällt im Seminar jedoch der Name Sattler, geht mit ihm die Erregung durch. Im Grunde findet er es unverschämt, dass jemand es wagt, seiner Stuttgarter Ausgabe Konkurrenz zu machen, dazuhin ein Niemand, der nicht einmal eine philologische Ausbildung vorzuweisen hat. Schmidt ist nicht der Einzige, den das Frankfurter Unternehmen auf die Palme bringt. Sattler ist

Autodidakt, von Beruf Graphiker und Setzer. Was erlaubt sich so einer, hochkarätigen Gelehrten ins Handwerk zu pfuschen und in die Suppe zu spucken?

Sattler wiederum wirft den Herausgebern der Stuttgarter Ausgabe vor, Hölderlin zu glätten, ihn abzurunden, ihn bildungsbürgerlich hinzufrisieren. Von Hölderlins subversivem Geist sei dort nichts mehr zu spüren. Nicht nur subkutan schwingt die Kritik mit, dass die Stuttgarter Ausgabe Spuren einer Zeit trägt, in der man aus dem Jakobiner Hölderlin einen markigen Germanen gemacht hat. Der erste Band erscheint 1943, mitten im Krieg, großzügig unterstützt von den Nazis. Hölderlins Werk, so lautet Sattlers Vorwurf, wird in der Stuttgarter Ausgabe konservativ eingesargt. Dagegen begehrt man beim Roten Stern auf. Nicht mehr totes Wissen und staubige Fußnoten sollen Hölderlin umfloren, man rückt das Brüchige, Schwierige, Schwerverständliche in den Vordergrund. Kurzum, man entreißt Hölderlin den Philistern. Vor allem aber sollen alle braunen Schatten von ihm verschwinden, endgültig. Die in der Stuttgarter Ausgabe prominente Rubrik »Vaterländische Gesänge« provoziert Widerstand.

Sattler präsentiert auf der einen Seite die Faksimiles von Hölderlins handschriftlichem Werk, auf der andern die Transkriptionen, mit allen Varianten, allem Durchgestrichenen, allen Überarbeitungen, allem Mehrdeutigen, allem Unklaren. Nirgends wird in den Text eingegriffen, nirgends wird eine scheinbar endgültige Fassung vorgeschlagen oder eine scheinbar naheliegende Lesart, nirgends werden Gedichte willkürlich angeordnet. Sattlers besondere Konzentration gilt dem zersplitterten Spätwerk, ganz anders als bei Jochen Schmidt, der kein Hehl macht aus seiner Meinung, dass es sich um nicht mehr wirklich relevante Verse handelt.

Nichts soll unterschlagen, nichts verübersichtlicht, nichts

ausgeputzt werden. Krudes und Wirres bleibt nicht nur stehen, es bildet den Kern. Nicht zufällig macht damals Lévi-Strauss' Begriff »bricolage« – Bastelei – die Runde, womit er das Funktionieren von Mythen charakterisiert, die in seinen Augen auf der ganzen Welt nach den gleichen Mustern aufgebaut sind und sich aus immer ähnlichen Komponenten zusammensetzen. Foucault benutzt mit Blick auf sein eigenes Denken den Begriff Werkzeugkiste. Alles Abgerundete weckt Abwehr. Mit dem Einzug der Dekonstruktion geht die Kritik an einer Hermeneutik einher, die alles verstehen, begreifen, einordnen will. Sattler rückt jenen Hölderlin ins Zentrum, von dem die Verse stammen: »Ein Zeichen sind wir, deutungslos« – »ein Rätsel ist Reinentsprungenes«. Das Vieldeutige ist angesagt, das Ungefüge, Sperrige. Statt Interpretieren heißt es nun Mäandern.

Allerdings ist auch Sattler nicht vor hermeneutischer Sakralisierung gefeit. Aus dem Autodidakten wird immer mehr ein Autokrat, der hohepriesterlich über einen Hölderlin wacht, der bald nur noch ihm gehört. Seine Ein- und Auslassungen zu Hölderlin nehmen einen gereizten Ton an, der reichlich hochgestochen daherkommt und selbst gern kryptisch klingen will. Die Fronten verhärten sich, selbst Sattlers engste Mitarbeiter gehen auf Distanz zu ihm. Einer von ihnen, Michael Knaupp, entschließt sich zu einer eigenen Hölderlin-Ausgabe, die 1992/93 bei Hanser erscheint. Sie baut auf den historisch-kritischen Erkenntnissen der Frankfurter Ausgabe auf, verzichtet aber auf die Faksimiles, womit sie dem Lesebedürfnis entgegenkommt, ohne Unklares, Mehrdeutiges und Variantes zu unterschlagen. Man irrt nicht mehr in Labyrinthen umher, erfährt jedoch im Kommentarband, dass es diese Labyrinthe gibt.

Auch von Jochen Schmidt erscheint in den 1990ern nochmals eine neue Hölderlin-Ausgabe, beim Deutschen Klassiker Verlag. Dort erfährt man weiterhin in den Anmerkungen, dass

Hölderlin unentwegt auf Pindar, Platon und allerlei weitere antike Größen anspielt. Für Schmidt scheint das Hölderlins höchstes Begehr gewesen zu sein. Was die Frankfurter Ausgabe angeht, so wird lediglich pflichtgemäß erwähnt, dass es sie gibt. Im Kommentar zu »Brod und Wein« bemerkt Schmidt, dass sie fragwürdige Behauptungen aufstellt.

Das Ganze ist das Unwahre. Adornos berühmtes Diktum gewinnt in der Sattler-Ausgabe nochmals an konkreter Bedeutung. Generell richtet es sich gegen alles Geschlossene, Abgerundete, Systematisierte. Hölderlins späten Hymnen-Entwürfen lässt sich dergleichen nicht nachsagen. Die Frankfurter Ausgabe stellt gezielt das Brüchige heraus und Prozesshafte.

Spricht Adorno über den späten Hölderlin, klingt es ganz ähnlich, wie wenn er über den späten Beethoven spricht. Bei beiden entdeckt er Schroffes, Disparates, scheinbar Unzusammengehöriges. Im Zerbrechen von Sprache und Form leuchtet für Adorno eine Wahrheit auf, in der sich die Fragmentierung des heutigen Lebens spiegelt, auf enigmatische Weise. Es handelt sich um eine Sprache, die allem Kommunikativen enträt und ihr Geheimnis aus einem Gewirr und Geflirr bezieht, das sich nie und nimmer auflösen lässt. Gerade dieser Mangel an Konsistenz und Kohärenz erweist sich auf wundersame Weise als Arkanum.

Adorno ist keineswegs der Erste, der das Zerbrochene, Zerrüttete, Zersplitterte zum Signum der Moderne kürt. Schon seit der Romantik hält man das Fragmentierte hoch, immer im Namen des Assoziativen, Freischwebenden, nicht Reglementierten. Walter Benjamin glaubt bereits in barocker Dichtung die avantgardistische Zertrümmerung alles Wohlgeordneten zu entdecken. Gelungenem haftet fortan der Makel des bloß schönen Scheins an, was ideologischer Lüge gleichkommt. Kunst soll sich nicht mehr in Formvollendung ergehen, sie soll Ratlosigkeit hervorrufen, im besten Sinne: »Ein Zeichen sind wir – deutungslos.«

Borchardt. Nicht viele prominente Stimmen stemmen sich diesem avantgardistischen Konsens entgegen. Wer es wagt, gilt als heillos konservativ, ja reaktionär; er hat die Zeichen der Zeit nicht erkannt und hängt alabasternen ästhetischen Idealen hinterher. Einer der wenigen, die vor solchen Zuschreibungen nicht zurückschrecken, ist Rudolf Borchardt. Schon am 20. Juli 1926 schickt er einen Artikel an die »Neue Zürcher Zeitung« mit dem Titel »Hölderlin und endlich ein Ende«. Der zentrale Satz lautet: »Wer in der Irrlichterwelt dieser sterbenden Übungen eines unglücklichen Genies philologische Kritik treiben will, führt seine Technik selber *ad absurdum*.« Borchardt sind die neuerlichen Verbeugungen vor Hölderlins kruden Versen nur Hohn und Spott wert. Er vermag keinen Sinn darin zu entdecken, einer »halbirren Rhythmik« nachzuforschen und Gedanken, die von »schillernder Selbstzerstörung« zeugen. Für Borchardt steht fest, »dass ein fragmentierter Entwurf kein Kunstwerk ist«.

Die Gegenposition ist uns weitaus geläufiger. Sie wird bereits von Bettina von Arnim formuliert, die über Hölderlin schreibt: »Mir sind seine Sprüche wie Orakelsprüche, die er als der Priester des Gottes im Wahnsinn ausruft, und gewiss ist alles Weltleben ihm gegenüber wahnsinnig; denn es begreift ihn nicht.«

Lachende Verzweiflung. Hölderlins Ruf nach ewiger Jugend umschwebt ein heiliger Ernst. »Immer spielt ihr und scherzt? ihr *müßt!* o Freunde! mir geht dies / In die Seele, denn dies müssen Verzweifelte nur«, heißt es in »Die Scherzhaften«. Und in dem späten Prosagedicht »In lieblicher Bläue«: »Das Lachen aber scheint mich zu grämen der Menschen, nämlich ich hab' ein Herz.« Immer wieder Tadel und Vorwurf: »Geh unter, schöne Sonne, sie achteten / Nur wenig dein, sie kannten dich, Heilge, nicht.«

Glaubt man Kierkegaard, findet sich die schlimmste Verzweiflung bei solchen, die nichts von ihrer Verzweiflung wissen, die sie überspielen, die sich munter geben, sich in amouröse Abenteuer stürzen, ständig in Feierlaune sind, prassen und trinken, nach dem »Fledermaus«-Motto: »Glücklich ist, wer vergisst, was doch nicht zu ändern ist.«

In ihrer »Dialektik der Aufklärung« verweisen Adorno und Horkheimer auf Hölderlin, als es darum geht, sich einem Mitlachen zu verweigern, das Einverständnis bekundet mit dem Bestehenden. Mitlachen bedeutet, sich den schlechten Verhältnissen anzudienen, die Entfremdung jovial hinzunehmen, sich kein kritisches Bewusstsein zu leisten. Wer mitlacht, korrumpiert sich. Mitlachen offenbart die Anpassung an den gesellschaftlichen »Amüsierbetrieb«: »In der falschen Gesellschaft hat Lachen als Krankheit das Glück befallen und zieht es in ihre nichtswürdige Totalität hinein.«

Bei Nietzsche darf man sich aus der Wahrheit wenigstens noch hinauslachen. »Falsch heiße uns jede Wahrheit, bei der es nicht ein Gelächter gab!«, lässt er Zarathustra verkünden.

Der Hölderlin isch et verruckt gwä! Jahrelang prangt auf der gelben Fassade des Hölderlinturms dieser Satz, hingesprüht in Sütterlin. 1936 veröffentlicht Pierre Bertaux sein erstes Hölderlin-Buch, das den Titel trägt: »Hölderlin – Essai de biographie intérieure«. Dort spricht er von »verschiedentlichen Wahnsinnskrisen«, bei denen es sich »weniger um eine Phobie handelt als um die Weigerung, sich fremdbestimmen, sich zu einengenden Tätigkeiten zwingen, sich in eine festgelegte Existenz zwängen zu lassen«. Konkret heißt das, Hölderlin weigert sich, eine Pfarrstelle anzunehmen und damit dem Wunsch und Willen der Mutter nachzukommen.

Vollkommen anders lautet die zentrale These von Bertaux' 1978 erschienenem Hölderlin-Buch, das im Gegensatz zum ersten Furore macht. Es beginnt mit den Sätzen: »Sehr einfach und in wenigen Worten zusammengefasst lässt sich die hier von mir vertretene These folgendermaßen formulieren: Hölderlin war nicht geisteskrank.« Diese Sätze werden zum Fanal. Laut Bertaux hat Hölderlin den Wahnsinnigen nur gespielt, ohne im Geringsten wahnsinnig zu sein. Um seine These zu stützen, verweist Bertaux auf ein abendliches Zusammensitzen in Stuttgart, zu dem sich im Juni 1804 Hölderlin, sein Freund Sinclair und dessen Freunde Blankenstein und Leo von Seckendorf im Haus des Ludwigsburger Bürgermeisters Baz zusammenfinden. Bereits 1799 war der Bürgermeister Baz wegen Vorbereitung eines Staatsstreichs verhaftet worden; er wollte eine Schwäbische Republik ausrufen, wie Sinclair es immer noch will. Ein Jahr nach dem Treffen im Sommer 1804 fertigt Blankenstein einen Bericht für die Obrigkeit an, in dem er erklärt, es habe sich um eine subversive Sitzung gehandelt, mit Sinclair als Rädelsführer. Als Hölderlin hört, man habe Sinclair festgenommen, bricht er in Panik aus. Um den eigenen Hals zu retten, spielt er den Wahnsinnigen. Weil er völlig verwirrt wirkt, lässt die Polizei ihn laufen. Er hält sein Spiel fast vierzig Jahre durch, bis zu seinem Tod. So jedenfalls sieht es Bertaux.

Erstaunlicherweise taucht der Name Hölderlin in Blankensteins Bericht gar nicht auf. Bertaux vermutet lediglich, dass Hölderlin bei dem Treffen dabei gewesen ist. Warum aber sollte Blankenstein ausgerechnet seinen Namen ausgespart haben? Gegen Ende seines Lebens soll Bertaux gestanden haben, er selbst glaube nicht ganz an seine These, es sei jedoch wichtig gewesen, sie in die Welt zu setzen. Immerhin steht sie im Zentrum fast aller Debatten, die seither um Hölderlin geführt werden. Wie nichts anderes munitioniert sie das neue, revolutionäre 68er Hölderlin-Bild. Man weiß jetzt nicht nur, dass Hölderlin ein politischer Aktivist war, man weiß auch, dass er seinen Freund Sinclair nicht verraten wollte. Hölderlin steht edler da denn je zuvor. Er nimmt es auf sich, für den Rest seines Lebens den Irren zu mimen, aus lauter noblen Gründen. Bertaux macht aus ihm eine durchtriebene Shakespeare-Figur: »Irrsinn als Maske, Irrsinn als Schutz, das hat Hölderlin von Hamlet lernen können: Hamlet gesteht seiner Mutter, aber ihr allein, er sei nicht verrückt, er stelle sich nur so, er sei *mad in craft*, aus List wahnsinnig.«

Allerdings fragt man sich, warum Hölderlin jahrzehntelang seine Wahnsinnsmaske aufbehält. Sinclair ist schon bald wieder auf freiem Fuß und reist in diplomatischen Diensten durch halb Europa. Hölderlin hätte seine Maske schnell wieder ablegen und sich überall angstfrei bewegen können.

Der große Abwesende. Jean Laplanche veröffentlicht 1961 die Studie »Hölderlin et la question du père«. 1975 erscheint sie auf Deutsch: Hölderlin und die Suche nach dem Vater. Sie kreist um die Frage, warum bei Hölderlin ständig Abwesendes im Zentrum steht: die Abwesenheit der Götter, die Abwesenheit des Sinns, die Abwesenheit des Guten und Schönen. Warum wähnt Hölderlin sich in einem schwer erträglichen Zwischenzustand, den er zur Götternacht stilisiert? Warum glaubt er, einst sei alles gut gewesen, nun sei alles schlecht, in Zukunft werde alles wieder schön?

Laplanche zitiert Hyperion: »Es ist, als fühlt ich ihn, den Geist der Welt, wie eines Freundes warme Hand, aber ich erwache und meine, ich habe meine eignen Finger gehalten.« Hyperion fühlt sich auf sich selbst zurückgeworfen; dieses Gefühl ist am schlimmsten, wenn er aus Träumen erwacht. Allgegenwärtig ist seine Klage über sein Alleinsein, allgegenwärtig die Hoffnung, eines Tages mit allem vereint zu sein. Laut Laplanche verbirgt sich hinter Hölderlins »Neigung zur pantheistischen Verschmelzung« das Verlangen nach väterlichem Schutz, väterlicher Geborgenheit, väterlicher Sinngebung. Solange er all das vermisst, kommt er sich verloren vor und bodenlos.

Als Hölderlin zwei Jahre alt ist, stirbt sein Vater. Die Mutter heiratet wieder. Als er neun ist, stirbt auch der neue Vater. Nach der Stiftszeit sucht Hölderlin einen Vater in Schiller, der im Unterschied zur Mutter sein Talent erkennt und der ihn fördern, ja groß herausbringen kann. Schiller hat das »Fragment von Hyperion« in seiner Zeitschrift »Neue Thalia« abgedruckt, es gibt Grund, auf ihn zu bauen. Hölderlin reist nach Jena, um Schiller nah zu sein. Doch seine Hoffnung erfüllt sich nicht. Schiller kürt ihn nicht zu seinem Liebling.

Im Sommer 1799 schreibt er an Susette Gontard: »Täglich muß ich die verschwundene Gottheit wieder rufen. Wenn ich an große Männer denke, in großen Zeiten, wie sie, ein heilig Feuer, um sich griffen, und alles Tote, Hölzerne, das Stroh der Welt in Flamme verwandelten, die mit ihnen aufflog zum Himmel, und dann an mich, wie ich oft, ein glimmend Lämpchen umhergehe, und betteln möchte um einen Tropfen Öl, um eine Weile noch die Nacht hindurch zu scheinen – siehe! da geht ein wunderbarer Schauer mir durch alle Glieder, und leise ruf' ich mir das Schreckenswort zu: lebendig Toter!«

Auf der einen Seite große Männer, herrliche Zeiten, wunderbare Gottheiten, auf der andern das schiere Nichts. Das Einzige, was Hölderlin hat, ist eine Mutter, die alles, was er will, nicht will. Nie wird sie Verständnis dafür aufbringen, dass er sein Leben brotlosen Dingen hingibt wie Poesie und dabei zusehends verlottert. In seiner Not beruft Hölderlin sich auf Gott, der ihm keine anderen Gaben gegeben hat. Am 11. Dezember 1798 schreibt er an sie: »Darf ich's Ihnen einmal sagen? wenn ich oft in meinem Sinn verwildert war und ohne Ruhe mich umhertrieb unter den Menschen, so war's nur darum, weil ich meinte, daß Sie keine Freude an mir hätten.« Zuvor geht es, wie in so vielen Briefen, um Entschuldigungen und Erklärungen, warum er wieder einmal auf Stellensuche ist, jedoch nicht jedes Stellenangebot annehmen will; warum er es immer noch zu nichts gebracht hat, aber auch nicht machen will, was sie sich vorstellt usw. usf. Allerdings holt er diesmal zum Gegenschlag aus: Er hält ihr vor, sie wolle ihn beherrschen. Klipp und klar gibt er ihr zu verstehen, dass er überhaupt nichts will außer dichten; er sei es sich selbst schuldig, Gott habe für ihn vorgesehen, »in den höhern und reinern Beschäftigungen zu leben«.

Seine Mutter versteht ihn nicht nur nicht, sie lässt ihm keine Luft. Er macht sie dafür verantwortlich, dass es ihm schlechtgeht. Doch bei aller Entschiedenheit, die er diesmal an den Tag legt, bleibt die Abhängigkeit. Hölderlin braucht ihr Geld. Kaum ein Brief, in dem nicht davon die Rede ist. »Geld hab' ich freilich keins«, heißt es in allerlei Varianten, ein ums andre Mal. Zuweilen bettelt er die Mutter auch über die Schwester an, die er fragt, ob nicht bald »die l. Mamma das Geld entbehren könnte«, das er so dringend braucht. Fast gewinnt man den Eindruck, die Briefe kreisten nur um diesen Gegenstand, so vorsichtig wie möglich, aber auch so dezidiert, wie es die Lage erfordert. Stets handelt es sich um eine Gratwanderung, und zwar aus einem einzigen Grund: Hölderlin führt ein Leben, für das die Mutter nicht aufkommen will. Sie kann ihn nicht hängenlassen, unterstützen will sie ihn aber auch nicht, zumindest nicht, solange er ins Blaue hineinlebt und sich für einen Dichter hält.

Dabei steht ihm die Erbschaft des toten Vaters zu. Doch die Mutter blockt. An ihr geht kein Weg vorbei. Auch das gehört zur Götternacht. Im Januar 1799 schreibt er an sie: »Es ist freilich nicht gut, daß ich so zerstörbar bin, und ein fester, getreuer Sinn ist auch mein täglichster Wunsch.« Ist sie die Zerstörerin? Ist er sich selbst sein eigener Zerstörer? Sind es die Verhältnisse? Und warum fehlt »ein fester, getreuer Sinn«? Etwas, woran man sich aufrichten kann? Ein Vater? Oder wenigstens eine Vaterfigur wie Schiller, der sich dieser Aufgabe verweigert?

Als Hauslehrer schreibt er am 20. März 1794 an Schiller aus Waltershausen: »Ich werde nie glücklich sein. Indessen ich muß wollen, und ich will. Ich will zu einem Manne werden.« Hölderlins obsessiver Ruf nach Helden und Göttern, Größe und Ruhm lässt sich durchaus biographisch lesen. In der Hoffnung, bald Schiller und Goethe zu treffen, schreibt er im April 1794 an die Mutter: »Ich werde wahrscheinlich nächsten Winter in Weimar im Zirkel der großen Männer, die diese Stadt in sich hat, zubringen.« Nachdem er die beiden getroffen hat, schreibt er ihr: »Auch den großen Göthe sprach ich drüben. Der Umgang mit solchen Männern setzt alle Kräfte in Tätigkeit.« Über die traumatische Begegnung ein Jahr zuvor in Jena schweigt er sich aus. Dort hat er Goethe nicht erkannt und nur mit Schiller geredet. Danach hat er sich wie vernichtet gefühlt, aus Angst, der große Goethe könnte ihm seine ganze Zukunft zerstören, aus Rache. Diese Angst wirkt zeitlebens nach, noch in Zimmers Turm löst der Name Goethe schiere Panik aus.

In Laplanches Augen bildet weniger die Begegnung mit Susette Gontard die Ursache für Hölderlins Abdrift als eine tiefe Unruhe und Rastlosigkeit, die ihn immerzu nach Halt suchen lassen und nach Anerkennung. Dieses Haltlose macht Hölderlin bindungsunfähig. Seine Liebesschwärmereien sind derart idealisch, dass sie nie den Boden der Wirklichkeit berühren. Seine Diotima ist alles, nur kein Wesen aus Fleisch und Blut. Er phantasiert sie sich als ein Wesen, das niemals die Gestalt einer leibhaftigen Frau annehmen kann, auch wenn er glaubt, sie in Susette gefunden zu haben. In Wirklichkeit sucht er in Susette das Unmögliche: Sie ist verheiratet und hat Kinder. Ihm ist klar, dass er nicht mit ihr zusammenleben kann. Wieder sind es die Verhältnisse, die das große Glück verhindern, wie immer. Hölderlin erkennt in Susette vor allem deshalb seine Diotima, weil er weiß, diese Liebe ist zum Scheitern verurteilt. Erneut gibt es einen Schuldigen, den man verantwortlich machen kann. Wären die widrigen Umstände nicht, alles wäre gut. Lebten wir nicht in der Götternacht, lebten wir im Paradies.

Dass sein Drang zum Unmöglichen eine fatale Logik besitzt und mit ihm selbst zu tun hat, dieser Gedanke darf gar nicht erst aufkommen. Alles würde einstürzen, das gesamte Selbst- und Weltbild. Man muss die Kluft zwischen Idealem und Realem so groß wie möglich halten und immer Gründe finden, warum sie sich nicht schließen lässt. Unvorstellbar, mit Susette tatsächlich zusammenzuleben. Abwasch und Sockenstopfen.

Im Februar 1799 schreibt Susette an Hölderlin: »Wie oft tadle ich Dich und mich, daß wir so stolz alle Beziehungen uns ohnmöglich gemacht, uns nur auf uns selbst verlassen haben.« Aus dem imaginierten Kokon reiner Zweiheit wollten sie die Welt ausschließen, das tatsächliche Leben durfte dort keinen Platz finden. »So lieben wie ich Dich, wird Dich nichts mehr, so lieben wie Du mich, wirst Du nichts mehr«, fügt Susette hinzu. Es klingt wie eine Drohung. Symbiose und Asthma liegen nah beieinander.

Flucht ins Fiktive. »O ein Gott ist der Mensch, wenn er träumt, ein Bettler, wenn er nachdenkt«, klagt Hyperion. Susette schreibt an Hölderlin: »Träumen möchte ich immer, doch träumen ist Selbstvernichtung! Selbstvernichtung Feigheit!«

Die berühmteste 68er-Parole lautet: »Die Phantasie an die Macht.« Wäre die Phantasie an der Macht, wäre sie keine Phantasie mehr. Es wäre ihr Ende. Wollte man das wirklich? »Wäre das Faktum wahr, – wäre der außerordentliche Fall wirklich eingetreten, dass … der Mensch als Selbstzweck respektiert … und wahre Freiheit zur Grundlage des Staatsgebäudes gemacht werden, so wollte ich auf ewig von den Musen Abschied nehmen«, behauptet Schiller 1793 in einem Brief an den Prinzen von Augustenburg. Man kann getrost davon ausgehen, dass dieser Fall nie eintreten wird und die Kunst uns immer erhalten bleibt. Je höher das Ideal, desto weniger breitet es sich aus auf dem Boden der Wirklichkeit. Was nicht gegen das Ideal spricht, jedoch gegen hochmögende Illusionisten, die Blutbäder anrichten, um die Verwirklichung des Ideals zu erzwingen, wie man nicht nur 1793 in Frankreich erlebt, in dem Jahr, als Schiller diesen Brief schreibt.

Unglückliches Bewusstsein. Manch einer verharrt aber auch gern in einem Zustand, den Hegel als unglückliches Bewusstsein charakterisiert. Dieses Bewusstsein kennt nur zweierlei: Hier die schönen Träume von der guten, wahren Welt, dort die böse Welt, die die guten Träume nicht Wirklichkeit werden lässt. Träumen und Phantasieren kann einen Großteil des Lebens beanspruchen, gepaart mit Verzweiflung und Wut, weil nichts so ist, wie man es sich wünscht.

»Beim Phantasieren geschieht alles sofort – sieht man davon ab, dass gar nichts geschieht«, heißt es bei Winnicott: »In the fantasying, what happens happens immediately, except that it doesn't happen at all.« Im Englischen klingt es vernichtender. Da bleibt nichts mehr übrig, da klingt es nur nach Flucht ins Sinnlose. Laut Freud geht es beim Phantasieren darum, innere Konflikte zu lindern, unerträgliche Ambivalenzen, seelische Verknotungen. Ambivalenzen gibt es immer und überall: Man will sich geborgen wissen und so frei wie möglich zugleich sein; man will sich aufgehoben fühlen, aber auch das Abenteuer nicht missen; man will dies und jenes und noch ganz anderes, obwohl das alles schlecht zusammenpasst oder sich ausschließt. Ein Meer von Unverträglichem wogt im Innern, selten sind nur die Verhältnisse schuld, wenn schwer erträgliche Spannungen aufkommen.

Im Phantasieren sprengt man alle Grenzen, im Surrealen fängt die Realität an zu tanzen. Widersprüche gibt es dort keine mehr, zumindest keine unlösbaren. Was im wirklichen Leben kollidiert, findet dort zur Koexistenz. Götter können sich erlauben, was Menschen nicht vergönnt ist oder nur unter Strafe, und sei es der höchsten, dem Tod. Zeus nimmt sich ständig, wonach ihn gelüstet, Konsequenzen muss er keine fürchten, allenfalls sinnt seine Gattin Hera auf Rache, diese Rache kann aber nie mortal enden. Götter haben Triebe und Gefühle wie wir, trotzdem unterliegen sie keinen Naturgesetzen. Auf dem Olymp hat nichts wirklich Folgen, ganz anders als hier unten in den Niederungen.

Eines zu sein mit Allem, was lebt. 1972 erscheint eine Schrift mit dem Titel »Der Flieger« von Hermann Argelander, der als Psychoanalytiker nicht mehr den klassischen ödipalen Kampf um Abhängigkeit, Macht und Eigenständigkeit umkreist, sondern Charakterzüge in den Blick rückt, die sich in neuerer Zeit immer häufiger beobachten lassen. Es geht um die Sehnsucht nach »ozeanischen Gefühlen«, nach rauschhaften Zuständen und danach, sich mit andern eins zu fühlen, in großer Harmonie, schierer Verschmelzung. Dieser Wunsch existiert seit jeher, er zeigt sich allein in dem alten Menschheitstraum, fliegen zu können, wie losgelöst über der Erde zu schweben.

Argelander glaubt zu beobachten, dass ein solcher Entgrenzungsdrang inzwischen das Seelenleben vieler Menschen prägt und zur regelrechten Gier wird, wie unbewusst auch immer. Während der ödipale Charakter voll innerem Zwiespalt gegen den Vater, das Gesetz, die herrschenden Regeln und Normen kämpft, um sich selbst an deren Stelle zu setzen, will der narzisstische geliebt, umgarnt, bewundert werden. Er sucht keinen Widerstand, er sucht die Umarmung, nicht den Konflikt, sondern Seligkeit. Der Andere darf für ihn kein wirklich Anderer sein, Fremdheit erträgt er schwer, Spannungen hält er kaum aus. Tickt die Welt nicht, wie er will, fühlt er sich unwohl, unglücklich, zu Tode betrübt.

Nach dem Erscheinen von Argelanders Schrift kommt die Rede vom neuen Sozialisationstyp auf, womit niemand anderer gemeint ist als diese Art von Narziss. Er ist das Ergebnis eines gesellschaftlichen Wandels, der sich auszeichnet durch das Schwinden patriarchaler Autorität. Angesagt sind nicht mehr die althergebrachten Mechanismen aus Unterordnung und Widerstand, Gehorsam und Aufbegehren, Dienen und Befehlen, vielmehr geht es darum, sich wohlzufühlen und möglichst wenig Grenzen zu spüren. Im Grunde sehnt Narziss sich nach dem Mutterbauch zurück, wo noch kein Mangel geherrscht hat und es noch keine Trennung gab, von nichts und niemand.

Hyperions Klagen künden stets von der Sehnsucht nach weltumspannender Verschmelzung: »Ich hätte fliegen mögen, … aber es war, als hätt' ich Blei an den Sohlen. … Ich bin jetzt alle Morgen auf den Höhn des Korinthischen Isthmus, und wie die Biene unter Blumen fliegt meine Seele oft hin und her zwischen den Meeren, die zur Rechten und zur Linken meinen glühenden Bergen die Füße kühlen. … Unsere Seelen lebten nun immer freier und schöner zusammen, und alles in und um uns vereinigte sich zu goldenem Frieden. Es schien, als wäre die alte Welt gestorben und eine neue begönne mit uns, so geistig und kräftig und liebend und leicht war alles geworden, und wir und alle Wesen schwebten selig vereint, wie ein Chor von tausend unzertrennlichen Tönen, durch den unendlichen Äther. … Vorn am Rande des Berggipfels standen wir nun und sahn hinaus in den unendlichen Osten. Diotimas Auge öffnete sich weit, und … als begänne sie den Flug in die Wolken, stand sanft empor gestreckt die ganze Gestalt in leichter Majestät und berührte kaum mit den Füßen die Erde. – O unter den Armen hätt' ich sie fassen mögen, wie der Adler seinen Ganymed, und hinfliegen mit ihr über das Meer und seine Inseln.«

Immer wieder ist vom Fliegen die Rede und vom Schweben, von »der großen Vereinigung alles Getrennten«, von göttlichem Frieden. Als Hyperion sich in Smyrna aufhält, erscheint ihm die ganze Gegend »wie eine Braut«. »Ich hatte zu glücklich in mich die Schönheit der Natur erbeutet, um nicht die Lücken des Menschenlebens damit auszufüllen«, ruft er Bellarmin zu.

Die Sehnsucht nach der großen Symbiose besitzt jedoch eine Kehrseite: Narziss kann nicht wirklich Beziehungen eingehen, schließlich hat der Andere in erster Linie Erfüllungsgehilfe der eigenen Glücksphantasien zu sein. Hinter der Sehnsucht nach Seligkeit verbirgt sich die Unfähigkeit, den Andern in seiner Andersheit wahrzunehmen und zu akzeptieren, dass er ein Eigenleben besitzt, das mit dem eigenen nicht ständig übereinstimmt. Werther bringt sich um, weil Lotte sich das Leben anders vorstellt als er. Werther hasst deshalb die ganze Welt. Alle, die nicht sind wie er, sind für ihn Philister, sprich Spießer. In ei-

ner solchen Welt will er nicht leben. Auch Hölderlins Empedokles erträgt es nicht, dass sein Volk nicht seiner Meinung ist. Er
nimmt diesen Affront zum Anlass, sich wieder mit den Elementen zu vereinen, nicht ohne seinem Volk vorher nachzurufen,
dass es schon noch sehen wird, wie recht er immer gehabt hat.

Goethes »Werther« gehört in den 1970er Jahren zur bevorzugten Schullektüre, man stellt ihm »Die neuen Leiden des jungen W.« von Ulrich Plenzdorf zur Seite. Das Leiden an der Welt
befeuert eine Gesellschaftskritik, bei der viel von Gerechtigkeit
und Gleichheit die Rede ist. Ob es tatsächlich um Gerechtigkeit
und Gleichheit geht, steht auf einem anderen Blatt. Narziss
sucht die Gründe für die eigene Malaise ausschließlich im Außen und Draußen, während der ödipale Neurotiker irgendwann an sich selbst zu verzweifeln beginnt und an seinen inneren Konflikten, die niemand ihm abnehmen kann, keine Gesellschaft und kein Gott.

Menschheitserzieher. »Man wird damit anfangen müssen, für die
Verfassung Bürger zu erschaffen, ehe man den Bürgern eine
Verfassung geben kann«, erklärt Schiller 1793 in einem Brief an
den Prinzen von Augustenburg. Nichts anderes beabsichtigt er
mit seiner Abhandlung »Über die ästhetische Erziehung des
Menschen«, die er im selben Jahr verfasst. Schließlich ist die
beste Verfassung Makulatur, solange ein Volk noch gar nicht in
der Lage ist, ihr zu entsprechen. Im 20. Jahrhundert nimmt die
politische Pädagogik in allerlei Formen Gestalt an, im Namen
aller erdenklichen Ziele, von der »totalen Erziehung« im Nationalsozialismus bis zu kommunistischen Umerziehungslagern,
aber auch in demokratischer Absicht, wie jenes Re-Education-
Programm nach 1945 zeigt, das besser bekannt ist unter dem Begriff Entnazifizierung.

Was nützt die schönste Revolution, wenn die Menschen

nicht reif sind für die Freiheit? Was der schönste Kommunismus, wenn im Einzelnen weiterhin egoistische Triebe rumoren? Was die schönste Demokratie, wenn in den Köpfen braune Gedanken herumspuken?

Auch Empedokles will seinem Volk den Weg zur wahren Gemeinschaft weisen. »Wenn ich oft / Auf stiller Bergeshöhe saß und staunend / Der Menschen wechselnd Irrsal übersann, / … // Dann atmete der Äther, … / Mir heilend um die liebeswunde Brust«, lässt Hölderlin ihn sagen, voller Glück, dass wenigstens die Natur ihn trösten kann. In ihr spielt alles organisch ineinander, in der sozialen Welt fällt alles auseinander. Und daran ist kein anderer schuld als der Mensch selbst. Deshalb muss man ihm zeigen, wie er wieder zur Ganzheitlichkeit findet. Empedokles bedauert, sich selbst einst über die Natur gesetzt zu haben, in gleichsam neuzeitlicher Subjektherrlichkeit. Inzwischen weiß er, wie falsch und wie fatal das gewesen ist. Das muss auch sein Volk lernen, dem diese Einsicht noch fehlt.

In Rousseaus »Gesellschaftsvertrag« heißt es: »Wer es wagt, einem Volk eine Verfassung zu geben, muss die menschliche Natur gleichsam ändern; er muss jedes Individuum ändern …, er muss die Beschaffenheit des Menschen ändern.« Warum das Volk eines Erziehers bedarf, erklärt er mit seiner Unfähigkeit, selbst zu wissen, was das wirklich Gute ist: »Wie soll der blinden Menge, die oft nicht weiß, was sie will, zumal sie auch selten weiß, was ihr zum Guten gereicht, von selbst ein so großes und so schwieriges Unterfangen gelingen wie die Gesetzgebung? Zwar will das Volk von sich aus das Gute, doch es sieht das Gute nicht immer.«

Erziehung ist für Rousseau der Schlüssel zur Verschönerung der Welt. Weil Kinder formbar sind, setzt er bei ihnen an, bei Erwachsenen ist Hopfen und Malz verloren. Kinder sind noch unschuldig, diese Unschuld gilt es zu bewahren. Was das gesellschaftliche Ganze betrifft, so heißt es im Vorwort zu »Émile«: »Man kennt sie noch nicht, die Kindheit.« Ebenso könnte Rousseau sagen, man kennt die wahre Natur noch nicht. Auch könnte er sagen, man kennt jene echte Freiheit noch nicht, die in der Befreiung von den Fesseln einer verrotteten Zivilisation besteht, einer Zivilisation, die den Menschen zu einem falschen Leben zwingt und dazu, Masken zu tragen.

Um Kinder gar nicht erst in die Fußstapfen der degenerierten Erwachsenenwelt treten zu lassen, will Rousseau verhindern, dass sie von ihren Eltern erzogen werden. Sie müssen von Erziehern gelenkt werden, die den Unterschied zwischen echter Natur und bloßen sozialen Gepflogenheiten kennen, in jeder Hinsicht, in allen Belangen, in allen Phasen. Im »Émile« führt Rousseau auf fast tausend Seiten vor, wie solche Erzieher den kleinsten Schritt ihrer Zöglinge überwachen, vom Säuglingsalter bis zur ersten Liebe, wo sie darauf zu achten haben, dass die Gefühle nicht in eine falsche Richtung geraten und in die richtige Bahn gelenkt werden. Der Weg zur wahren Natur ist bei Rousseau mit Verbotsschildern gepflastert.

Auch Hölderlin entdeckt das wahre Leben in der Frühzeit der Menschheit, in ihrer Kindheit und Jugend. Seinen Hyperion lässt er hoffen, »daß man werden kann wie die Kinder, daß noch die goldne Zeit der Unschuld wiederkehrt, die Zeit des Friedens und der Freiheit, daß doch Eine Freude ist, Eine Ruhestätte auf Erden!«. Auch bei Hyperion ist so gut wie nie die Rede von den Eltern, sein Tutor ist Adamas, der wie Rousseau die »kultivierte Welt« hinter sich lassen und zurück zur kosmisch-natürlichen will: »Bald führte mein Adamas in die Heroenwelt des Plutarch, bald in das Zauberland der griechischen Götter mich ein, ... bald stieg er auf die Berge mit mir; des Tags, um die Blumen der Heide und des Walds und die wilden Moose des Felsen, des Nachts, um über uns die heiligen Sterne zu schauen.« Eines Tages bricht Adamas gen Osten auf, Indien zu, wo Dionysos herkommt, dorthin, wo unsere Ursprünge sind und noch keine okzidentale Fäulnis alles Leben befallen hat. Hyperion verschmerzt seinen Abschied nur schwer und ruft: »Gib mir meinen Adamas wieder, … daß die alte schöne Welt sich unter uns erneure.« Doch der von Adamas erzogene Hyperion ist selbst schon auf dem besten Weg, Erzieher zu werden. Diotima erklärt ihm: »Du wirst Erzieher unsers Volks, du wirst ein großer Mensch seyn, hoff' ich.«

Als Hauslehrer versagen sowohl Rousseau als auch Hölderlin. Pädagogischen Eros bescheinigt ihnen niemand, im Gegenteil. Hölderlin hält es nirgends lange als Hauslehrer, entweder er geht von allein oder man drängt ihn hinaus. In Waltershausen entlässt man ihn, weil er seinem Zögling das Masturbieren nicht austreiben kann, was ihn in schiere Verzweiflung treibt. Wie Rousseau hat er klare Vorstellungen, was zur wahren Natur gehört und was nicht. Allerdings wollen die beiden ja auch nicht einzelne Kinder erziehen, sondern die ganze Menschheit. Was im Einzelfall misslingt, kann im Großen ganz anders aussehen.

Als Rousseau mit Ende zwanzig eine Hauslehrerstelle in Lyon annimmt, entwirft er als erstes eine Erziehungsschrift. Ihm sind zwei Söhne anvertraut, ihr Vater ist der ältere Bruder des Philosophen Condillac. Wenn seine Zöglinge sich nicht verhalten, wie er verlangt, wird Rousseau schnell rabiat. Kapieren die Kinder nicht, was er ihnen beibringt, bekommt er Wutanfälle. Erziehungsideen hat er viele, Geduld kein bisschen. Spuren die Kinder nicht, würde er sie am liebsten umbringen. Er weiß sich nicht zu helfen, schreit, tobt, fällt aber nach seinen Anfällen auf die Knie und bittet um Entschuldigung. Schmollen die Kinder weiter, weiß er wieder nicht, was tun, und dreht erneut durch. Er beklagt sich bei ihrem Vater, der sich ebenfalls nicht zu helfen weiß, allerdings nicht wegen der Kinder, sondern wegen des Hauslehrers, mit dem man weitaus mehr Sorgen hat als mit ihnen. Dem Patron entgeht auch nicht, dass der junge Mann seine Frau, die Mutter der Kinder, erotisch bedrängt. Als man auch noch entdeckt, dass er Weinflaschen aus dem Keller klaut und eine Geschichte mit einer Elfjährigen am Laufen hat, beendet man die Zusammenarbeit.

Die Prosa des Lebens. Für Hegel ist die Welt in einer Epoche angelangt, wo nicht mehr die Poesie an oberster Stelle steht, sondern die Prosa. Gemeint ist nicht in erster Linie eine literarische Gattung, gemeint ist das Leben selbst. Beides hängt miteinander zusammen, doch zuerst einmal nimmt Hegel die handfeste Wirklichkeit in den Blick. Man lebt in Zeiten, die an keine Wunder mehr glauben und an keine Götter, an keine okkulten Mächte, an kein Schicksal. Man kann nicht mehr so tun, als habe es nie einen Galilei gegeben und nie einen Kopernikus. Selbst wenn man mechanische Erklärungen nicht auf alles und jedes angewandt wissen will, zieht man ihre Nüchternheit Quacksalbereien vor.

Selbstverständlich wirkt sich die Prosa des Lebens auch auf die Kunst aus. Die Gattung des Romans löst das Heldenepos ab, man schwingt sich nicht mehr mit hochtönenden Versen in göttliche Sphären hinauf, die Literatur taucht in den Alltag ein, mit allem Gewöhnlichen, Schwierigen, Verzettelten. Nicht zufällig ist der Roman eine Erfindung der Neuzeit. In ihm entfaltet sich die prosaisch gewordene Welt auf prosaische Weise. Treibt Rousseau oder Diderot das Verlangen, sich nicht philosophisch-politisch auszulassen, sondern literarisch, schreiben sie keine Oden, sondern Romane. Nur dort lässt das Leben sich in seiner Breite einfangen, nur dort kann man sich über alles auslassen, ohne an eine bestimmte Form gebunden zu sein oder an einen bestimmten Stil. Der Roman fängt tausenderlei Fetzen aus der tatsächlichen, heutigen, aus den Fugen geratenen Welt ein.

Anders als die Poesie kann er sich auch alle Zeit der Welt nehmen, sich auf Myriaden von Details stürzen, dies und jenes in den Blick rücken und noch allerlei anderes. Romane leben oft von einer Vielzahl an Orten, Ereignissen und Figuren. Sie müssen keinerlei Botschaft besitzen und niemanden besingen, in erster Linie geht es darum, der Wirklichkeit größtmöglichen Raum zu gewähren; einer Wirklichkeit, zu der natürlich auch jede Art von Phantasie gehört und jede Art von Traum. Romane müssen weder erbaulich sein noch sonst etwas, jeder gehorcht seinen eigenen Gesetzen.

Diderots »Jacques der Fatalist« setzt ein mit den Sätzen: »Wie haben sie sich getroffen? Durch Zufall, wie alle Welt. Wie hießen sie? Was spielt es für eine Rolle? Wo kamen sie her? Gleich von nebenan. Wo gingen sie hin? Wer weiß schon, wohin man geht?« Und »Rameaus Neffe« beginnt: »Ob schönes, ob garstiges Wetter – ich bin's gewohnt, gegen fünf Uhr abends im Palais Royal spazieren zu gehen. Stets allein, in Gedanken versunken, sieht man mich auf der Bank von Argenson. Hier unterhalte ich mich mit mir selbst: über Politik, Liebe, Geschmack oder Philosophie. Ich überlasse meinen Geist seiner ganzen Leichtfertigkeit; er mag der erstbesten Idee, die sich einstellt, sei sie klug oder närrisch, folgen, wie unsre lockeren Jünglinge in der Allée de Foy einer Kurtisane mit kesser Miene, lachendem Gesicht, lockenden Blicken und stupsiger Nase nachsteigen, diese wieder verlassen, um einer andern zu folgen, mit jeder anzubändeln und sich an keine zu binden. Meine Gedanken sind meine Dirnen.« In der Vorrede zu »Julie oder Die neue Héloïse« bemerkt Rousseau, dieser Roman sei nicht für keusche Mädchen geschrieben, die noch nie Romane gelesen haben, bei solchen, die schon verdorben sind, könne er jedoch nichts Schlimmes mehr anrichten.

Romane entfalten Welten, die von keinem metaphysischen oder theologischen Gerüst mehr gestützt werden, selbst dann nicht, wenn der Autor einem religiösen oder weltanschaulichen Glauben anhängt. In Romanen findet alles Platz: Schönes, Schreckliches, Schimärisches, Absurdes, Groteskes. Sie handeln, wie Diderot bemerkt, von unserer Natur, von unserer triebhaften, bedürftigen, unberechenbaren, widerspenstigen, monströsen, gebrechlichen, sterblichen.

Hölderlin dagegen schreibt am 12. November 1798 an Neuffer: »Das Lebendige in der Poësie ist jetzt dasjenige, was am meisten meine Gedanken und Sinne beschäftiget. ... Ich scheue das Gemeine und Gewöhnliche im wirklichen Leben zu sehr.« Mit seinem »Hyperion« legt er einen Roman vor, der wenig mit einem Roman zu tun hat. Eher handelt es sich um einen endlosen elegischen Gesang, den man der Gattung Prosagedicht zuordnen könnte, hätte es diesen Begriff damals schon gegeben. Ursprünglich hatte Hölderlin vor, aus »Hyperion« ein Versepos zu machen. Geblieben ist nur der durchgehend lyrische Ton; ein Ton, der weitgehend gleich bleibt, keine Mehrstimmigkeit kennt und keine Vielfalt. Zwar preist Hölderlin den »Wechsel der Töne« als dichterisches Prinzip, was allerdings im Sinne einer Antiphonie gemeint ist, die aus Klage und Hymnik, Verzweiflung und Überschwang, Niedergeschlagenheit und Hoffnung besteht. Ein Drittes gibt es nicht.

Zwar begegnen wir im »Hyperion« mehreren Figuren, schließlich handelt es sich um einen Briefroman, doch im Grunde spricht nur eine einzige Stimme: die des leidenden Protagonisten, der die Gegenwart schrecklich findet und von schöneren Zeiten träumt. Seine Adressaten schreiben zwar gelegentlich Briefe zurück, doch sie klingen nicht wirklich anders als seine; man erkennt darin vor allem Hyperions eigene, nach außen gekehrte Stimme. Diese Briefe haben nur eine Funktion: Sie spiegeln ihn. Susette Gontard schreibt denn auch an Hölderlin: »Beym Durchlesen fällt mir ein, dass Du Deinen lieben Hyperion auch einen Roman nennst, ich denke mir aber immer dabey ein schönes Gedicht.«

Der entscheidende Unterschied zwischen Hegel und Hölderlin besteht darin, dass der eine glaubt, man könne die Welt nochmals poetisch zum Glühen bringen, während für den andern solche Visionen Illusionen sind. Hölderlin sehnt sich nach Großem und Erhabenem, die Moderne ist ihm zu schal. Es drängt ihn zurück ins »Zauberland der griechischen Götter«, er schwärmt von einer »heiligen Theokratic des Schönen«, in der alles »himmlisch« ist und »unaussprechlich« und »göttlich-schön«.

Für Hegel dagegen müssen wir uns in einem Leben zurechtfinden, das sich durch Interessen kennzeichnet und durch Bedürfnisse, die sich nicht nur gegenseitig widersprechen, sondern oft auch in sich selbst. Wir leben, wie Hegel formuliert, in einer »Welt der Endlichkeit und Veränderlichkeit, der Verflechtung in Relatives und des Drucks der Notwendigkeit, dem sich der Einzelne nicht zu entziehen imstande ist. Denn jedes sich vereinzelte Lebendige bleibt in dem Widerspruche stehen, sich für sich selbst als dieses abgeschlossene Eins zu sein, doch ebenso sehr von anderem abzuhängen, und der Kampf um die Lösung des Widerspruchs kommt nicht über den Versuch und die Fortdauer des steten Krieges hinaus.«

Deutschland im Herbst lautet der Titel eines Films, der 1978 in die Kinos kommt. Er kreist um den Tod von Baader, Ensslin und Raspe und um deren Begräbnis. Der Film besteht aus Beiträgen von Volker Schlöndorff, Alexander Kluge, Rainer Werner Fassbinder und weiteren. In einer von Heinrich Böll konzipierten Episode spielt Schlöndorff einen Theaterregisseur, der Schwierigkeiten bekommt, als er fürs Fernsehen Sophokles' »Antigone« inszenieren will. Man fürchtet, er könnte das Stück politisch instrumentalisieren. Es herrscht ein Klima der Angst, der Einschüchterung, der Bedrohung.

Antigone steht stets fürs Gute, Kreon fürs Böse: hier der schreckliche Staat, dort das Inbild von Moral. Auch wenn der Film, wie Alexander Kluge später betont, diese Sichtweise nicht propagieren will, legt er sie nahe. Solche Sichtweisen entsprechen der üblichen Deutung. In Brechts »Antigone«-Fassung, die man damals in der Schule nicht selten parallel zur sophokleischen liest, ist Kreon nichts als ein Tyrann. Es gibt dort nur Herrschende und Beherrschte, entweder ist man Täter oder Opfer, von Dialektik keine Spur. Antigone kämpft bei Brecht auch nicht für sich selbst und für ihr Recht, den Bruder zu begraben, sie verkörpert den Kampf der Schwachen gegen die Mächtigen. Sie steht fürs Volk, das aufbegehrt.

Alles oder nichts. Für Hegel steht in Sophokles' »Antigone« der Konflikt zwischen schwesterlichen Gefühlen und Staatsräson im Zentrum. Beides besitzt sein gleiches Recht, für beides lassen sich gute Gründe anführen. Die Tragik dieses Konflikts besteht in seiner Unlösbarkeit. Antigones Position steht der von Kreon in fataler Gleichberechtigung gegenüber. Wer sich allein auf Antigones Seite schlägt, stellt jede Art von Recht und Gesetz in Frage, das den Einzelnen vor Willkür schützt und ihm Sicherheit verspricht.

Anders als Hegel fokussiert Hölderlin sich vollkommen auf Antigone. Ihn fasziniert ihre Todesentschlossenheit. Der politische Konflikt tritt bei ihm in den Hintergrund, spielt kaum eine Rolle. In Hölderlins Augen schwebt Antigones Geist in höheren Sphären, das Gezeter um irdisches Recht kümmert Hölderlin kaum. Auch Antigone selbst beruft sich auf Allerhöchstes: auf die Natur, auf Zeus, auf die Himmlischen. Wozu sich um Quisquilien kümmern, wenn es ums Allumfassende geht? Hölderlin spricht in diesem Zusammenhang vom »tragischmäßig Zeitmatten, dessen Objekt dem Herzen doch nicht eigentlich interessant ist«. Was einzig zählt, sind entfesselte Gefühle und die Sehnsucht nach dem Heilen und Ewigen.

Hölderlin begeistert an Antigone, dass sie stolz in den Tod gehen will, falls man ihrer Forderung nicht nachgibt. Alles oder nichts. In seinen »Anmerkungen zur Antigonä« ist vom »heiligen Wahnsinn«, von »heroischer Virtuosität«, »antiquer Originalnatur« und einem »unmittelbaren Gott« die Rede, von dem es heißt, er sei »ganz Eines mit dem Menschen«. »Die Darstellung des Tragischen beruht vorzüglich darauf, daß das Ungeheure, wie der Gott und Mensch sich paart, und grenzenlos die Naturmacht und des Menschen Innerstes im Zorn Eins wird, dadurch sich begreift, daß das grenzenlose Eineswerden durch grenzenloses Scheiden sich reiniget.«

Man kann lange brüten über solchen Sätzen, am Ende läuft alles wieder aufs Ur-Eine hinaus: Scheidung, Einheit, Paarung, Grenzenlosigkeit. Zuweilen gewinnt man den Eindruck, Hölderlin drücke sich so kompliziert aus, um die Schlichtheit seiner Gedanken zu verbergen. Schließlich geht es immer nur um die Einheit von göttlicher Sphäre und menschlicher, ums All-Eine und Vereinigung. Das Tragische besteht für Hölderlin nicht im unlösbaren Konflikt zwischen Antigone und Kreon, es ereignet sich bereits in dem Augenblick, wo wir aus der allernährenden Natur hinausgeschleudert werden und es vorbei ist mit dem unendlichen Einheitsgefühl. Mit Tragik im antiken Sinn hat das nichts zu tun. Wo Hölderlin ansetzt, spielen ethische und politische Fragen überhaupt keine Rolle mehr, so wenig wie bei Heidegger, wenn es um die Seinsfrage geht. Stets geht es ums kosmische Aufgehobensein, nie um die prosaische Abwägung zwischen Werten und Gütern. Tragik bedeutet für Hölderlin Götterferne, nichts anderes.

Was ihn nicht interessiert, ist der greifbare Konflikt. Mit Freud könnte man sagen: Hölderlins ganzes Sinnen verharrt in einem narzisstischen Kokon, der von den ödipalen Kämpfen um Recht und Gesetz, Widerstand und Revolte, Unterordnung und Herrschaft nichts wissen will oder, richtiger gesagt, noch gar nichts weiß. Hölderlin weint der verlorenen Einheit nach, über die Prosa des Lebens setzt er sich hinweg, mit ihren konkreten Kollisionen und Ambivalenzen. Auf den Wust der Wirklichkeit lässt er sich gar nicht erst ein.

Für Aristoteles bedeutet Tragik, dass man sich zur Wahl gezwungen sieht zwischen zwei Möglichkeiten, die beide gleich fatal sind. Für Hölderlin ist Tragik ein Lebensgefühl, das wenig mit handfester Verstrickung zu tun hat. Sein Empedokles befindet sich nicht in ausweglose Lage, er sieht sich zu keiner Entscheidung zwischen schrecklichen Alternativen gedrängt. Ihn schmerzt das Gefühl, dass nicht alle empfinden wie er. Es handelt sich um ein narzisstisches Luxusproblem, das sich einen gewichtigen politischen Anstrich gibt. Tragisch ist für ihn, dass sein Volk ihm nicht zu Willen ist, obwohl er für sein Volk doch nur das Beste will. Man kennt solche Argumente von Eltern. Und von der Phalanx autoritärer Weltverbesserer.

Empedokles' Maßstab ist allein er selbst, was einzig zählt, sind seine Gedanken, seine Visionen, seine Gefühle. Zwischen Werther und ihm besteht kein grundlegender Unterschied. Aus depressiver Wut treten beide ab. Ein Abschied voller Vorwürfe, voller Rechthaberei, voller Rachsucht. Die Welt wollte sie nicht verstehen, nun zahlen sie es ihr heim. Immer soll man sich an sie erinnern, mit schlechtem Gewissen. Vom Rand des Ätna herab lässt Hölderlin seinen Empedokles wie einen Gott sprechen: »Am Scheidetage weissagt unser Geist, / Und Wahres reden, die nicht wiederkehren.« Man könnte es prophetisierendes Nachtreten nennen.

Bezeichnend für Hölderlins Flucht vor greifbaren Konflikten ist eine Bemerkung, die sich in den »Anmerkungen zum Oedipus« findet. Er behauptet dort, die Tragik des Ödipus bestehe nicht darin, dass er den Weissagungen des Orakels mit allen Mitteln zu entkommen sucht, vielmehr bestehe sie darin, dass er in einem »närrischwilden Nachsuchen nach einem Bewußtsein« befangen ist, in einem »geisteskranken Fragen«. Das bedeutet, er hätte nicht eigenmächtig einen Prozess einberufen dürfen, um die Ursachen für das Unglück zutage zu fördern, das über Theben hereingebrochen ist. Was Hölderlin Ödipus vorwirft, ist – modern gesprochen – subjektive Selbstermächtigung.

Als zentrale Gestalt fungiert in Hölderlins Augen der blinde Seher Teiresias. Er charakterisiert ihn als »Aufseher über die Naturmacht, die tragisch den Menschen seiner Lebenssphäre … in eine andere Welt entrückt und in die exzentrische Sphäre der Toten reißt«. Warum, fragt man sich, ist Teiresias die Hauptgestalt im »Ödipus«? Er ist die Hauptgestalt, weil Hölderlin sich nur fürs Übermächtige interessiert: für die Naturmacht. Von Ödipus behauptet er, er habe die Sphäre des Göttlichen von Grund auf verlassen, was wiederum die Ursache dafür ist, dass so vieles schiefläuft. Ödipus ist plötzlich eine neuzeitliche Gestalt, die ihr Ego, ihren eigenen Kopf, ihren eigenen Willen wichtiger nimmt als den Kosmos. Hölderlin spricht von *nefas*: von Frevel, Ruchlosigkeit, Gottlosigkeit. Die Ursachen allen Übels liegen wieder einmal unendlich viel tiefer, als man meinen könnte. Den Anfang alles Unguten bildet erneut das Heraustreten aus einem Naturzusammenhang, der uns zwar Bewusstsein schenkt, damit aber auch alle Arten von Unglück in die Welt bringt.

In einer kurzen philosophischen Reflexion mit dem Titel »Urteil und Sein« führt Hölderlin den Begriff des Urteils auf den Akt einer Ur-Teilung zurück, bei der etwas auseinandergerissen wird, das ursprünglich zusammengehört. Das Ur-Teilen spaltet ein ureines Ganzes und lässt nur Stücke zurück. Hölderlin spricht von einer Verletzung, die einsetzt, wo ein Ich zu sich Ich sagt und sich aufspaltet in ein denkendes Subjekt und in ein gedachtes Objekt. Die Einheit dieser beiden Ichs besteht für Hölderlin jedoch nicht in einer Ich-Identität, die Subjekt wie Objekt umfasst, sondern in einem absoluten Sein, zu dem kein Bewusstsein vordringen oder, richtiger gesagt, zurückdringen kann. Salopp gesprochen handelt es sich um die Ursuppe, aus der wir alle kommen, um eine Welt, die nur ein unendliches Eins-Sein kennt und der nichts fremder ist als Ambivalenz. Erneut gelangt man beim mütterlichen Magma an, in einem Zustand embryonaler Rundumversorgung, in einer Höhle, die keinen Mangel kennt und nichts von Trennungen weiß.

Hysterie. Hölderlins »Empedokles« besitzt keinen wirklichen Konflikt, zumindest nicht im strengen Sinn. Es geht dort nicht dramatisch zu, von Spannung kann keine Rede sein. Es handelt sich um ein langes Gedicht, aufgeteilt auf mehrere Stimmen. Empedokles fühlt sich unverstanden von seinem Volk, es ist noch nicht reif für die Verwirklichung seiner Utopie. Das macht ihn unglücklich.

Wo aber ist das Problem? Soll er halt unglücklich sein, wenn sein Volk nicht will. Vielleicht hat das Volk sogar gute Gründe, nicht seinen Visionen zu folgen. Leute wie Rousseau und Robespierre halten vom Willen des Volkes auch nicht allzu viel, obwohl sie beflissen den Willen des Volkes im Mund führen.

Sie gehen davon aus, dass das Volk nicht wirklich weiß, was das Beste für es ist. Immerhin bekehrt Empedokles sein Volk nicht mit Gewalt, er stürzt sich in den Ätna. Wir haben es mit einer beleidigten Leberwurst zu tun. Robespierre hätte zu andern Mitteln gegriffen.

In George Steiners 1961 erschienener Schrift »The Death of Tragedy« spielt Hölderlin kaum eine Rolle. Steiner erwähnt ein paar Mal seinen »Empedokles«, von dem er sagt, er weise auf eine Zeit zurück, die vor den Tragödiendichtern Aischylos, Sophokles und Euripides liegt. Das bedeutet, dass ihm alles wahrhaft Dramatische fehlt. Steiner glaubt bei deutschen Romantikern einen exaltierten Ton zu entdecken, der zum Hysterischen tendiert. Immer muss bei ihnen alles glühen und fiebern, auch wenn keine echten Konflikte in Sicht sind.

In Steiners Augen steckt die Tragödie als literarische Gattung schon lange in der Krise, genau genommen gibt es sie längst nicht mehr. Das belegen nicht zuletzt Hölderlins vergebliche Versuche, ein »Empedokles«-Drama zu schreiben. Allerdings setzt das Ende der Tragödie bereits mit dem Aufkommen des Christentums ein. Wo es Erlösung gibt, ist der Tragödie ihr Stachel genommen. Was bleibt, sind Mischformen: Das Tragische geht ins Komische über, das Komische ins Tragische, man sieht es am allerbesten bei Shakespeare. Bei Lessing und Schiller begegnen wir dem bürgerlichen Trauerspiel. Damit hat Hölderlin nichts zu tun, für seine Ansprüche geht es dort zu banal zu. Schwer vorstellbar, dass es bei Hölderlin zum Geschrei zwischen Tochter und Vater kommt, weil der Vater nicht will, dass sie einen Adligen heiratet, zumal auch dessen Vater nicht will, dass sein Sohn eine Bürgerliche zur Frau nimmt, wie man es nicht nur aus »Kabale und Liebe« kennt.

Solche Probleme sind Hölderlin viel zu klein. Dabei kämpft er selbst mit einem solchen Problem, schließlich zahlt ihm seine Mutter das Erbe nicht aus, solange er nicht Pfarrer wird und nicht heiratet. Für nichts anderes hat sie gespart, nur deshalb durfte er auf die Lateinschule und ins Stift. Hölderlins Geschichte ist eine Mutter-Sohn-Tragödie, im bürgerlichen Sinn. In solche Niederungen steigt Hölderlin als Dichter aber nicht hinab. Schlimm genug, dass man sich damit in der Wirklichkeit herumschlagen muss, die Kunst soll sich in pindarischen Sphären bewegen. Gemessen an der Wiederkehr der Götter handelt es sich um Lappalien. Man ergeht sich nicht in hohen Tönen, um über Geldsorgen zu klagen und über Mütter, die nicht sterben wollen. Im »Hyperion« heißt es: »Knäblein, die man von der Mutterbrust gerissen und in die Wüste geworfen, hat einst, so sagt man, eine Wölfin gesäugt. Mein Herz ist nicht so glücklich.«

Auch Peter Szondi diagnostiziert in den 1960er Jahren das längst eingetretene Ende der Tragödie, allerdings anders als Steiner. In seinen Augen haben philosophische Tragödientheorien das antike Drama ersetzt. Siehe Hegel. Man reflektiert übers Tragische, verfasst aber keine Tragödien mehr, zumindest keine richtigen. Hölderlin gibt das beste Beispiel ab. Statt Dramen zu schreiben, entwickelt er eine Geschichtsphilosophie, die erklärt, warum die Welt noch herrlich war, als es Götter gab. Tragisch ist, dass es diese Welt nicht mehr gibt.

Natur. Gewöhnlich denken wir beim Blick auf Berge, Wälder und Felder: Das ist Natur. Manch einer denkt: Gott hat das alles gemacht. Andere glauben das nicht. Sie glauben an Naturgesetze, die es auch ohne Gott gibt. Rousseau glaubt, die Natur sei das Ursprüngliche, Echte, Gesunde. Darwin lebt noch nicht, von Fressen und Gefressenwerden ist noch keine Rede. Redet Novalis von Natur, denkt er bei allem Poetischen auch an Geologie, Bergbau und Physik. Natur ist für den Sänger der Blauen

Blume immer auch Gegenstand des Rechnens und Messens, man darf nur nicht vergessen, um alles einen poetischen Mantel zu schlagen. Reden Hegel und Schelling von der Natur, kommt sofort der Geist ins Spiel. »Das System der Natur ist zugleich das System unsers Geistes«, heißt es bei Schelling. Natur ist zuerst einmal, was wir uns unter ihr vorstellen, was wir als Natur definieren, was wir ihr an Gesetzen unterlegen, was wir ihr an Sinn andichten. Als Hegel von Goethe ein Römerglas geschenkt bekommt, bedankt er sich mit der Bemerkung, der Wein sei schon immer »eine mächtige Stütze der Naturphilosophie gewesen, als welche zu zeigen bemüht ist, dass Geist in der Natur ist«.

Besingt Hölderlin die Natur, begegnen wir den Worten göttlichschön, heilig, allbelebend. Vom Mutterbusen ist die Rede, vom Schoß der Natur, von ihrem »ewigvollen Becher«. Gelegentlich zürnt die Natur zwar auch, schließlich muss Zeus hin und wieder donnern, meist ist sie aber freundlich und »frohvollendet«. Leider muss Hölderlin feststellen: »Wir sind zerfallen mit der Natur, und was einst ... Eins war, widerstreitet sich jetzt.« Diesen Zustand gilt es rückgängig zu machen. Hölderlin will sich wieder vollkommen in sie eingebettet fühlen.

Allerdings kommt es auch vor, dass Hölderlin die Natur widerstrebt. Als Hauslehrer in Waltershausen kommt er nicht damit zurecht, dass sein Zögling onaniert. Er will es ihm austreiben, mit allen Mitteln. Die Sache lässt ihm keine Ruhe, Tag und Nacht nicht, er verfolgt seinen Buben regelrecht, späht ihm nach, lauert ihm auf. Hölderlin steigert sich so sehr in die Sache hinein, dass man im Hause Kalb beschließt, ihn zu entlassen. Noch ein knappes Jahr zuvor schrieb er an Schiller, der ihm diese Hauslehrerstelle vermittelt hat: »Meinen Zögling zum *Menschen* zu bilden, das war und ist mein Zweck. ... Im schuldlosen Naturstande konnt' er jetzt schon nimmer sein, und war auch nimmer drin. Das Kind konnte nicht so gehütet werden, daß aller Einfluß der Gesellschaft auf seine erwachenden Kräfte abgeschnitten worden wäre.« Dennoch will er Rousseaus pädagogische Grundsätze beherzigen, so gut es geht. Wie sehr er Rousseaus Überzeugung teilt, dass Kinder ihre wahre Natur nur fern der Gesellschaft entfalten können, belegt ein Brief, den er nach seinem unfreiwilligen Weggang aus Waltershausen an Johann Gottfried Ebel schreibt. »Grausam fehlgeschlagene Bemühungen hätten mich vielleicht bestimmt, mich mit Erziehung nimmer so leicht zu beschäftigen«, heißt es dort, »wenn ich nicht glaubte, … daß in unserer jetzigen Welt die Privaterziehung noch beinahe das einzige Asyl wäre, wohin man sich flüchten könnte mit seinen Wünschen und Bemühungen für die Bildung des Menschen.«

Warum man sich veranlasst sah, ihn zu entlassen, erklärt Hölderlin, als er wieder einmal vor dem Nichts steht, seiner Mutter in einem Brief: »Ich war aus guten Gründen nie ganz offenherzig gegen Sie über mein bisheriges Verhältnis. Ich dachte, die Schwierigkeiten und innigen Leiden, die ich in ungewöhnlichem Grade auf meiner Laufbahn traf, durch beharrliche und zweckmäßige Bemühung zu überwinden, und vermutete nicht, daß endlich der Schritt nötig sein werde, bei welchem ich nicht wohl vermeiden kann, manches, worüber ich bisher schwieg, gegen Sie zu äußern, weil ich Ihnen von meiner getroffenen Veränderung Rechenschaft geben muß. Daß mein Zögling bei einer mittelmäßigen Naturanlage noch im höchsten Grade unwissend war, als ich seine Bildung begann, war freilich nicht angenehm, doch eben kein Grund, seine Bildung nicht allen Ernstes vorzunehmen, und ich tat dies, wie Gott mein Zeuge ist, wie auch seine Eltern es erkennen, mit aller Gewissenhaftigkeit, nach meiner besten Einsicht. Daß aber eine gänzliche Unempfindlichkeit für alle vernünftige Lehre, womit ich auf seine ver-

wilderte Natur wirken wollte, in ihm war, daß hier weder ein
ernstes Wort Achtung, noch ein freundliches Anhänglichkeit
ans Gute hervorbrachte, war für mich freilich eine bittere Entdeckung. Ich suchte die Ursache dieser beinahe fortdauernden
Verstocktheit in der Prügelmethode, welche vor meiner Ankunft allem nach bis zum höchsten Exzeß gegen ihn ausgeübt
wurde. Oft schien es, als hätt' ich ihn aus seinem Schlafe ge-
weckt, er war offen, verständig, und es schien keine Spur seiner
Roheit mehr an ihm zu sein, und in seinen Kenntnissen machte er an solchen Tagen unbegreiflich schnelle Schritte. Ich wurde vergöttert, als hätt' ich Wunder getan an dem Kinde ... Das
machte mich froh, u. mutig. Aber eben so schnell und unver-
mutet fiel er auch wieder in die höchste Stumpfheit und Träg-
heit zurück. Sein Vater hatte mich, freilich mit zu großer Scho-
nung gegen mich, auf ein Laster aufmerksam gemacht, wovon
zuweilen Spuren an dem Kinde bemerkt worden waren. Der
Zustand seines Gemüts und Geistes machte mich endlich noch
aufmerksamer, und ich entdeckte leider! zum Teil auch durch
sein Geständnis, mehr als ich fürchtete. Ich kann mich unmöglich deutlicher gegen Sie erklären. Ich ließ ihn keinen Augenblick beinahe von der Seite, bewachte ihn Tag und Nacht aufs
ängstlichste, sein Körper wie seine Seele schien sich zu erholen,
u. ich hoffte wieder. Aber er wußte am Ende meiner Aufmerk-
samkeit doch zu entgehen, und seine Verstocktheit, die Folge
jenes Lasters, stieg besonders zu Ende des Sommers zu einem
Grade, der mir beinahe auch meine Gesundheit, alle Heiterkeit,
und so auch meinen Geisteskräften ihre gehörige Tätigkeit
raubte. Ich bot allen Mitteln auf, um zu helfen, umsonst! Ich erklärte mehreremale offenherzig meinen Gram über alle fehlgeschlagene Maßregeln, bat um Rat, um Unterstützung, man trö-
stete mich und bat mich, auszuharren, so lange mirs möglich
wäre. ... Durch unsägliche Mühen, fast beständiges Nacht-

wachen und die dringendsten Bitten und Ermahnungen und durch gerechte Strenge gelang mirs, auf einige Zeit das Übel seltner zu machen, und so waren die Fortschritte in der moralischen und wissenschaftlichen Bildung wieder recht schön. Aber es hielt nicht lange, die ganze Unmöglichkeit, auf das Kind reell zu wirken und ihm zu helfen, griff meine Gesundheit und mein Gemüt auf das härteste an. Das ängstliche Wachen bei Nacht zerstörte meinen Kopf, und machte mich für mein Tagwerk beinahe unfähig. Inzwischen kam die Majorin. Das edle Weib litt sehr viel über ihr Kind, auch über mich. … Auch der Major suchte mich und sich zu trösten u. schrieb, ich möchte eben ausharren, so lang ich könnte. Wir reisten nach Weimar ab, und da dort das Übel mit jedem Tage bei dem Kinde trotz der Bemühungen der Ärzte und meiner fortdauernden Anstrengung zu-, meine Gesundheit, mein Mut, meine Heiterkeit mit jedem Tage abnahm, wie es notwendig war, erklärte mir die Majorin, daß sie mich nun nicht länger könne leiden sehn, sie wollte nicht, daß ich ohne Nutzen zu Grunde ginge.«

Hälfte des Lebens. Auf seiner Hochzeitsreise schreibt Schelling im Sommer 1803 aus Cannstatt an Hegel: »Der traurigste Anblick, den ich während meines hiesigen Aufenthalts gehabt habe, war der von Hölderlin. Seit einer Reise nach Frankreich, … woher er sogleich wieder zurückkehrte, da man Forderungen an ihn gemacht zu haben scheint, die er zu erfüllen teils unfähig war, teils mit seiner Empfindlichkeit nicht vereinen konnte, ist er am Geist ganz zerrüttet. … Sein Anblick war für mich erschütternd: er vernachlässigt sein Äußeres bis zum Ekelhaften … – Hier zu Lande ist keine Hoffnung ihn herzustellen.«
Bertaux' bis heute nachgebetete These lautet, Hölderlin habe seinen Wahnsinn nur gespielt, aus politischen Gründen. Doch warum sollte Hölderlin sogar Schelling ein solches Theater vor-

spielen, bereits ein Jahr vor dem subversiven Zusammentreffen in Stuttgart, an dem er vermutlich gar nicht teilgenommen hat? Warum sollte er die Zerrüttung, von der Schelling spricht, durchgehalten haben bis zu seinem Tod? Solche Einwände spielen bei Bertaux kaum eine Rolle und auch nicht bei seinen Nachbetern. Bertaux' Version kommt politisch derart gelegen, dass man die Dinge nicht anders sehen will.

Dabei kommt Hölderlin aus Bordeaux vollkommen derangiert zurück. Die Nachricht von Susettes Tod gibt ihm den Rest. Vielleicht hat er bereits in Bordeaux von ihrem Tod gehört und ist deshalb zurückgekommen, oder er erfährt davon erst aus einem Brief, den Sinclair ihm aus Homburg schreibt. Nun gibt es nichts mehr, was ihn aufrichten kann. Schon seit Jahren klagt er über seine unsichere Stellung in der Welt, über die Schwierigkeit, als Dichter zu leben, über die Schmach, dass man ihn sogar als Hauslehrer für unfähig hält. Immer wieder wird er entlassen oder er macht sich selbst rechtzeitig davon. In Waltershausen hat man ihm »grenzenlose Empfindlichkeit« bescheinigt und »Verworrenheit des Verstands«. Die unglückliche Geschichte mit Susette liegt damals noch vor ihm; bis er verstört aus Bordeaux zurückkehrt, sind es noch sieben Jahre hin.

Als Hölderlin Waltershausen verlassen muss, ist der fünf Jahre jüngere Schelling bereits Professor in Jena. Eine Zeitlang würde auch Hölderlin gern in Jena sein, dort sitzen fast alle großen Geister, eng auf eng, von Fichte über Schiller bis zu den Brüdern Schlegel, nicht zu vergessen Novalis; auch der frühere Stiftler Niethammer, mit dem er in Briefverkehr steht, hat dort inzwischen eine Professur. Als Hölderlin im Sommer 1795 in Jena Vorlesungen von Fichte hört, schreibt er euphorische Briefe an die Freunde. Voller Stolz berichtet er von Begegnungen mit Schiller und Goethe. Wunderbare Leute! Eine herrliche Welt! Doch bald schon verlässt er Jena, fluchtartig. Niemand scheint ihm dort das Gefühl zu geben, dass man ihn braucht. Es folgt das Glück mit Susette und das noch viel größere, alles überschattende Unglück durch die Trennung.

Im Sommer 1799 schreibt Hölderlin an seine Mutter: »Ich habe Ihnen eine angenehme Nachricht zu sagen. Ich habe mit Antiquar Steinkopf in Stutgard, den Akkord getroffen, ein Journal herauszugeben, wozu er der Verleger sein will. Monatlich wird ein Stück geliefert werden, die Aufsätze werden größtenteils von mir sein, die übrigen von Schriftstellern, denen zur Seite zu stehen, ich mir zur Ehre rechnen werde. Mein eignes Einkommen mag sich dabei auf 500 fl jährlich belaufen und so wäre vom nächsten Jahr an auf einige Zeit meine Existenz auf eine honette Art gesichert.« Zwei Wochen zuvor heißt es in einem Brief an Neuffer: »Das Journal wird wenigstens zur Hälfte wirkliche ausübende Poësie enthalten, die übrigen Aufsätze werden in die Geschichte und Beurteilung der Kunst einschlagen. Die ersten Stücke werden von mir enthalten ein Trauerspiel, den Tod des Empedokles, mit dem ich, bis auf den letzten Akt fertig bin, und Gedichte, lyrische und elegische.«

Aus der poetischen Zeitschrift wird nichts, leben könnte Hölderlin davon ohnehin nicht. Welche Verwendung hat man für einen wie ihn in der Welt? Eigentlich keine. Das wird ihm von Tag zu Tag bewusster. Schon 1798 bekennt er Neuffer: »Ach! die Welt hat meinen Geist von früher Jugend an in sich zurückgescheucht, und daran leid' ich noch immer. Es gibt zwar ein Hospital, wohin sich jeder auf meine Art verunglückte Poët mit Ehren flüchten kann – die Philosophie. Aber ich kann von meiner ersten Liebe, von den Hoffnungen meiner Jugend nicht lassen, und ich will lieber verdienstlos untergehen, als mich trennen von der süßen Heimat der Musen, aus der mich bloß der Zufall verschlagen hat.«

Philosoph will er nicht werden, ganz unabhängig von der

Frage, ob man ihm je eine Stelle anbieten würde. Er will einzig und allein Dichter sein, wohl wissend, dass das alles andere als einfach ist. Im Gegensatz zu den höchst produktiven Stiftsfreunden Hegel und Schelling hat er nie eine Abhandlung vorgelegt, es ist immer bei fragmentarischen, manchmal bloß halbseitigen Versuchen geblieben, die um poetologisch-philosophische Grundfragen kreisen. Stets geht es um Vereinigung und Verschmelzung, um die Überwindung der Subjekt-Objekt-Trennung, ums Zurück in einen Zustand vor der Ur-Teilung. Viel konkreter wird Hölderlin selten, sofort richtet sein Blick sich aufs Allumfassende.

An seine Schwester schreibt er im Dezember 1800: »Ich habe in mir ein so tiefes dringendes Bedürfniß nach Ruhe und Stille – mehr als Du mir ansehn kannst, und ansehn sollst. … Ich kann den Gedanken nicht ertragen, daß auch ich, wie mancher andere, in der kritischen Lebenszeit, wo um unser Inneres her, mehr noch als in der Jugend, eine betäubende Unruhe sich häuft, daß ich, um auszukommen, so … allzunüchtern … werden soll.« Seit Jahren schwankt er zwischen hochfahrenden Plänen und Erschöpfungszuständen. Sie verdanken sich keiner Arbeitsüberlastung, sondern purer Bodenlosigkeit. Heute würde man von bipolarer Störung sprechen: manisches Auf, depressives Ab. Zeitgenossen berichten von cholerischen Anfällen, und auf der anderen Seite von Schwermut.

Ein Jahr nach seiner Rückkehr aus Bordeaux eilt er in zerrüttetem Zustand zu Fuß von Nürtingen nach Cannstatt, um Schelling zu treffen, der auf Hochzeitsreise ist. Hölderlin hofft, dass der zu akademischen Ehren gekommene Freund sich für die Veröffentlichung seiner Sophokles-Übertragung einsetzt. Schelling hält sich bedeckt. Nach dieser Begegnung schreibt Schelling an Hegel, Hölderlin vernachlässige sein Äußeres bis zum Ekelhaften. Was Sophokles angeht, kann Schelling sich nicht die Bemerkung verkneifen, Hölderlins Griechischkenntnisse seien nicht gerade genial. Schelling scheint ihn für ein Nervenbündel zu halten, das auf ganzer Linie versagt.

Hölderlin steht vor dem Nichts. Grund genug, verrückt zu werden, auch in einem nicht psychotischen Sinn. Er befindet sich in Auflösungszuständen, blickt in Abgründe. Die einzige Rettung: die Wiederkehr der Götter. An dieses Phantom klammert er sich. Kein Wunder, dass Hegel und Schelling ihm nicht mehr folgen wollen und sich mehr Realitätssinn wünschten. Man kann das als konservative Wende ehemaliger Jakobiner abtun, abwegig ist es nicht. Anders als Hegel will Hölderlin sich jedoch nicht mit der Prosa des Lebens abgeben. Tod oder Leben, Eros oder Thanatos, Vollglück oder Vergeblichkeit, dazwischen gibt es nichts. »Viele sind gestorben / Feldherrn in alter Zeit / Und schöne Frauen und Dichter / Und in neuer / Der Männer viel / Ich aber bin allein«, heißt es in dem Hymnenfragment »Die Titanen«. Trotziger Stolz lässt Hölderlin auf herrlichere Zeiten hoffen, in denen es wieder Helden gibt und Götter und alles Leben in dionysischer Vereinigung erbebt.

Das ist die eine Seite, die andere sieht ganz anders aus. In einem Brief an die Schwester spricht der dreißigjährige Hölderlin von »der kritischen Lebenszeit, wo um unser Inneres her, mehr noch als in der Jugend, eine betäubende Unruhe sich häuft«. Unwillkürlich denkt man an das Gedicht »Hälfte des Lebens«. Auch wenn man Werk und Biographie nicht gleichschalten kann, lassen Parallelen sich schwer übersehen. Die erste Hälfte des Lebens ist mehr oder weniger vorbei, geschehen ist noch nicht viel, zumindest nicht im Vergleich mit seinen Freunden, die man inzwischen nicht mehr wirklich Freunde nennen kann. Hölderlin schlägt sich nach wie vor als Hauslehrer durch, an keiner Stelle hält es ihn lang oder er wird hinausgedrängt. Auch die beiden andern haben sich als Hauslehrer verdingt, in dieser Zeit aber erste philosophische Schriften vorgelegt und sich damit den Weg zur Karriere gebahnt. Bei ihnen geht es seit Jahren aufwärts, bei Hölderlin stagniert alles. Schlimmer noch, jede Zukunft scheint verbaut.

»Weh mir, wo nehm' ich, wenn / Es Winter ist, die Blumen, und wo / Den Sonnenschein, / Und Schatten der Erde? / Die Mauern stehn / Sprachlos und kalt, im Winde / Klirren die Fahnen.« Es handelt sich um mehr als nur eine Dante-Anspielung: »Nel mezzo del cammin di nostra vita« – in der Mitte unseres Lebens fand ich mich in einem finstern Wald. Hölderlins erste Strophe feiert die sommerliche Fülle, die zweite malt eine Welt, die kalt ist und kahl. Dazwischen nichts, keine Übergänge, keine lauwarmen Zonen, nichts Gesprenkeltes, kein Clairobscur.

Außer dem »Hyperion« sind von Hölderlin nur wenige Gedichte erschienen, verstreut in Almanachen, und er hat sich vergeblich an Übersetzungen versucht. Mehr vorzuweisen hat er nicht. Die Briefe an die Mutter bestehen vor allem aus Rechtfertigungen und der Bitte um Geld. Im Januar 1799 schreibt er an sie: »Ich habe die Hälfte meiner Jugend in Leiden und Irren verloren.« Anders als im Gedicht kann von keinem Sommer die Rede sein, der dem Winter vorausgegangen ist. Im »Hyperion« lesen wir: »Wie war denn ich? war ich nicht wie ein zerrissen Saitenspiel? Ein wenig tönt' ich noch, aber es waren Todestöne.« Gleich auf den ersten Seiten heißt es: »Mein Geschäft auf Erden ist aus. Ich bin voll Willens an die Arbeit gegangen, habe geblutet darüber und die Welt um keinen Pfenning reicher gemacht. Ruhmlos und einsam kehr' ich zurück ..., mich erwartet vielleicht das Messer des Jägers, der uns Griechen, wie das Wild des Waldes, sich zur Lust hält.« Im Preisen des Göttlichschönen ist stets eine Todessehnsucht vernehmbar. »Verloren in's weite Blau, blick' ich oft hinauf an den Äther und hinein in's heilige

Meer, und mir ist, als öffnet' ein verwandter Geist mir die Arme, als löste der Schmerz der Einsamkeit sich auf in's Leben der Gottheit. Eines zu sein mit Allem, das ist Leben der Gottheit, das ist der Himmel des Menschen.«

Empedokles lässt grüßen, und noch ein anderer Grieche. »Wir saßen einst zusammen auf unsrem Berge«, heißt es im »Hyperion«, »auf einem Steine der alten Stadt dieser Insel und sprachen davon, wie hier der Löwe Demosthenes sein Ende gefunden, wie er hier mit heiligem selbsterwähltem Tode aus den Macedonischen Ketten und Dolchen sich zur Freiheit geholfen.« Gelingt das Leben nicht, bleibt nur der Tod, am besten ein rauschhafter, der einen wieder mit den Elementen vereint. Die Selbstauslöschung bringt zurück, was einem das Leben versagt. Kleist und Henriette Vogel, Tristan und Isolde: die endgültige Symbiose. »Ich will zugrunde gehn. // Zugrund – das heißt zum Meer«, heißt es anderthalb Jahrhunderte später bei Ingeborg Bachmann.

Briefe an die Mutter. Immer wieder die Mutter und das schlechte Gewissen. In seinen früheren Briefen betont der Sohn, wie fleißig er ist und dass er sich keinen gottlosen Lehren wie dem Spinozismus hingibt. Jeder Satz riecht nach Rechtfertigung. Seit er seine Tage im Turm bei Familie Zimmer verbringt, verschanzt er sich hinter steifen Höflichkeitsformeln. Seine Briefe an die Mutter bestehen nur noch aus wenigen Sätzen, die alle nahezu gleich klingen: spärliche Variationen ohne ein Thema. Er schreibt ihr regelmäßig, ohne etwas zu sagen, oder richtiger gesagt, er schreibt ihr, um mitzuteilen, dass es nichts mehr zu sagen gibt. Man fragt sich, warum er ihr überhaupt noch schreibt. Mit den Jahren wird deutlicher, dass ihn die Familie Zimmer drängt, was er manchmal gleich im ersten Satz betont. Dann folgt in aller Regel bloß noch ein floskelhafter Gruß, der von schierer Gefühlsstarre zeugt. Hölderlin trägt eine Maske, die einen frieren lässt.

Einer der längsten Briefe lautet: »Verehrungswürdigste Frau Mutter! Ich mache mir ein Vergnügen daraus, Ihre gütige Erlaubnis zu benutzen, und das Briefschreiben an Sie so ferne fortzusetzen. Wenn Sie sich wohlbefinden, freuet es mich erstaunlich. Ich werde aber wieder schnell abbrechen müssen. Ich muß es bei dem Bewenden lassen, Ihnen von meinem Wohlbefinden Nachricht gegeben zu haben. Ich empfehle mich Ihrer Güte und Gewogenheit und nenne mich Ihren ergebenst gehorsamsten Sohn Hölderlin.« Er zeichnet nicht mit Friedrich oder mit Fritz, sondern mit dem Nachnamen. Als handle es sich um ein Markenzeichen. Fast möchte man meinen, er wisse um die Bedeutung, die dieser Name einst noch bekommt. Für die Mutter ist eine Welt zusammengebrochen. Man hat alles für ihn getan, geworden ist aus ihm nichts, schlimmer noch, er lässt sich rundum versorgen, ohne preiszugeben, ob er den Narren spielt oder ob er tatsächlich närrisch ist.

Die Briefe grenzen an Hohn, nur dass dieser Hohn sich hinter einer tot wirkenden Noblesse verbirgt: »Teuerste Mutter! Ich mache mir eine Freude daraus, Ihnen wiederholter malen noch einen Brief zu schreiben.« – »Verehrungswürdige Mutter! Ich habe die Ehre, Ihnen zu bezeugen, daß ich über den von Ihnen empfangenen Brief recht erfreut sein mußte.« – »Verehrungswürdige Mutter! Ich beantworte Ihren gütigen Brief mit vergnügtem Herzen und aus schuldiger Teilnahme an Ihrem Dasein, Ihrer Gesundheit und Fortdauer in diesem Leben.« – »Verehrungswürdigste Mutter! Ich schätze mich glücklich so viele Gelegenheit zu haben, Ihnen meine Ergebenheit zu bezeugen, indem ich meine Gesinnungen durch Briefeschreiben äußere.« – »Verehrungswürdigste Mutter! Ich fahre fort, Sie unterhalten zu wollen mit meinen Briefen, und Ihre gütige Zuschrift zu beantworten. Ich kann nicht aufhören, Sie zu verehren, und Ihre Güte gegen mich und Zärtlichkeit in Ermahnungen zu erkennen.« – »Verehrungswürdigste Mutter! Ich denke, daß ich Ihnen nicht zur Last falle mit der Wiederholung solcher Briefe.« – »Verehrungswürdigste Frau Mutter! Ich schreibe Ihnen schon wieder einen Brief. Ich weiß nicht, ob Sie mir den zuletzt geschriebenen beantwortet haben. Ich vermute, daß er beantwortet ist.« – »Verehrungswürdigste Mutter! Ich habe die Ehre, Ihnen schon wieder einen Brief zu schreiben.« – »Verehrungswürdige Frau Mutter! Ich bitte Sie, daß Sie es nicht ungütig nehmen, daß ich Ihnen immer mit Briefen beschwerlich falle, die sehr kurz sind.« – »Verehrungswürdige Mutter! Ich schreibe Ihnen schon wieder. Das Wiederholen von dem, was man geschrieben hat, ist nicht immer eine unnötige Beschaffenheit.« – »Verehrungswürdigste Mutter! Ich nehme mir die Freiheit, Ihnen wiederholtmals zu schreiben. Was ich Ihnen sonst gesagt habe, wiederhole ich mit den Gesinnungen, die Sie von mir wissen. Ich wünsche Ihnen alles Gute. Ich breche schon wieder ab, wie ich Sie um Verzeihung bitte. Ich empfehle mich Ihnen gehorsamst, und nenne mich Ihren gehorsamen Sohn Hölderlin.« – »Verehrungswürdigste Mutter! Ich schreibe Ihnen schon wieder. Haben Sie die Güte, diesen Brief, wie meine sonstigen Briefe, aufzunehmen und mich in gutem Gedächtnis zu behalten. Ich empfehle Ihnen mein Inneres aus Ergebenheit und nenne mich Ihren gehorsamsten Sohn Hölderlin.«

Wilhelm Waiblinger bemerkt in »Friedrich Hölderlins Leben, Dichtung und Wahnsinn«: »Seiner alten Mutter schrieb er, aber man mußte ihn immer mahnen. Diese Briefe waren nicht unvernünftig. Er gab sich Mühe, und sie wurden sogar klar. Aber nur so, auch dem Stil nach, wie ein Kind schreibt, das noch nicht fertig denken und schreiben kann. Einer war einmal in der Tat gut, endete aber so: ›Ich sehe, daß ich aufhören muß‹.«

Woher kennt Waiblinger diese Briefe? Hat die Familie Zimmer sie ihm gezeigt? Hat man sie vor dem Abschicken gelesen? Waren sie bereits eine Art halböffentliches Gut? Kuriose Dokumente, die man herumreicht?

Orientalisch-dionysischer Spinozismus. Hölderlins Magisterarbeit handelt von der »Parallele zwischen Salomons Sprichwörtern und Hesiods Werken und Tagen«. Er erklärt dort: »Die Sittenlehren der orientalischen und griechischen Weisen sind endlich unmethodisch. Kein System, keine Terminologie, keine Prinzipien, keine Distinktionen.« Auch Hegel behauptet noch Jahrzehnte später in seinen Vorlesungen über die Geschichte der Philosophie, »die Anstrengung des Begriffs« sei dem orientalischen Denken fremd. Der Orient steht für Subjektlosigkeit, Schicksalsergebenheit und eine Religiosität, die zum Mystischen neigt.

Allerdings steht der Orient auch für das Uranfängliche, schließlich geht dort die Sonne auf: Ex oriente lux. Will die Philosophie sich auf ihre Anfangsgründe besinnen, muss sie in den Orient blicken. Von dort empfängt sie ihr Licht, das sich allerdings erst im Abendland als begriffsstark erweist. »Das erste, womit wir anzufangen haben, ist … der Orient«, heißt es bei Hegel, dort befindet sich »das Kindesalter der Geschichte«. Das klare, kristalline, kritische Denken setzt erst in Griechenland ein: »Die eigentliche Philosophie beginnt im Okzident. Erst im Abendlande geht diese Freiheit des Selbstbewusstseins auf … Im Glanz des Morgenlandes verschwindet das Individuum nur; das Licht wird im Abendlande erst zum Blitz des Gedankens, der in sich selbst einschlägt und von da aus sich seine Welt erschafft.«

Als Hegel in seinen Vorlesungen auf Spinoza zu sprechen kommt, bescheinigt er ihm einen Hang zum orientalischen

Einheitsbrei, als kreise seine Philosophie einzig um eine wabernde, allumfassende Natur, die identisch ist mit Gott. Hegel verkneift sich nicht, Spinozas Tod mit dessen Denken in Verbindung zu bringen: »Er starb den 21. Februar 1677 im 44. Jahre seines Alters an Schwindsucht, an der er lange gelitten, – übereinstimmend mit seinem Systeme, in dem auch alle Besonderheit und Einzelheit in der *einen* Substanz verschwindet.«

Spinozas Philosophie steht damals im Mittelpunkt höchst kontroverser Debatten. Die einen verdammen sie als atheistisch, die andern entdecken in ihr einen Pantheismus, der die romantische Sehnsucht nach Alleinheitsgefühlen befeuert. Dass Spinozas paragraphenmäßig aufgebautes Hauptwerk, die »Ethik«, wenig mit pantheistischen Symbiosesehnsüchten zu tun hat, ist das eine, das andere, dass man sie bis heute damit in Verbindung bringt. Auch für Hölderlin gerät Spinozas Name zur Chiffre für ein Lebensgefühl, das sich nach dem Glück des All-Eins-Seins verzehrt. Während seiner Stiftszeit schreibt er noch untertänigst an die Mutter, er beschäftige sich zwar mit Spinoza, sie brauche jedoch keine Angst zu haben, dass er dem christlichen Glauben abschwöre. Zur gleichen Zeit küren die drei Stiftler das griechische *Hen kai pan* zum Losungswort ihrer Neuen Mythologie: Eins und Alles. Sie identifizieren es mit Spinozas Philosophie, obwohl diese Formel sich dort nirgends findet. Bei Hölderlin kehrt sie im »Hyperion« wieder: »O ihr, die ihr das Höchste und Beste sucht, wißt ihr seinen Namen? den Namen des, das Eins ist und Alles? ... Wußtet ihr, was ihr wolltet? Noch weiß ich es nicht, doch ahn' ich es, der neuen Gottheit neues Reich, und eil' ihm zu und ergreife die andern und führe sie mit mir, wie der Strom die Ströme in den Ozean.«

Dionysos kommt ebenfalls aus dem Orient, jener Gott, der für Rausch und Entgrenzung steht. Er kommt »vom Indus her«, wie es bei Hölderlin heißt, worüber in der kulturgeschichtlichen Forschung sogar Einigkeit herrscht. Dionysos ist ein Gott, der sich nicht fassen lässt, immer andere Masken trägt, keine wirkliche Identität besitzt und jeden in Schrecken versetzt, der auf Maß pocht und Klarheit. Mit Freud könnte man sagen, dass Dionysos das Gegenbild zu jenem analen Charakter abgibt, der nicht loslassen kann, alles unter Kontrolle haben muss und mit Gefühlen geizt. Das bekannteste Attribut des Dionysos ist der Wein. In ihm löst alles sich auf und alles verschwimmt, er führt zum orgiastischen Vereinigungsrausch. Aber auch ins Chaos, in den Horror, in den Wahnsinn. Doch davon ist bei Hölderlin nicht die Rede. Hölderlins Dionysos ist ein urguter Gemeinschaftsgott.

Während für Hegel feststeht, dass es im Orient gedanklich nicht viel zu holen gibt und man ihm lediglich das Uranfängliche verdankt, richtet Hölderlins Blick sich sehnsüchtig dorthin. Weil Dionysos aus dem hinteren Orient kommt, muss »in der Tiefe von Asien ... ein Volk von seltner Trefflichkeit verborgen sein«, heißt es im »Hyperion«. Hegel dagegen drängt es nicht in eine Welt zurück, die keine Subjektivität kennt und die einem nicht die Freiheit lässt, zu denken und zu glauben, was man will. Hölderlin macht sich darüber keine Gedanken. Zwar spricht er in seiner Magisterarbeit von der »ungebildeten Philosophie des Orientalismus«, doch dieses Ungebildete ist zugleich das noch nicht Verbildete. Während man hierzulande stolz ist aufs sezierende Denken, lebt man dort noch in wohliger Einheit mit Erde und All. In seinen Gedichten ruft Hölderlin »die Städte des Euphrats« an und »die Gassen von Palmyra«, die »syrische Palme«, die »Narzissen, Ranunkeln und Syringen aus Persien«, »das schöne Indien« und »des Ganges Fluren«. Der Orient kennt keine abendländische Bildung, besitzt aber einen Zauber, der wertvoller ist als alles Reflektieren und Debattieren.

Mit Spinoza hat das alles recht wenig zu tun. Schon damals liest man seine staubtrockenen Schriften nicht wirklich, man setzt seinen Namen einfach gleich mit pantheistischer Weltseligkeit. Auf Genauigkeit kommt es nicht an, nur aufs Gefühl. So hält man es auch mit dem Orient. In seinem 1978 erschienenen Werk »Orientalismus« führt Edward Said an Myriaden von Beispielen vor, wie sehr der Orient eine europäische Erfindung ist. Ein Großteil dieser Beispiele stammt aus der Zeit Hegels und Hölderlins. Deutsche Dichter und Denker tauchen in seiner Studie allerdings nur am Rande auf, ihre Orientbilder entspringen reiner Phantasie, während sie bei Engländern und Franzosen mit Erfahrungen und Kenntnissen getränkt sind; sie besitzen Kolonien und treiben Handel. Zwischen 1791 und 1805 unternimmt Chateaubriand Reisen nach Amerika, Palästina, Ägypten und Tunis, während Goethe sich seinen Orient in Weimar ausdenkt, Winckelmann von Rom aus die Antike überblickt, Hölderlin sich seine Sehnsuchtswelten am Neckar zusammenspinnt und die alten Griechen in der Gegend um Bordeaux zu entdecken glaubt.

Foucaults Orient. In seinem deutschen Vorwort zu »Wahnsinn und Gesellschaft« richtet auch Foucault seinen Blick auf den Orient. Dort sei das Andere der Vernunft zu finden, behauptet er, jenes Fremde und Unverständliche, das die westliche Vernunft in gleicher Weise ausschließt, wie sie den Wahnsinn ausschließt. Foucault erklärt: »In der Universalität der abendländischen Ratio gibt es den Trennungsstrich, den der Orient darstellt: Der Orient, den man sich als Ursprung denkt, als schwindeligen Punkt, an dem das Heimweh und die Versprechen auf Rückkehr entstehen, der Orient, der der kolonisatorischen Vernunft des Abendlandes angeboten wird, der jedoch unendlich unzugänglich bleibt, denn er bleibt stets die Grenze.

Er bleibt die Nacht des Beginns, wo das Abendland sich gebildet hat, worin es aber auch eine Trennungslinie gezogen hat. Der Orient ist für das Abendland all das, was es selbst nicht ist, obwohl es im Orient das suchen muss, was seine ursprüngliche Wahrheit darstellt.«

Das Andere, Abgespaltene, Ausgegrenzte lässt uns nicht in Ruhe, es gebiert eine Mischung aus Sehnsucht und Abwehr. Im gleichen Maße, wie man es fernhält, fasziniert es. Es verhält sich wie mit Träumen, die verstören, die man aber nicht missen möchte, allein ihrer wilden Bilder wegen. Ein beunruhigender Zauber geht von ihnen aus, der einen aber nicht in den Tag hinein verfolgen soll. So ist es auch mit dem Fremden und Befremdlichen des Orients. Es weckt Sehnsüchte, muss aber auf Distanz gehalten werden, und sei es, weil es den Geist eines despotischen Irrationalismus atmet.

Aus einem Interview, das Foucault in Japan 1982 gibt, lässt sich sogar eine leise Begeisterung für orientalische Unterordnungsstrukturen heraushören. Anders als der westliche Individualismus sorgen klare Hierarchien für Zusammenhalt. Wo das Ego im Vordergrund steht, sind Bindungen dem Zufall überantwortet. Nebenbei bedauert Foucault auch, dass es im Westen keine Kultur des Selbstmords mehr gibt, wie man sie noch aus Japan kennt. Dafür ist das Christentum verantwortlich, in dessen Universum Hölderlins Selbsttötungshelden Empedokles und Demosthenes mit ewiger Strafe rechnen müssten. Ebenso ist Foucault fasziniert von der orientalischen Kultur des Schweigens und Verhüllens. Sie bietet das Gegenbild zu einer Aufklärung, die alles ans Licht zerren will, vor allem die Sexualität. Nichts darf verborgen bleiben, alles muss offengelegt werden, bis in den letzten Winkel. In der Psychoanalyse erblickt Foucault die Fortsetzung der christlichen Beichte, mit ihrem Zwang, alles auszusprechen. Hierzulande darf es kein Geheimnis mehr geben, keine verborgene Schicht, kein klandestines Leben. Was sich als Wille zur Aufklärung geriert, zeugt in Wirklichkeit von dem Willen, alles zu überwachen, alles zu kontrollieren, alles im Griff zu haben.

Foucault hat nie ein Hehl aus seinem Wunsch gemacht, dieser westliche Wille zum Wissen möge sich eines baldigen Tages selbst zersetzen. Stets schwingt bei ihm die Hoffnung mit, unsere Diskurse möchten implodieren und sich selbst auflösen. Als er 1978 in Japan einen Zen-Tempel besucht, verkündet er das Ende der europäischen Philosophie. Soll sie noch eine Zukunft haben, muss sie sich von außereuropäischen Denkweisen inspirieren lassen. Als die iranische Revolution ausbricht, reist Foucault nach Teheran, um sich mit Ayatollahs zu treffen. Im »Corriere della sera« und im »Nouvel Observateur« bewundert er deren »politische Spiritualität« und erklärt, der Islam sei nicht bloß eine Religion, sondern eine Lebensform, die größere Stärke besitze als Marxismus, Leninismus und Maoismus. Ihn fasziniert, dass die dortige Revolution keinem westlichen Schema gehorcht und dank des Islams eine nie gekannte Form annimmt. Die Mullahs charakterisiert er als heilige Nomaden, deren Geist den Wünschen des Volkes Ausdruck verleiht und diesem Volk den Weg weist. Die Mullahs leben von einem Licht, das »gleichsam von innen das Gesetz erleuchtet«, formuliert Foucault. Während er im Westen überall Machtstrukturen ausmacht – in Schulen, Fabriken, Gefängnissen –, rühmt er dort die Rückkehr zu etwas »sehr Altem«, das noch von keiner abendländischen Vernunft geknechtet und verdorben ist. Während hierzulande Revolutionen auf materielle Umverteilung aus sind, steht bei den Mullahs das Geistliche und Geistige im Mittelpunkt.

Foucaults Feind ist der neuzeitliche Cartesianismus. Das hat er mit Heidegger gemein, von dem er in seinem letzten Interview sagt, er sei für ihn »immer der wesentliche Philosoph gewesen«. »Mein ganzes philosophisches Werden ist durch Heidegger bestimmt worden«, bekennt er. Beide wollen den Humanismus überwinden und mit ihm jenes cartesianische Ego, das sich überall ins Zentrum setzt und die Stellung des Menschen im kosmischen Ganzen maßlos überschätzt. Nicht mehr der Mensch soll fortan der Chefagent des Seins sein, andere Mächte sollen diese Stelle einnehmen. So unterschiedlich die politische Orientierung der beiden ausfällt, so groß sind die Gemeinsamkeiten im Grundsätzlichen. Bei Heidegger tritt der Widerwille gegen Demokratie offen zutage, bei Foucault liegen die Dinge komplizierter. Einerseits möchte er in keiner repressiven Gesellschaft leben, andererseits erstaunen nicht wenige Statements, die von der Sehnsucht nach einem Leben künden, das sich nur abseits westlicher Vernunft findet. Foucault lässt sich schwer festlegen, immer wieder spielt er mit Provokationen, die man so deuten kann oder anders.

Fest steht, dass er im Orient etwas sucht, das unsere okzidentale Vernunft sprengt. Das zieht ihn auch zu Hölderlin und weiteren Dichtern, die für wahnsinnig gelten. Im Vorwort zu »Wahnsinn und Gesellschaft« erklärt Foucault, er wolle jenen Punkt Null wiederfinden, an dem es noch keine Trennung gab zwischen Wahnsinn und Vernunft. Mit der Geburt der Psychiatrie offenbart für ihn der aufklärerische Rationalismus, dass die Moderne keinen Deut besser ist als das angeblich finstere Mittelalter. Schließlich bekämpft die Vernunft alles, was nicht ihrem Lichtzwang gehorcht und sich in Dunkel hüllt. In der deutschen Übersetzung fehlen leider manche Passagen, wo Foucault neben Hölderlin noch Nerval, Nietzsche, van Gogh und Artaud als Vorboten eines verstörenden Denkens und Sehens rühmt, mit denen unser modernes Menschenbild und unsere Vernunftidolatrie ins Wanken geraten. Am Ende von »Die Ordnung der Dinge« tauchen ebenfalls ihre Namen auf. In Foucaults Augen künden sie eine Zeit an, in der »der Mensch verschwindet wie am Meeresufer ein Gesicht im Sand«. Damit ist keineswegs das Aussterben der Gattung gemeint, sondern das Ende einer Kultur, die mit der Neuzeit beginnt und einen Affentanz um die Autonomie des Subjekts veranstaltet. Hölderlin, Nerval, Nietzsche, van Gogh und Artaud, sie alle repräsentieren das Andere der Vernunft: das Delirierende, Fiebrige, Unfassbare.

Foucault fühlt sich angezogen von Gesellschaften, die keine neuzeitliche Subjektivität kennen. Er gibt sogar zu bedenken, ob mittelalterliche Folterungen nicht jener subtilen Gewalt vorzuziehen sind, die den Normierungszwängen der Neuzeit entspringt. Foucault unterstellt, dass unsichtbare Torturen schlimmer sind als offen zutage liegende. Mit Blick auf den Orient könnte man angesichts solcher Thesen auf bedenkliche Gedanken kommen: Auspeitschungen, Handabhacken, Steinigungen.

Wir wunderbar Wahnsinnigen. In Botho Strauß' 1981 erschienenen »Paare, Passanten« heißt es, heutzutage gälten »die Leidensgrößen« als die einzigen authentischen Wesen: Kleist, Hölderlin, Nietzsche, Kafka, Celan.

Werner Herzog erklärt: »Ich fühle mich Hölderlin nahe.« Seine Filme sind mit Verlorenen bevölkert und mit Verwirrten: Kaspar Hauser, Woyzeck, Stroszek. Nach der Hamburger Uraufführung von Wolfgang Rihms Oper »Die Eroberung von Mexico«, deren Libretto auf Texten von Artaud basiert, tourt ein Schauspieler, der dort mitgewirkt hat, durch deutsche Städte, wo er Artaud-Texte zelebriert. Auch in Tübingen macht er halt, im Landestheater: Augenrollen, Gefuchtel, Wahnsinnsanwandlungen. Seht her, ich bin Artaud! Bizarre Melodrama-

tik, die vom ersten Augenblick die Grenze zur Parodie über-
schreitet, unfreiwillig. Das Publikum erstarrt in heiligem Ernst,
man feiert das Hochamt göttlichen Wahnsinns.

Man behauptet damals auch gern: Ich bin ein anderer! Rimbaud gehört ebenfalls zu den neuen Säulenheiligen. Mit einem
gespaltenen Bewusstsein fühlt man sich interessanter, tiefer, ir-
rer. Man wähnt sich als polymorphe Persönlichkeit, ist nicht
normiert wie die andern. Wir alle sind Hölderlin, Rimbaud,
Artaud. Irgendwie.

»Nichts ist leichter und eitler, als den Keim eines Schreis, den
ein anderer, in seiner Größe zerbrechender Mensch einmal tat,
sich selber einzupflanzen«, heißt es bei Botho Strauß.

World-Making. Der Linguistic Turn erfasst im 20. Jahrhundert
fast alle Bereiche, von der Philosophie über die Sozialwissen-
schaften bis zur Wissenschaftstheorie. Unterschiedlichste Schulen bilden sich heraus, von Wittgenstein über Frege bis zu Foucault, Derrida und Richard Rorty. Die einen reden von Sprach-
spielen, deren Regeln wir gehorchen, ohne es zu merken, die
andern von Diskursen, deren Schematismen unser Denken prägen und alles, was aus diesem Denken folgt. Der Linguistic Turn
zerstört endgültig den Glauben, Sprache bilde die Realität ab.
Man geht nun davon aus, dass ein Netz von Begriffen alles Denken mit Bedeutungen überzieht, die unsere Selbst- und Weltbilder generieren, bis in den letzten Winkel. Heidegger spricht
von Gestellen, die Diskurstheorie von Konstruktionen. Der Begriff Diskurs entwickelt sich zur Allerweltsvokabel, nicht wenige führen ihn als Zauberformel im Mund, für alles und jedes.

1978 erscheint von Nelson Goodman die Abhandlung »Ways
of Worldmaking« – Weisen der Welterzeugung. Ihre zentrale
These lautet: Es gibt verschiedenste Weltbilder, die sich zum
Teil diametral widersprechen, auf ihre Weise jedoch alle in sich

konsistent sind. Was richtig ist und was falsch, lässt sich nur innerhalb ihres eigenen Rahmens beurteilen, nicht von außen. Wir haben es mit unterschiedlichen Symbolsystemen zu tun, von denen jedes seine eigene Logik besitzt und seine eigene Wahrheit. Form und Inhalt, Wie und Was lassen sich dabei nicht trennen, sie gehören inwendig zusammen.

Zwar kommt Nelson Goodman nirgends auf Hölderlin zu sprechen, an dessen gedanklicher Welt ließe sich jedoch beispielhaft zeigen, dass sie ohne den hohen lyrischen Ton zerfiele. Überführte man Hölderlins Hymnen und Elegien in schlichte Prosa, würde ihnen alles fehlen, was sie ausmacht. Zur sprachlichen Welterzeugung gehören nicht bloß gedankliche Gerüste, es gehört dazu ein Stil, ein Klang, eine Tonlage.

Goodman rückt in seiner Abhandlung auch antike Weisen der Welterzeugung in den Blick, wie etwa die Welt von Thales, in dessen Augen alles aus Wasser besteht. Oder die von Anaximander, der davon ausgeht, dass alles Leben sich aus dem Zusammenspiel von vier Elementen ergibt: von Erde, Feuer, Wasser, Luft. Oder die von Empedokles, der ebenfalls von diesen vier Elementen ausgeht, deren Zusammenspiel aber weniger harmonisch erlebt als Anaximander. Alle diese Weltbilder bestehen aus wenigen Grundkomponenten, der Rest ist Bastelarbeit, wie Claude Lévi-Strauss sagen würde.

Auch Heidegger bastelt sich mit Hilfe von Hölderlins Dichtung ein Weltbild zusammen. Er nennt es Geviert. Es besteht aus dem Spannungsverhältnis zwischen Göttern und Menschen, Himmel und Erde. Allerdings würde Heidegger sich mit Händen und Füßen dagegen wehren, dass man dieses Geviert als Weltbild charakterisiert, schließlich glaubt er, damit alle Weltbilder zu überwinden. Was leichter gesagt ist als getan.

Man könnte auch von verschiedenerlei Landkarten sprechen, die nach unterschiedlichen Prinzipien aufgebaut sind und die Welt immer anders aussehen lassen, wobei jede Karte in sich stimmig ist. Weil es aber keine Landkarte gibt, die alle andern umfasst, sieht man sich mit einem erkenntnistheoretischen Relativismus konfrontiert, der keine übergeordnete Wahrheit kennt. Entweder man hält Goodmans Theorie für falsch, oder man gibt sich damit zufrieden, dass es sich so verhält. Am Grunde jeder relativistischen Theorie liegt ein performativer Selbstwiderspruch. Man entkommt ihm nicht, außer man glaubt, die wirkliche Wahrheit zu kennen, die ewige, endgültige.

Wie verhält es sich mit Hölderlins neuer Mythologie und seiner Wiederkehr der Götter? Handelt es sich auch nur um ein weltanschauliches Supermarktangebot, wie es viele gibt? Diskursiv verbindlich ist Hölderlins Privatmythologie nie geworden.

Anything goes. 1975 erscheint Paul Feyerabends »Wider den Methodenzwang«, eine Schrift, die für Wirbel sorgt, wenn auch nur für kurze Zeit. Ihr Untertitel: »Skizze einer anarchistischen Erkenntnistheorie.« Wollte man Feyerabends Thesen auf den Begriff bringen, könnte man kurz und bündig sagen: Die Weisheit der Hopi-Indianer steht geballter wissenschaftlicher Erkenntnis in nichts nach. Zwischen Mythologie und Wissenschaft besteht für Feyerabend nicht der geringste Unterschied, zumindest nicht, was den Wahrheitsgehalt anbelangt.

Feyerabend ist alles andere als ein alternativer Schwadroneur und esoterischer Schwätzer, er weiß, wovon er spricht, zeitlebens war sein Fachgebiet die Wissenschaftstheorie. Er lehrt an bedeutenden Universitäten in England, Amerika und der Schweiz, seine Gesprächspartner sind Wittgenstein, Popper, Carnap, Putnam. Feyerabend denkt deren Theorien so weit fort, bis sie explodieren. Am Ende hat man nichts mehr in der Hand, zumindest keine Gewissheiten. Feyerabend findet das freilich nicht schlimm, er preist sein Denken als fröhliche Wissenschaft an, im Anschluss an Nietzsche.

Er ist nicht der Erste, der mit dem Glauben an die Wissenschaftlichkeit der Wissenschaft aufräumt. Bereits 1962 erregt der Physiker Thomas S. Kuhn Aufsehen mit seiner Schrift »Die Struktur wissenschaftlicher Revolutionen«. Kuhn behauptet, dass die Wissenschaften keine objektiven Gesetzmäßigkeiten ausfindig machen, sondern Theorien fabrizieren, mit denen sich möglichst viele Phänomene erfassen lassen, ohne dass sich allzu viele Ungereimtheiten ergeben. Stößt ein Erklärungsmuster an Grenzen, macht man sich auf die Suche nach einem andern. Man lässt es fallen, sobald ein besseres gefunden ist. So sei das immer schon gewesen, behauptet Kuhn, so werde es immer sein. Kuhn will nicht grundsätzlich den Glauben an die Wissenschaft untergraben, jedoch zeigen, dass die Unterschiede zwischen den frei flottierenden Geisteswissenschaften und den angeblich strengen Naturwissenschaften geringer sind, als man denkt. Auf beiden Seiten ist Spekulation am Werk, auf beiden spielt man mit Thesen und Theorien, auf beiden machen immer wieder neue Begrifflichkeiten die Runde. Mit unumstößlichen Tatsachen hat man es weder hier zu tun noch dort.

Kuhn und Feyerabend kommen all denen gelegen, die sowieso skeptisch aufs Treiben der Wissenschaft blicken. Auf marxistischer Seite redet man ohnehin schon eine Weile nur noch von bürgerlicher Wissenschaft, was bedeutet, dass sie interessengeleitet ist und sich nach Geld richtet. Von ökologischer Seite nimmt man ihren Fortschrittsglauben ins Visier, der nicht nur Gutes über die Welt bringt, sondern auch eine Menge Zerstörung. Auf einmal ist man sich nicht mehr sicher, ob tatsächlich alles als zurückgeblieben gelten darf, was nicht dem neusten Stand westlicher Technologie und Kultur entspricht. Kuhn und Feyerabend führen vor Augen, dass nicht nur in der Medizin oft morgen schon als Märchen gilt, was heute als bahnbrechende Erkenntnis angepriesen wird. Vielleicht besitzen die Hopi-Indianer ja tatsächlich ein Wissen, das manchmal mehr nützt als alle Medikamente und Pillen. Feyerabend hält sich alle Optionen offen. Er prägt ein Motto, das schnell zum Slogan der Postmoderne avanciert: Anything goes!

Man findet damals alles spannend, was nicht aus dem Westen kommt. Man liest Mircea Eliade und Castañeda, pilgert zu indischen Gurus und zieht in Ashrams, interessiert sich für Hinduismus, Voodoo und chinesische Medizin. Überall entstehen Dritte-Welt-Läden, Yoga und Zen-Buddhismus sind im Kommen, gepaart mit Drogen, Indianermythen und Kapitalismuskritik. Allen Ginsberg wird mit seinem »Howl« berühmt, in dem es heißt: »The world is holy! The soul is holy! Everything is holy!« Räucherstäbchen sind in Mode und Beedies, man redet viel von Ganzheitlichkeit und von der Veränderung des Bewusstseins, nicht nur im marxistischen Sinn, noch mehr im psychedelischen und esoterischen. Der Diogenes Verlag legt Henry David Thoreaus »Walden« wieder auf und seine Schrift »Über die Pflicht zum Ungehorsam gegen den Staat«, der Suhrkamp Verlag nimmt Bachofens 1861 erschienenes »Mutterrecht« ins Programm, Hans-Peter Duerrs »Traumzeit – Über die Grenzen zwischen Wildnis und Zivilisation« wird zum Bestseller. In jeder WG steht der Band »Der Mensch und seine Symbole« von C.G. Jung, oft mehrfach. Die Zeiten stehen gut für Mythologie.

Promille. »Und jetzt soll er gar politisiert werden«, höhnt Ernst Jünger in seinen 1980 erschienenen »Annäherungen« über die neuerliche Hölderlin-Entdeckung von falscher Seite. Ihm passt die ganze Richtung nicht. Wenige Jahre zuvor hat Hölderlin noch ihm gehört und Heidegger und wenigen andern, die tiefer sehen. Nun wird er von Leuten vereinnahmt, die ihn zum jakobinischen Hampelmann machen.

Allerdings begreifen ihn nicht nur die 68er nicht, die heutige Industriegesellschaft als Ganze steht ihm entgegen. Sie kann sich Hölderlins »Gemeingeist Bacchus« überhaupt nicht leisten, klagt Jünger, schließlich sind inzwischen gute alte Rauschmittel wie Branntwein verpönt. Es geht nur noch um Arbeit und um Produktivität. Der Mensch muss funktionieren, wie ein Rädchen, möglichst reibungslos. Nüchternheit ist angesagt. »Die Zone, in welcher der Gott zu wirken beginnt, soll nicht betreten werden; sie wird durch Promille begrenzt«, konstatiert Jünger. Er prophezeit, dass es nicht mehr lange dauert, bis auch noch das Rauchen verboten wird.

Wie aber kann Jünger ernsthaft behaupten, die Zeiten stünden schlecht für Drogen? Es werden mehr genommen denn je. Das weiß auch Jünger, schließlich berichtet er über einen Bekannten: »Guido hatte mit den Eingeborenen auf Haiti geraucht, kannte die Blumenkinder von Kalifornien, die Provos von Amsterdam, die bunten Hippies, die auf den Stufen der Spanischen Treppe und am Rande der Barcaccia hocken, die Undefinierbaren, die überall auftauchen und einen neuen Argot sprechen. Solche Gestalten sind Kundschafter in die Unterwelten; gut ist, wenn sie zudem gebildet sind.«

Mythologischer Liberalismus. In einer liberalen Welt kann jeder glauben, was er will. Ob man Agnostiker ist oder Atheist, an Gott glaubt oder an Götter, es spielt keine Rolle, solange man andern ihr Leben lässt. Geht es den meisten materiell gut, fällt es in aller Regel nicht schwer, tolerant zu sein; geht es wirtschaftlich bergab oder klaffen die Verhältnisse krass auseinander, herrscht oft keine große Freude mehr an Toleranz. In Krisenzeiten wird der Liberalismus für viele zum Feind. Er garantiert keinen Schutz vor Abstieg, ihm ist es um eine Freiheit zu tun, für die man sich nichts kaufen kann. Man verachtet ihn als das Kind einer Welt, die den freien Transfer von Gütern und Geld anbetet, aber nichts Höheres mehr kennt. Was dieser Freiheit fehlt, ist Verbindlichkeit. Das »Systemprogramm« will über diese freie Welt wieder ein Firmament spannen, das Sinn verspricht: »Monotheismus des Herzens« bei gleichzeitigem »Polytheismus der Einbildungskraft«.

Von nichts ist bei Hölderlin mehr die Rede als von der Einigkeit und Gleichheit der Geister, nach nichts sehnt er sich mehr. Was den Monotheismus des Herzens angeht, so entfaltet Hegel in seiner »Phänomenologie« jedoch allerlei Paradoxien, die sich aus dem Ruf nach solcher Herzenseinheit ergeben. Der Glaube an sie setzt voraus, dass alle Herzen gleich ticken und in jedem von uns das gleiche Gewissen schlägt. Wie wenig das der Fall ist, zeigt bloße Erfahrung. Laut Hegel muss es zum Kampf aller gegen alle kommen, wenn jeder sein eigenes Herz zum Maßstab macht und seine eigene Moral zum Maßstab der Weltordnung. Hegel nimmt dabei Rousseau ins Visier, der ganz selbstverständlich davon ausgeht, dass alle Herzen identisch mit dem seinen sind, vorausgesetzt, böse Verhältnisse haben diese Herzen nicht von sich selbst entfremdet. Rousseaus Herz glaubt auch zu wissen, was wahre Bedürfnisse sind und was falsche. In seinen Augen weiß das jeder, außer die Unsitten des urbanen Lebens haben ihn so sehr verdorben, dass jedes natürliche Gefühl aus ihm gewichen ist.

Anders als die Urheber des »Systemprogramms« glaubt Rousseau allerdings nicht, dass sich die heutigen Übel mit mythologischer Sinnverschönerung beheben lassen. In Rousseaus Augen muss alles sich ändern: das gesamte Wirtschaften, die gesamte Arbeit, die gesamte Einstellung zu sich selbst, die gesamte Einstellung zur Welt. Ginge es nach ihm, müssten wir in ein

Leben zurück, das noch keine Arbeitsteilung kennt und noch keine Städte. Gäbe es das alles nicht, gäbe es auch keine künstlichen Bedürfnisse und keine innere Leere, die sich mit immer neuen Gütern und Besitztümern Befriedigung zu verschaffen versucht, dabei aber in einen Kreislauf gerät, der das Leben immer sinnferner macht.

Für Hegel dagegen steht fest, dass der Mensch den Naturzustand aus natürlichem Antrieb verlassen will. Menschen wollen es nicht schwer haben, sie wollen es angenehm. Niemals möchte die Mehrheit freiwillig in primitive Verhältnisse zurück, solche Wünsche kommen bloß bei Leuten auf, die keinen Mangel leiden und nicht wissen, was es heißt, ums Überleben kämpfen zu müssen. Für Rousseaus regressive Utopie kann sich nur begeistern, wer sich in seinem Überfluss ein Leben erträumt, das alles einfacher erscheinen lässt.

Das »Systemprogramm« peilt kein Zurück an, Mythologie hin, Mythologie her. Es will in erster Linie Grenzen aufheben: die Grenzen zwischen Philosophie und Poesie, zwischen Denken und Dichtung, Wissen und Glauben, Vernunft und Gefühl. Aus marxistischer Sicht nimmt es lediglich Korrekturen innerhalb des Überbaus vor, behebt aber die ökonomischen Ursachen nicht. Dabei erblickt bereits Rousseau in der Arbeitsteilung den Anfang allen Übels. Im Unterschied zum Naturträumer Rousseau glaubt Marx allerdings, dass nur eine entfesselte Technologie diese Übel beheben kann. Allein sie garantiert, dass der Mensch eines baldigen Tages im wahren Reich der Freiheit anlangt; in einem Reich, das aus einem Minimum an Arbeit besteht und aus einem Leben, das es jedem ermöglicht, heute dies zu tun und morgen jenes, nach dem Frühstück zu fischen, nach dem Mittagessen zu disputieren, nachmittags spazieren zu gehen, abends nach den Schafen zu sehen, ohne je Fischer zu sein oder Hirt oder hauptberuflicher Disputierer. Zwar hebt auch das »Systemprogramm« hervor, dass der Mensch nicht zum »mechanischen Räderwerk« werden darf und sein Wesen nur in Freiheit zum Blühen bringen kann, doch es fällt schwer zu glauben, dass eine neue Mythologie in eine solche Welt führt.

Man fragt sich, wozu ein so großer mytho-poetischer Aufwand, wenn es vor allem darum geht, die Revolution von Frankreich in deutsche Lande zu importieren? Hegel kennt die Antwort: Rechts des Rheins finden die großen Umwälzungen immer nur in Gedanken statt, in Frankreich in der Wirklichkeit. Hierzulande muss man sich alles im Kopf zusammenspinnen, dort drüben ändert sich die Welt tatsächlich.

Multikulti-Mythologie. Was im »Systemprogramm« reichlich abstrakt bleibt, gewinnt in Hölderlins Gedichten und Schriften an Kontur. In seinem »Fragment philosophischer Briefe« heißt es, solange ein jeder in seiner eigenen Sphäre verharre, besitze jeder auch nur seinen eigenen Gott; nur wo es gemeinschaftlich zugehe, existierten auch gemeinsame Gottheiten. Ebenso findet sich dort der Satz, jede Religion sei ihrem Wesen nach poetisch und jede Teil eines großen Ganzen. Bevor das Fragment abbricht, ruft Hölderlin auf zur »Vereinigung mehrerer zu einer Religion, wo jeder seinen Gott und alle einen gemeinschaftlichen in dichterischen Vorstellungen ehren, wo jeder sein höheres Leben und alle ein gemeinschaftliches höheres Leben, die Feier des Lebens mythisch feiern«.

In dem Aufsatz »Über die Verfahrungsweise des poetischen Geistes« weist er dem Dichter die Aufgabe zu, über alle Unterschiede hinweg das Gemeinsame zu besingen. Zur gleichen Zeit entsteht die Elegie »Brod und Wein«, wo er Jesus zum letzten der griechischen Götter kürt und ihn zum Nachfahren und Nachbarn von Dionysos macht.

Unter pantheistischen Prämissen darf es auch Religionen geben mit nur einem einzigen Gott, andersherum ist das ausgeschlossen. Indem der Monotheismus die Götter abschafft, entmythologisiert er die Natur. Bonifatius fällt vor den Augen heidnischer Germanen eine Eiche, die ihnen heilig ist. Er zeigt, dass keine Gottheit in ihr steckt und kein Fluch ihn trifft. Er beraubt die Natur ihres falschen Zaubers und führt den Heiden vor, dass sie einem Aberglauben aufsitzen. Sie sollen jetzt an einen Gott glauben, der sie bestraft, wenn sie weiterhin an Götter glauben. Mythologie und Monotheismus schließen sich aus.

Heutzutage hallt das Problem zwischen Monotheismus und Multikulti-Mythologie in den Debatten um kulturelle Differenzen und universalistische Werte nach. Der Universalismus der Menschenrechte verlangt, dass man überall auf der Welt seine Regeln einhält, was bedeutet, dass religiöse Vorschriften, Traditionen, Bräuche und Sitten sich ihnen unterordnen müssen. Weil alles, was sich seinen Geboten nicht fügt, als archaisch, atavistisch und inhuman gilt, sieht der Westen sich inzwischen mit dem Vorwurf konfrontiert, beim Pochen auf den Menschenrechten handle es sich um die Fortsetzung des Kolonialismus mit anderen Mitteln; der Monotheismus der Menschenrechte wolle alles abschaffen, was nicht in sein Weltbild passt; er bekämpfe alles, was nicht seinen eigenen Normen, Gewohnheiten, Ritualen entspricht.

Anders als Hölderlin sich erhofft, lassen unterschiedliche Gottheiten sich nicht mühelos zusammenfügen.

Jesus, der Griechenjüngling. Nicht nur Hölderlin, auch der evangelische Theologe Adolf von Harnack erblickt in Jesus ein griechisches Geschöpf, in schönster Weise. Er erkennt in ihm einen strahlenden Jüngling, dessen hellenische Heiterkeit so gut wie nichts Jüdisches besitzt. In seinem 1900 erschienenen »Das

Wesen des Christentums« zeichnet Harnack Jesus als ganz und gar freien Geist, von dem er sagt: »Es ist sehr unwahrscheinlich, daß er durch die Schulen der Rabbinen gegangen ist.« Nicht bloß sein jovialer Umgang mit Sündern, sein ganzes Wesen macht ihn zur Lichtgestalt. Alles an ihm offenbart »eine Heiterkeit der Seele …, wie sie kein Prophet vor ihm besessen hat«.

»In der religiösen Ethik der Griechen«, erklärt Harnack, »… sprach sich soviel Tiefe und Zartheit der Empfindung … und – vor allem – eine so starke *monotheistische* Frömmigkeit aus, daß die christliche Religion an diesem Schatze nicht teilnahmslos vorübergehen konnte. Zwar fehlte und befremdete in ihm manches: es fehlte eine Persönlichkeit, an welcher diese Ethik als wirkliches Leben angeschaut werden konnte, und es befremdete der noch immer bestehende Zusammenhang mit dem ›Dämonendienst‹, dem Polytheismus; aber im ganzen und im einzelnen empfand man doch Verwandtes und nahm es auf.«

Vergleichbar Nietzsche, der das Christentum als »Platonismus fürs Volk« charakterisiert, projiziert Harnack aufs Griechentum einen latenten Monotheismus zurück, ganz anders als Hölderlin, der Jesus zum letzten der Götter macht und ihn »das himmlische Fest« beschließen lässt, wie es in »Brod und Wein« heißt. Für Harnack stellen sich die Dinge genau andersherum dar: Hätten die Griechen keinem Dämonendienst mehr gefrönt, könnte man sie bereits als eine Art Christen wahrnehmen.

Harnack hellenisiert das Christentum so sehr, dass man ihm Antijudaismus vorgeworfen hat. Indem er das Christentum der griechischen Antike annähert, löst er es vom Judentum so vollkommen ab, dass man sich fragt, wo Jesus eigentlich aufgewachsen ist und wo er gewirkt hat. Führt man sich indes Harnacks Aversionen gegen den Kirchenlehrer Augustinus vor

Augen, dessen sündenversessener Freudlosigkeit er wenig abgewinnt, so merkt man, dass es ihm vor allem darum geht, Jesus als lebensfrohe Lichtgestalt zu feiern und mit ihm das Christentum.

Schönheit, Freiheit, Kunst und Staat. Nicht erst Bakunin macht den Staat für alles Übel verantwortlich, schon im »Systemprogramm« lesen wir: »Jeder Staat muß freie Menschen als mechanisches Räderwerk behandeln; und das soll er nicht; also soll er *aufhören*.« Man müsse »das ganze elende Menschenwerk von Staat, Verfassung, Regierung, Gesetzgebung bis auf die Haut entblößen.« All das behindere die freie Entfaltung. Was einzig die Menschen künftig verbinden soll, ist »die Idee der Schönheit«.

Das Schöne wird zum Maßstab für alles: »Der Philosoph muß ebensoviel ästhetische Kraft besitzen als der Dichter. Die Menschen ohne ästhetischen Sinn sind unsere Buchstabenphilosophen. Die Philosophie des Geistes ist eine ästhetische Philosophie. Man kann in nichts geistreich sein … – ohne ästhetischen Sinn.« Schillers ästhetisches Erziehungsprogramm lässt grüßen, auch Winckelmann spielt wieder im Hintergrund mit, für den gilt, dass nur ein schöner Körper auch eine schöne Seele besitzen kann und einen schönen Geist: *mens sana in corpore sano*. Was äußerlich unschön ist, kann auch innerlich nicht schön sein.

Während Hölderlin am »Systemprogramm« festhält, rückt Hegel davon ab. Für ihn steht bald nicht mehr die Idee der Schönheit im Zentrum, sondern die Idee der Freiheit. Mit Schönheitsidealen lässt sich keine Gesellschaft zusammenhalten. Freiheit wiederum kann es nur geben, wo Gesetze sie garantieren. Bis heute ist Hegel als preußischer Staatsphilosoph verschrien, der sich zum Handlanger der herrschenden Mächte gemacht hat. Dass er den Rechtsstaat gegen einen illusorischen Schönheits-Mythologismus verteidigt, übersieht man geflissentlich. Die Träume von einer staatsfernen Gemeinschaft müssen in seinen Augen mit Notwendigkeit auf eine Willkür hinauslaufen, bei der gesinnungspolitische Meinungsführer bestimmen, was als richtig zu gelten hat und was nicht. Auf festgeschriebene Gesetze kann sich dort niemand berufen; in autonomen Kreisen wird bis heute Selbstjustiz großgeschrieben.

Anders als Hölderlin glaubt Hegel nicht mehr an die tragende Rolle der Kunst. Selbst die Kunst orientiert sich heute nicht mehr an Schönheitsidealen, bei ihr rückt in den Vordergrund, was interessant ist, was verstört, was irritiert. Auch der Kunst ist Freiheit inzwischen wichtiger als Schönheit. Sie will auch nicht mehr erbaulich sein und keinen Sinn stiften, zumindest keinen allgemeingültigen. Der eine liebt, was der andere für Kitsch hält; der eine mag Schlager, der andere Oper; zwischen Hölderlin, Heine und Hesse kann jeder frei wählen, ganz nach eigenem Gusto; die einen verehren Beuys, die andern halten ihn für einen Scharlatan. Im Supermarkt der Künste findet jeder, was ihm gefällt; zur Einheit fügt sich nichts mehr.

Herrschaftsfreier Gesang. In seinen 1982 erschienenen Vorlesungen »Der kommende Gott« schlägt Manfred Frank einen großen Bogen vom »Systemprogramm« zu Habermas' herrschaftsfreiem Dialog. In ihm sieht er die Ideale der Neuen Mythologie zeitgemäß formuliert. Man muss nur den romantischen Staub vom »Systemprogramm« abwischen, am besten mit moderner soziologischer Terminologie. Schließlich will schon das »Systemprogramm« wieder lebensweltlich zusammenführen, was im offiziellen System strukturell auseinanderfällt: Philosophie und Wissenschaft, Staat und Gesellschaft, Ökonomie und Sinnproduktion. Im »Systemprogramm« hört es sich halt ein bisschen anders an, dort werden politische Grundsatzfragen noch in Form philosophisch-poetischer Metareflexion traktiert.

Obwohl Frank nicht zu politischer Idolatrie neigt und Dichtung auch nicht mit Soziologie verwechselt, glaubt er, Hölderlin mit Habermas mühelos engführen zu können. Mit Blick auf die Räderwerk-Metapher und Vereinigungs-Utopie des »Systemprogramms« erklärt er ganz im Sinn und Stil von Habermas: »Im Organismus-Konzept einer auf kommunikativer Ethik basierenden Ethik, die die Subsysteme zweckrationalen Handelns durch ›Ideen‹ kontrolliert, ist die gebrochene Kraft religiöser Traditionen nicht einfach durch Verwaltungsprozesse abgelöst, sondern als ›Motivgenerator‹ in eine nicht-mythische Form intersubjektiver Verbindlichkeit übergeführt, die wesentliche Eigenschaften des mythischen Weltbildes, und allen voran die Fähigkeit zur Legitimation, unter veränderten Bedingungen erbt.«

Man könnte auch sagen: Im Bild von Brot und Wein verknüpft sich der Dionysos-Mythos mit dem christlichen Abendmahl; im Begriff Kommunion stecken auch der Kommunismus und die Kommune und die Kommunikation. Alles hängt mit allem zusammen. Trotzdem fällt es schwer, an Habermas zu denken, wenn es in Hölderlins »Friedensfeier« heißt: »Viel hat von Morgen an, / Seit ein Gespräch wir sind und hören voneinander, / Erfahren der Mensch; bald sind wir aber Gesang.«

Einbildungskraft. Heutzutage redet man von Phantasie, nicht mehr von Einbildungskraft. Anders als in der Phantasie steckt in diesem Wort die Kraft, nebst dem Bild, der Bildung und auch Einbildung. Im Oktober 1787 schreibt Hölderlin an Neuffer: »... mein Kopf ist so verwirrt wieder, so verschiedene Empfindungen sind mir wieder in der Brust. Wo ich eben war – ... da waren unerfüllte Wünsche – unvollkommene Seligkeiten – ich weiß nicht, ists Einbildung oder Wirklichkeit – was ich sehe, gefällt mir nur halb – überall ists mir so leer …« In Kants »Kritik der Urteilskraft« heißt es, die Einbildungskraft fange an zu arbeiten, »wo uns die Erfahrung zu alltäglich vorkommt«.

Kant unterscheidet zwischen reproduktiver Einbildungskraft und produktiver. Die eine ergeht sich in Bildern, die mit Erfahrungen zusammenhängen und mit Erinnerungen, die andere entschwebt in Sphären, die sich nicht mehr nach den Fahrplänen der wirklichen Welt richten. Kant weist darauf hin, dass die Einbildungskraft nicht bloß Bilder gebiert, sondern auch Ideen. Bild und Gedanke sind in diesem Fall nicht fein säuberlich zu trennen, sie fließen ineinander. Allerdings handelt es sich bei solchen Gedanken nicht um scharf umrissene Begriffe, sondern um Ideen, die vage bleiben und ins Traumwandlerische weisen. Wer phantasiert, fragt sich in aller Regel nicht, ob die Bilder, die ihm kommen, logisch sind; er gibt sich ihnen einfach hin.

Kant spricht in diesem Zusammenhang von ästhetischen Ideen. Gemäß der griechischen Bedeutung von *aisthesis* sind damit nicht schöne Ideen gemeint, sondern Ideen, die sich in sinnlicher Gestalt entfalten. Sie bilden das Gegenstück zu reinen Vernunftideen, wie man ihnen in den Begriffen Sinn, Seele, Freiheit oder Ewigkeit begegnet, aber auch im Begriff Kausalität. Alle diese Dinge kann man nicht sehen, denn es handelt sich um keine Dinge. Trotzdem spielen sie eine Rolle, sogar eine ziemlich große. Allein der Begriff Zusammenhang übersteigt alles sinnlich Konkrete, doch er ist bei allem Denken am Werk, ob bewusst oder nicht. Nicht anders verhält es sich mit der Idee der Einheit, des Systems, des Ganzen. Selbst wenn Adorno zu wissen glaubt, dass das Ganze das Unwahre ist, besitzt er einen Begriff vom Ganzen, der selbst kein unwahrer Begriff ist.

Ästhetische Ideen bewegen sich auf einer anderen Ebene als Vernunftideen: Die einen flirren in bildlicher Gestalt umher, die andern versperren sich jeder Darstellung, sie sind zu groß und abstrakt. Dennoch umkreisen sie sich und stoßen aneinander. Schließlich haben wir eine Vorstellung vom Ganzen der Welt und ihren tausendfältigen Zusammenhängen, ohne dass wir uns davon eine Vorstellung machen können. Beim Blick auf himmelhohe Berge denken wir ans Unendliche, auch wenn wir es nicht sehen können. Solche Berge vermitteln uns davon eine Ahnung, obwohl sie selbst endlich sind und ihre Größe sich auf den Meter genau bemessen lässt. Beim Anblick einer blühenden Wiese, auf der Schafe weiden, kommt uns der Begriff Idyll in den Sinn. Dabei ist diese Wiese nicht das Idyllische schlechthin, in seiner einzig möglichen, vollendeten Gestalt. Was aber in all diesen Fällen zusammenspielt, sind sinnliche Anschauung und allgemeiner Begriff. Jede Anschauung und jede Vorstellung besitzt Grenzen, so wie Gemälde. Jedem schwirren andere Bilder durch den Kopf beim Begriff des Unendlichen oder des Idylls. Man kann diese Dinge nicht festlegen, es handelt sich um schwankende Ideengebilde. Ästhetische Ideen sind ebenso wenig greifbar wie Vernunftideen, allerdings aus gegensätzlichen Gründen. Wir haben es mit divergierenden Dingen zu tun: hier das Konzentrische, dort das Exzentrische.

Was laut Kant in entgegengesetzte Richtungen weist, versuchen Schelling und Hölderlin unter dem Begriff der »intellektuellen Anschauung« zusammenzuführen. Was wiederum leichter gesagt ist als getan, zumal jede Veranschaulichung eine zuweilen bedenkliche Vereinfachung, Verkleinerung, Beschneidung der Idee mit sich bringt. Es lässt sich leicht von einer allumfassenden Einheit schwärmen, wo der »Monotheismus des Herzens« und der »Polytheismus der Einbildungskraft« verschmelzen. Spätestens wenn es konkret wird, fängt alles an zu knirschen. Allein die Frage, was wahre Freiheit, wahre Schönheit, wahres Glück ist, führt ins Uferlose; jeder kann sich darunter etwas anderes vorstellen, jeder darunter etwas anderes verstehen.

Ästhetische Ideen beziehen ihre Attraktivität aus ihrer halbkonkreten Unbestimmtheit; sie schwanken und wanken und müssen nicht in sich stimmig sein. Man kann sich zur Idee der Schönheit, des Glücks und der Freiheit alles Erdenkliche einfallen lassen, sie mit diesem und jenem verbinden und mit noch ganz anderem, ein gemeinsamer Nenner lässt sich schwer finden, schließlich kennt die Phantasie keine Grenzen. Stets hat man es mit unterschiedlichen Vorstellungen, Visionen, Einfällen, Träumen zu tun. Wir können Visionen mit Bildungsgütern anreichern, sie mit mythischen Figuren ausschmücken, ihnen ein intellektuelles Mäntelchen umhängen, es ändert nichts daran, dass es sich – im kantischen Sinn – um Einbildungen handelt und manchmal auch um Schimären. Mit allzu viel Logik darf man ästhetische Ideen nicht belästigen.

Philosophie und Schwärmerei passen schlecht zusammen. Wo der Dichter sich in seinem Element fühlt, fängt der Philosoph an, mit den Augen zu rollen. In einem Brief an Niethammer erklärt Hölderlin: »Die Philosophie ist eine Tyrannin, und ich dulde ihren Zwang mehr, als daß ich mich ihm freiwillig unterwerfe.« Hölderlins zwiespältiges Verhältnis zur Philosophie gründet nicht zuletzt in ihrem Anspruch, alles kritisch zu prüfen. Jene Anstrengung des Begriffs, von der Hegel gern spricht, zielt nicht allein auf gedankliche Klarheit, sie will bei allem die unausgesprochenen Voraussetzungen offenlegen, die blinden Flecken, die inneren Widersprüche. Dichtung dagegen muss keineswegs in sich widerspruchsfrei sein, sie muss auch nichts mit Argumenten unterfüttern. Sofern sie jedoch den Anspruch besitzt, die Welt mit einer Neuen Mythologie zu beglücken, ist Skepsis angesagt, nicht nur in Hegels Augen. Hegel glaubt auch nicht an die Wunderkraft des Begriffs »intellektuelle Anschauung«. In der »Phänomenologie« fragt er, »ob dieses intellektuelle Anschauen nicht wieder in die träge Einfachheit zurückfällt und die Wirklichkeit selbst auf eine unwirkliche Weise darstellt«. Seine Frage ist keine Frage, sie ist die Antwort.

Lob des Polytheismus lautet der Titel eines 1978 gehaltenen Vortrags von Odo Marquardt. Marquardt geht davon aus, dass Gesellschaften nie ohne Mythen auskommen, auch solche nicht, die sich für aufgeklärt halten. Mit nackter Vernunft kommt niemand durchs Leben, stets sind Bilder im Spiel und Symbole. Allerdings ist uns Aufgeklärten oft nicht bewusst, woran wir alles glauben. Laut Marquardt ist es besser, ein paar Mythen zu viel zu besitzen als zu wenige. Das Gift einer Gesellschaft besteht für ihn in dem Drang, bloß einem einzigen Mythos frönen zu wollen, etwa einem Monotheismus, der sich nicht mehr religiös vorkommt, aber schlimmste monotheistische Untugenden entwickelt: moralische Aburteilung Andersdenkender, Intoleranz gegen andere Überzeugungen, Arroganz gegen alles, was man nicht für so aufgeklärt hält wie sich selbst.

Einen solchen Monotheismus sieht Marquardt vor allem im damals prosperierenden Marxismus am Werk, dessen fortschrittsgläubige Geschichtsteleologie nur ein einziges Ziel kennt und nur eine einzige Wahrheit. Wer in den 1970er Jahren nicht so dachte wie Marquardt, galt leicht als »liberaler Scheißer«. Nicht nur der letzte Assistent von Bloch verkündete in seinen philosophischen Seminaren bis weit in die 1980er Jahre hinein, der Marxismus sei keine Weltanschauung, er sei reine Wissenschaft. Niemand hat damals zu lachen gewagt. Es gab Professoren, die Doktoranden am Weiterschreiben ihrer Dissertation hinderten, weil in ihren Fußnoten immer seltener die Namen Marx, Bloch und Brecht auftauchten, während sich die Namen Foucault, Deleuze und Derrida häuften. In Blochs Opus Magnum »Das Prinzip Hoffnung« heißt es: »Ubi Lenin, ibi Jerusalem«. Bloch wurde in Tübingen als Heiliger verehrt.

1981 findet in der Alten Burse ein Symposion statt, bei dem es um die neue, aus Frankreich herüberschwappende Philosophie geht. Die marxistische Fraktion sieht den Faschismus wiederkehren. Aus ihrer Sicht hat man mit Foucault, Deleuze und Derrida nichts mehr in der Hand, ihn zu verhindern. Bei der Podiumsdiskussion sitzt in der ersten Reihe der junge, erstaunlich gelassene Jochen Hörisch. Er steht für Frankreich, also für drohenden Faschismus. Einige Diskutanten gehen ihn an, als zertrümmere er höchstpersönlich die letzten Gewissheiten. Wer sich in freischwebender Dekonstruktion ergeht und nicht mehr mit dem Handwerkszeug von Marx und Habermas operiert, gilt als haltlos. Er mag sich zwar links fühlen, ist aber ein unsicherer Kantonist. Er kollaboriert mit dem Feind, ob er will oder nicht.

Ein Beben geht durch den Raum. Das bewährte Freund-Feind-Schema büßt seine Verlässlichkeit ein, die klaren Linien lösen sich auf, die Glaubensartikel zerfransen. Foucault begehrt zwar gegen Herrschaft und Überwachung auf, beruft sich aber nicht auf Marx, sondern auf Nietzsche. Nietzsche hat man vor kurzem noch für einen halben Faschisten gehalten. Bei Deleuze, Foucault und Derrida steht er plötzlich im Zentrum, sie können gar nicht genug von ihm kriegen. Die Bedenkenfraktion beruft sich auf Habermas, der längst seine warnende Stimme erhoben hat. Er ist allgegenwärtig in der Alten Burse, vor allem an diesem Tag, wenn auch nur geistig. Es sollte noch Jahre dauern, bis Habermas im bodenlosen Irrationalismus der Franzosen keine allzu große Gefahr mehr erkennt. 1981 muss man sie noch bekämpfen, und zwar vehement. Dabei ist Habermas alles andere als ein orthodoxer Marxist. Im Grunde hat man auch nicht das Geringste gegen seinen herrschaftsfreien Dialog, im Gegenteil, doch das Ganze atmet deutsche Langeweile. Die Franzosen bringen wenigstens Chaos mit, nicht nur ein bisschen.

Für Marquardt bildet der Marxismus die Nachfolgereligion des eschatologischen Christentums, nur dass er dessen Paradiesvorstellungen ins Innerweltliche rückt. Wer nicht an sie glaubt, gilt als reaktionär oder hat ein falsches Bewusstsein. Marquardt verweist in diesem Zusammenhang auch auf das »Systemprogramm«, das den »Polytheismus der Einbildungskraft und der Kunst« beschwört, zugleich aber den »Monotheismus der Herzen« postuliert. Für Marquardt lebt das »Systemprogramm« von der gleichen utopischen Überspanntheit wie der Marxismus. Wer tatsächlich glaubt, für Polytheismus bleibe dort noch Raum, denkt in Marquardts Augen nicht sehr weit. Für ihn zielt schon das »Systemprogramm« auf einen »absoluten Alleinmythos im Singular« ab. Welche Folgen müsste es schließlich haben, wenn sich jemand der Neuen Mythologie verweigert? Inklusion, Exklusion. Ein bisschen winkt überall der Gulag.

Marquardt hat nicht nur den Marxismus im Blick, er denkt auch an den damaligen Dritte-Welt-Kult und die allgemeine »mythologische Wende zum Exotischen«. Rousseau lässt grüßen, mit seiner »Promotion des Archaischen zum Avantgardistischen«, wie Marquardt formuliert. Im edlen Wilden erkennt man nun den wahren Menschen, wir sollen zurück zum Einfachen, Natürlichen, Gesunden. Das Gemisch aus antikolonialistischen, esoterischen und alternativen Glaubensartikeln beruht bei allem Wirrwarr auf der Grundüberzeugung, dass einst alles besser war: im Urkommunismus, bei den Indianern, bei den alten Griechen. Marquardt spannt einen großen Bogen von

Rousseau über das »Systemprogramm« und den Marxismus bis zu heutigen »mytheninteressierten Gegenbewegungen«, die eine »verlorene Polymythie in der exotischen Mythologie der Vorzeit und Fremde« suchen. In nichts vermag er einen wirklichen Polytheismus zu erkennen, im Gegenteil. Alles hat jenem einen, großen Ziel der Geschichte zu dienen: umfassender Harmonie.

Monotheistischer Terror. In den 1990er Jahren entfacht der Ägyptologe Jan Assmann eine Debatte, die anhält bis heute. Er stellt die These auf, dass monotheistische Religionen alles bekämpfen, was nicht ihrem Glauben an eine einzige Wahrheit, an einen einzigen Gott, an einen einzigen Weg zum Heil entspricht. Monotheismus und Toleranz schließen sich in Assmanns Augen nicht nur aus, sie sind ein Widerspruch in sich. Das Prinzip »Leben und leben lassen« ist ihnen fremd. Wer anders denkt, wird ausgegrenzt, verfolgt, vernichtet. »Du sollst keine anderen Götter haben neben mir«, lautet das erste biblische Gebot. Aus ihm ergibt sich das Bilderverbot: Man darf sich Gott nicht mehr als Stier, als achtarmiges Wesen, als bärtigen Gesellen mit Dreispitz vorstellen. Gott ist fortan das ganz Andere, das Transzendente, das Jenseitige.

Mit dem Auszug der Juden aus Ägypten formiert sich für Assmann zum ersten Mal eine Religion, die nur einen einzigen Gott kennt; einen Gott, der so ungreifbar ist wie allmächtig. Dieser Gott gehört nicht mehr einer bestimmten Gegend an, einer bestimmten Region, einem bestimmten Land, wie Isis zu Ägypten, Zeus zu Griechenland, Baal zu Babylon. Indem der Monotheismus die Götter abschafft, kappt er auch jeden Heimatbezug. Gott ist nun ein universales Wesen, Grenzen sind ihm fremd. Während die Griechen sich nicht daran stören, dass die Skythen, Perser und Ägypter andere Götter haben, beharrt der Monotheismus auf der absoluten Wahrheit eines einzigen Gottes, einer einzigen Religion. Er kennt nur Gläubige und Ungläubige; wer sich nicht zur wahren Religion bekennt, ist Häretiker oder Heide. Kein einziges Volk soll nunmehr seine eigenen Götter besitzen, alle müssen an denselben glauben. Assmann behauptet, das Bilderverbot richte sich »gegen das symbiotische Weltverhältnis des Kosmotheismus, gegen die Bilder als Form einer Welt-Verstrickung«. Die Einheit von Gott, Mensch und Erde wird gesprengt.

Götter sehen nun nicht mehr wie Menschen aus und nicht mehr wie Tiere, sie verkörpern sich nicht mehr in Pflanzen und nicht im Gewoge des Meeres. Die wahre Heimat des Menschen ist nicht mehr die Welt, es ist das Jenseits. Die Welt ist nur noch ein vorläufiger Ort, an dem man im Schweiße seines Angesichts sein Brot isst und wo Lüste regieren, die Leiden bringen. Statt das irdische Leben zu lieben, muss man nun die Gesetze eines Gottes befolgen, der in leerer Tautologie über sich kundtut: »Ich bin, der ich bin.« Er macht aus sich ein Geheimnis, das keine Menschenseele je ergründet. Er zerstört nicht nur den bunten Götterkosmos, er droht mit apokalyptischer Vernichtung, wenn man ihm nicht zu Diensten ist. Wer sich an die Welt verschenkt, versündigt sich gegen ihn. Dieser Gott will nicht, dass man sich aufgehoben fühlt am Busen der Natur, in pantheistischer Seligkeit. Mit ihm kommt etwas in die Welt, was der mythische Mensch nicht kennt: das schlechte Gewissen. Der Mensch fühlt sich fortan gespalten: zwischen Gott und der Welt, zwischen Wollen und Sollen, zwischen seiner Triebnatur und der Aussicht auf ewiges Heil. Er entfremdet sich nicht nur gegenüber der äußeren Natur, er entfremdet sich von seiner eigenen und zugleich von Gott, dem er im Grunde nichts recht machen kann. Entfremdung ist ein anderes Wort für Sünde und Zerrissenheit. Das Leben ist vergiftet, in jeder Hinsicht.

Jan Assmann macht den Monotheismus für einen Großteil der Gewalt auf Erden verantwortlich. In den 1960er Jahren kommt im Westen eine Buddhismus- und Hinduismus-Begeisterung auf, die sich nicht zuletzt der Hippie-Bewegung verdankt und den Beatles, allen voran George Harrison. Was folgt, sind Poona, Bhagwan, Zen und Yoga. Man glaubt, der Buddhismus und der Hinduismus seien durch und durch friedlich, ganz anders als das Christentum. Dass Hindus Christen verfolgen, weil sie ihr Kastensystem in Frage stellen, und Buddhisten in Myanmar gegen Moslems wüten, lässt sich inzwischen nicht mehr ausblenden. Allerdings würde bereits ein Blick in Homers »Ilias« oder in Hesiods »Theogonie« genügen, um sich der Illusion zu entledigen, dass polytheistische Weltbilder nicht zur Gewalt tendieren. Die Verkündung der Menschenrechte beruht auf dem Glauben, dass alle Menschen gleich sind. Dieser Glaube gründet in der Überzeugung, dass sie gleich sind vor dem einen, einzigen Gott. Hier gibt es keine Hierarchie, keine Vorlieben, keine Sonderstellung, keine Extravaganzen. Man muss jetzt keine Caesaren mehr wie Götter verehren und nicht mehr vor Leuten wie Nero zittern, man weiß, es gibt Höheres. In dessen Angesicht sind alle irdische Macht und Pracht nichtig.

Der Tod der Götter. In Nietzsches Augen verdankt sich das Entstehen des Monotheismus einer Groteske. Für ihn sind die Götter nicht dahingedämmert, sie haben sich zu Tode gelacht. Als eines Tages ein alter, eifersüchtiger Grimmbart von Gott vor seine versammelten Götterkollegen tritt und behauptet: Ich bin der Einzige, ihr sollt keine andern neben mir haben!, schütteln sie sich vor Lachen und können gar nicht mehr aufhören. Sie lachen sich zu Tode.

Für Nietzsche stellt das Aufkommen des Christentums die schlimmste Katastrophe dar in der abendländischen Geschichte. Es zerstört die antike Welt und damit die Liebe zur Erde. Freilich sieht Nietzsche die Zeit gekommen, wo alles sich wieder ändert. »Brüder, bleibt der Erde treu!«, lässt er seinen Zarathustra rufen. Auch Heidegger will die Erde wieder zur Heimat umgestalten, mit Hölderlins Hilfe. Man muss nur den Monotheismus hinter sich lassen.

Da war noch Freundschaft in der Welt, verkündet Hyperion Bellarmin. Lang ist's her. Schiller besingt in seiner »Ode an die Freude« eine Zukunft, in der alle wieder Brüder werden. In einem Brief an Körner erklärt er allerdings, es sei ein schlechtes Gedicht, und fügt hinzu: Je schlechter die Gedichte, desto besser kommen sie an. Anders als bei Schiller begegnen wir im »Hyperion« keiner reimseligen Brüderlichkeitspredigt, sondern der immerwährenden Klage, dass die Welt nicht ist, wie sie sein soll. »Eins sein mit Allem« – das wär's. Das ist viel mehr als bloß brüderlich werden. Freundschaft kann davon bloß ein Abglanz sein. Doch immerhin, mit Freundschaft wäre ein Anfang gemacht.

So wie er das All-Eins-Sein besingt, so besingt Hyperion auch die Freundschaft: »Die Liebe gebar die Welt, die Freundschaft wird sie wieder gebären. … Von Kinderharmonie sind einst die Völker ausgegangen, die Harmonie der Geister wird der Anfang einer neuen Weltgeschichte sein.« Auch in seinen Briefen lässt Hölderlin sich über nichts so ausgiebig aus wie über Freundschaft, als genügte Freundschaft alleine nicht, als müsste man sie immerzu beschwören, als hätte man sich sonst wenig zu sagen. Fast könnte man Beklemmungen kriegen, schließlich darf kein Blatt zwischen Freunde passen. Zwar redet Hyperion in guter dialektischer Manier auch vom Trennenden, doch es soll einzig höherer Harmonie dienen. Das Ziel bleibt Verschmelzung.

Von seiner Zusammenkunft mit Alabanda schwärmt Hyperion: »Wir begegneten einander wie zwei Bäche, die vom Berge rollen und die Last von Erde und Stein und faulem Holz und das ganze träge Chaos, das sie aufhält, von sich schleudern, um den Weg sich zu einander zu bahnen und durchzubrechen bis dahin, wo sie nun ergreifend und ergriffen mit gleicher Kraft, vereint in Einem majestätischen Strom, die Wanderung in's weite Meer beginnen.«

Herzklopfen für das Wohl der Menschheit. Mit 23 schreibt Hölderlin an seinen Halbbruder: »Ich hange nicht mehr so warm an einzelnen Menschen. Meine Liebe ist das Menschengeschlecht … Ich liebe das Geschlecht der kommenden Jahrhunderte. … O! und wenn ich eine Seele finde, die wie ich nach jenem Ziele strebt, die ist mir heilig und teuer, über alles teuer. … Willst Du mich zum Freunde, so soll jenes Ziel das Band sein, das von nun an unsre Herzen fester, unzertrennlicher, inniger vereinigt. O! es gibt viele Brüder, aber Brüder, die solche Freunde sind, gibts wenige.«

Allerdings erklärt Hölderlin seinem Bruder auch in aller Klarheit, die Freundschaft zu ihm sei nun nicht mehr so stark wie einst, schließlich gehe es jetzt um die ganze Menschheit. Am Ende lädt er ihn ein, seine Idee von der weltumfassenden Liebe zu übernehmen, dadurch könnte er ihn auch wieder lieben wie früher, vielleicht sogar noch mehr. Hölderlin stellt Bedingungen. Wer sein Freund sein will, muss höchsten Anforderungen genügen, sonst ist er nicht wert, in aller Tiefe geliebt zu werden. Entweder teilt man seinen Anspruch oder man lässt es, mit entsprechenden Konsequenzen. Ist sein Bruder nicht seiner Meinung, verstößt er sich selbst aus der Brüdergemeinschaft.

Das Gesetz des Herzens und der Wahnsinn des Eigendünkels lautet ein Kapitel in Hegels 1807 erschienener »Phänomenologie des Geistes«. Hegel nimmt dort eine Gesinnung in den Blick, die von sich glaubt, es gehe ihr einzig und allein um das Wohl der Menschheit. Während andere vor allem an sich selbst denken, ihren Geschäften nachgehen und sich an die schlechten Verhältnisse verraten, geht es dem Gutgesinnten nur ums Gute. Über Leute, die sich dem nicht anschließen, kann der Edelgesinnte leicht in heiligen Zorn geraten. Der Gute geht davon aus, dass eigentlich die ganze Welt die Dinge so sehen müsste wie er. Wer es nicht tut, hat keine guten Absichten oder verschließt die Augen vor der Schlechtigkeit der Welt. Der Gute entdeckt alles Böse am Andern und im Draußen, sein Inneres erstrahlt in moralischer Schönheit.

Weil es aber unterschiedliche Vorstellungen darüber gibt, was ein gutes Leben ist, und weil die Wege dorthin verschieden sein können, muss es laut Hegel zum Krieg aller gegen alle kommen, wenn all die Gutgesinnten, denen es nur ums Wohl der Menschheit geht, für ihre Vorstellung vom einzig Wahren und Guten kämpfen. Schließlich bringt ein jeder andere Vorstellungen mit, was sich spätestens zeigt, wenn die Sache konkret wird. Man kennt das von Revolutionen, nicht nur von der französischen, auch von der russischen. Der Streit um den wahren Weg endet schnell unter der Guillotine oder im Gulag. Der Genosse von gestern ist morgen der Feind.

Doch noch aus einem anderen Grund führt der Glaube, es gehe dem Guten nur ums Wohl der Menschheit, in die Hölle. Sobald die Ideale in die Realität umgesetzt werden, leuchten sie nicht mehr in schönster Reinheit. Denn man muss ein Regelwerk finden, erneut Gesetze einführen, erneut Gebote und Verbote formulieren. Alles gleicht dem Früher, wenn auch unter anderen Vorzeichen. Erneut sieht man sich mit der Prosa des

Lebens konfrontiert. Ideale sind nur so lange schön, wie sie von keiner Wirklichkeit befleckt werden. Was man sich als gutes, gerechtes Leben ausgemalt hat, entwickelt sich im Zug seiner Verwirklichung wieder zum Räderwerk, und zwar mit Notwendigkeit. Die Guten sind plötzlich die Bösen.

Um zu begreifen, was Hegel an dialektischen Umschwüngen beschreibt, genügt ein aufgebrachter Satz der Bürgerrechtlerin Bärbel Bohley, den sie ein paar Jahre nach dem Mauerfall kundtut: »Wir haben Gerechtigkeit gewollt und den Rechtsstaat bekommen.« Solche Sätze klingen grandios, sie erheischen sofortiges Nicken. Allerdings fragt man sich, wie auch nur eine Spur von Gerechtigkeit verwirklicht werden soll ohne Regelwerk. Über Institutionen lässt sich leicht klagen und auch über Gesetze, doch wie würde eine Welt aussehen, die beides nicht kennt? Mord und Totschlag wären die Folgen, nur das Recht des Stärkeren würde noch gelten.

Gestalten wie Empedokles und Hölderlin können im tiefsten Grund ihres Herzens froh sein, dass ihre Ideale sich niemals verwirklichen lassen. Würden sie verwirklicht, gäbe es keinen Platz mehr für ihren herzerwärmenden Glauben, dass sie sich nur nach Gutem verzehren und nach Schönem. Sie verlören alles, was sie ausmacht: ihr ganzes Sehnen, ihr ganzes Klagen, ihr ganzes Selbstbild. Schön bleibt die schöne Seele nur, solange sie sich von der Schlechtigkeit der Welt abheben kann. Jacques Lacan drückt es weniger freundlich aus, wenn er bemerkt: »Die schöne Seel erkennt nicht ihre eigene raison d'être in der Unordnung, die sie der Welt vorhält.« Sie projiziert alles Ungute nach außen, während sie selbst sich für unendlich edel hält. Dabei braucht sie nichts so dringend wie einen Feind, ein Negativ, eine Welt, die sie als verdorben brandmarkt. Das Schlechte ist ihr Lebenselixier. Hinter dem Gesetz des Herzens lauert der Wahnsinn des Eigendünkels, heißt es bei Hegel.

Stefan George. Edith Landmann überliefert von dem Hölderlin-Verehrer Stefan George den Satz: »Das Dichterische steht dem Religiösen entgegen; die Religion ist demokratisch, sie findet für jeden ein Unterkommen, weist jedem seinen Platz, und dies gibt die Befriedigung, aber eine künstlerische Natur würde da ihr Genügen nicht finden.« Für George ist Dichtung das Höchste, damit weiß er sich eins mit Hölderlin. Nur glaubt er nicht wie er, es lasse sich eine Neue Mythologie in die Welt bringen, die ein ganzes Volk erreicht oder gar die ganze Menschheit. Wahre Dichtung bleibt der Masse unverständlich, sie besitzt dafür kein Sensorium. Für die wenigen Anderen ist sie Gottesdienst. Das Volk drängt's zum Einfachen, Eingängigen, Einfältigen.

Georges Werke erscheinen in kostbaren Ausgaben, mit Signets, die das Exklusive herausstellen. Auch Georges Kleinschreibung trägt zu dieser Exklusivität bei und seine eigenmächtige Zeichensetzung, ebenso die Verbannung von Punkten und Kommata und jene eigens entwickelte Typographie, die seine kalligraphische Handschrift nachahmt. Es geht um Einzigartigkeit, nicht um Allgemeinverständlichkeit. Georges Gedichte sind Gebete für jenes Geheime Deutschland, das sich für das geistigere, tiefere, höhere hält.

Obwohl Sattlers Hölderlin-Ausgabe beim Verlag Roter Stern erscheint, dem sich alles nachsagen lässt, nur nicht kulturkonservativer Elitismus, strahlt auch sie nichts Massenfreundliches aus. Die ersten Bände stehen noch gelegentlich in WGs, wo nächtelang über Marx, Foucault und Habermas diskutiert wird. Aber auch sie verschwinden nach kurzer Zeit und landen bei Antiquaren. Die Frankfurter Ausgabe eignet sich schlecht zum schlichten Lesen, sie ist für Spezialisten gemacht, die nach Krümeln suchen, um den wahren Hölderlin vor dem entstellten zu retten. In ein normales Bücherregal passt ihr Format nicht.

Ich habe nie Hölderlin geheißen. Immer wieder bekommt Hölderlin in seinen vielen Jahren bei den Zimmers Besuch. Manchmal empfängt er ihn, häufig wehrt er ihn ab. Hölderlin legt ein seltsam höfliches, um nicht zu sagen höfisches Benehmen an den Tag. Es wirkt wie Theater, ein Theater allerdings, das er strikt durchhält. Überreicht man ihm eine kleine Ausgabe seiner Gedichte, erklärt er: »Ja, die Gedichte sind echt, die sind von mir; aber der Name ist gefälscht, ich habe nie Hölderlin geheißen, sondern Scardanelli oder Scarivari oder Salvator Rosa oder sowas.« Die Briefe an die Mutter unterzeichnet er mit Hölderlin, das dichterische Werk scheint dagegen ein anderer verfasst zu haben. Wie souverän Hölderlin dieses Spiel handhabt, weiß man nicht. Er hält seine Besucher auf Distanz, durch galantes Benehmen, durch bizarre aristokratische Manieren.

In Rousseaus Augen gibt es nichts Schlimmeres als eine Konfusion, die sich Verstellung verdankt und dem Bedürfnis, etwas anderes darzustellen, als man ist. Der verstädterte Mensch lebt in seinen Augen davon. Er setzt sich in der Öffentlichkeit eine Maske auf, die er zu Hause abnimmt. Schlimmstenfalls weiß er bald selbst nicht mehr, wer er eigentlich ist. Alles verschwimmt, das Spiel verwandelt sich in Wirklichkeit, die Ebenen geraten durcheinander. Irgendwann begegnet man nicht einmal mehr hinter dem Vorhang dem wahren Gesicht.

Rousseau treibt dieses Spiel selbst, nicht nur in jungen Jahren, wo er sich auf Reisen als Vaussore de Villeneuve ausgibt und behauptet, Musiker zu sein. Mit dem »de« hievt der Bürgerspross aus Genf sich zum Adligen hoch. Auch später gibt er sich immer andere Namen, mit der Begründung, seinen Verfolgern entkommen zu wollen. Während seiner Zeit in England nennt er sich Mister Dudding, zurück in Frankreich Monsieur Renou. Auch Hölderlin habe sich vor Verfolgung schützen wollen, behauptet Bertaux.

Klingt das glaubwürdig? Oder ist es ein Zeichen von Wahnsinn? Wie beim späten Nietzsche, der an Jacob Burckhardt schreibt: »Was unangenehm ist und meiner Bescheidenheit zusetzt, ist, daß im Grunde jeder Name in der Geschichte ich bin.«

Oder entwickelt Hölderlin bei den Zimmers einfach wieder eine kindliche Lust am Spiel? Und sei es, um das Elend ein bisschen abwechslungsreicher zu machen? Oder empfindet er es gar nicht als Elend? Alle Namen, die er sich gibt, klingen schön. Lauter italienische Vokalmusik: Scardanelli, Salvator Rosa, Buonarotti, Rosetti.

Jakobsons Scardanelli. Mit der Verbreitung der französischen Diskurstheorien und der Dekonstruktion greifen die Begriffe Semiotik, Signifikat und Signifikant um sich. Mit Ferdinand de Saussure rückt ein seit fast hundert Jahren toter Linguist ins Zentrum, dessen Namen man lange nur in Fachkreisen gekannt hat. Plötzlich taucht er ständig auf, was nicht heißt, dass man seine Schriften wirklich liest. Allerdings scheinen seine Theorien dazu angetan, die Mechanismen unserer Sprache und unseres Denkens zu durchleuchten. Seit der semiotischen Wende besteht die Welt nur noch aus Zeichen, die ihre Bedeutung aus dem Zusammenspiel mit anderen Zeichen gewinnen. Saussures Linguistik gerät über Nacht zur Generaldisziplin, mit der sich alles und jedes erklären lässt. Claude Lévi-Strauss, Lacan, Julia Kristeva, Roland Barthes, Foucault, Derrida, sie alle rekurrieren auf seine strukturale Sprachanalyse. Der eine legt damit die Funktionsweise von Mythen offen, der andere die Funktionsweise des Unbewussten, der Dritte die Funktionsweise von Diskursen.

Auch der Linguist Roman Jakobson verdankt Saussure sein Handwerkszeug. Zusammen mit Grethe Lübbe-Grothues legt er 1971 eine Interpretation von Hölderlins spätem Gedicht »Die

Aussicht« vor. Es stammt aus der Zeit im Turm und gehört zu jenen Gebilden, die ein wenig kindlich klingen und unbeholfen, in ihrer Schlichtheit aber etwas zutiefst Anrührendes besitzen. Häufig sind diese Gedichte unterzeichnet mit »Dero unterthänigster Scardanelli« und ähnlichen Wendungen. Aus diesem Grund sprechen Jakobson und Lübbe-Groethues auch nicht von Hölderlin als ihrem Autor, sondern von Scardanelli. Sie entschlüsseln »Die Aussicht« nicht nur Wort für Wort, sie entschlüsseln sie Silbe für Silbe. In einer Mischung aus technizistischer Präzision und kühner Spekulation legen sie ein Bedeutungsnetz frei, das einen ganzen Kosmos aus Korrespondenzen, Anspielungen und Verweisen entfaltet.

Ohne diesen beiden einen Dechiffrierungswahn zu unterstellen, muss man wissen, dass Saussure im Laufe seines Lebens eine besondere Form von Paranoia entwickelt hat. Von Jahr zu Jahr ist er immer mehr davon überzeugt, dass hinter fast allen großen Gedichten sich noch andere Texte verbergen. Man muss sie nur zu entziffern wissen, mittels Anagrammatik. Anfangs vertraut Saussure seine Entdeckung nur wenigen an, aus Angst, man könnte ihn nicht für bei Sinnen halten, mit der Zeit nimmt seine Theorie geradezu wahnhafte Züge an. Überall entdeckt er verschlüsselte Bedeutungen, okkulte Botschaften, geheime Mitteilungen. Man muss nur lange genug die Buchstaben verrücken, um durchs Manifeste zum Latenten vorzudringen.

Auch wenn Saussures strukturalistische Nachfahren diese Obsession nicht teilen, glauben sie an die Offenbarungskraft anagrammatischer Dekodierung. Man fühlt sich wie bei einem linguistischen Geheimdienst, der über die herkömmliche Hermeneutik bloß lachen kann ob ihrer Oberflächlichkeit. An Jakobsons Zugriff auf Hölderlins Gedicht lässt sich sehen, wie detektivischer Präzisionsanspruch und waghalsiges Assoziieren ineinandergreifen.

Einerseits behauptet Jakobson, Hölderlins Gedicht nur aus sich selbst verstehen zu wollen, andererseits zieht er Dutzende biographischer Dokumente heran, die seine Thesen beglaubigen sollen. Er zitiert Tischlermeister Zimmer, Wilhelm Waiblinger, Christoph Theodor Schwab und Johann Georg Fischer, beharrt aber darauf, dass es sich bei diesem Gedicht um ein vollkommen autonomes Gebilde handelt, das auf keinerlei Empirie anspielt, am allerwenigsten der Titel »Die Aussicht«, der auf keinen Fall dazu verleiten dürfe, an Hölderlins Blick aus dem Fenster zu denken.

Am Ende läuft alles auf die Behauptung hinaus, dass mit Scardanelli Molières Sganarelle gemeint ist, der Diener von Don Juan. Um zu dieser Erkenntnis zu gelangen, präsentieren Jakobson und Lübbe-Grothues allerlei Statistiken und Tabellen, mit denen sie diverse Vokal- und Silben-Symmetrien, Diphthongverteilungen, Subjekt-Prädikat-Beziehungen, Nomina, Partizipien und Possessiva auswerten. Es ist viel von Syntax die Rede und von Segmenten, Strukturen, Proportionen, Objekten. Im Grunde versteht man wenig, hat aber das Gefühl, an einer Entzifferungsaktion teilzuhaben, die sich szientifisch gibt. Man entdeckt ein kompliziertes Netz aus Anspielungen und Interferenzen, wird aber den Gedanken nicht los, dass Hölderlin weder etwas mit Molière am Hut gehabt hat noch sonst etwas mit all dem, was dort behauptet wird.

Fazit: »Das in *Sganarelle* fehlende *d* und *i* ist dem *Scardanelli* mit *Hölderlin* gemeinsam. Das vom kranken Hölderlin angenommene Ritual der höfischen, mit Vorliebe französischen Redensarten und dienstfertigen Formeln konnte ihn leicht an die Bühnenfigur des Sganarelle erinnern, der in seinen verschiedenen Spielarten eine ähnliche Phraseologie und Verbeugungsgestik entwickelt hat.«

Dialektisches Abrakadabra, diskursives Abrakadabra. Bis Ende der 1970er Jahre taucht in jedem zweiten Satz das Wort Dialektik auf, zumindest bei denen, die zu wissen glauben, wie alles miteinander zusammenhängt in der kapitalistischen Welt. Man traut sich kaum zu fragen, was genau damit gemeint ist, aus Angst, dumm dazustehen. Entweder hat man's kapiert oder nicht. Wer es nicht kapiert hat, hat ein falsches Bewusstsein. Manchmal hakt man auch nicht nach, um den andern nicht bloßzustellen. Könnte er sein Dialektik-Gerede tatsächlich erklären? Würde er sich in Plattitüden flüchten? Etwas von Widersprüchen schwafeln und von antagonistischen Zusammenhängen? Oder würde er verstummen? Oder den Kopf schütteln über so viel Begriffsstutzigkeit?

Wie über Nacht verschwindet die Dialektik auf einmal und wird ersetzt durch Diskurs, Dispositiv, Differenz und Dekonstruktion. Von Dialektik reden bald bloß noch marxistische Avatare. Man hat fast Mitleid mit ihnen. Sie sind stehengeblieben. Armselige ideologiekritische Schlaumeier. Das Wort Diskurs beherrscht nun die Szene. Das Dispositiv fängt nach einiger Zeit an zu schwächeln, Differenz und Dekonstruktion halten sich zäher, vor allem die Dekonstruktion.

1988 stellt sich eine Schrift mit dem Titel »Die Kunst der Differenz« die Aufgabe, »Hölderlins Dichtung als Kunst der Differenz zu sehen«. Man entdeckt in seiner Lyrik den Diskurs des Andern und die Subversion aller Diskursregeln. An den Fußnoten lässt sich sehen, in welchen Jahrzehnten man sich bewegt, man muss den Lauftext überhaupt nicht zur Kenntnis nehmen. Gestern: Marx, Marcuse, Adorno. Plötzlich: Foucault, Deleuze, Derrida.

Immer bestehet ein Maß / Allen gemein. Kann man Mythen wiederbeleben?, fragt Jean-Luc Nancy in seinem 1983 erschienenen Buch »Die undarstellbare Gesellschaft«. Vorangestellt sind ihm die Verse aus »Brod und Wein«: »… immer bestehet ein Maß / Allen gemein, doch jeglichem auch ist eignes beschieden, / Dahin gehet und kommt jeder, wohin er es kann.« Für Nancy sind Mythen »Selbsterdichtungen«, die diesseits aller rationalen Begründungen Gemeinschaft stiften. Da wir heute aber nicht mehr anders können, als Mythen kritisch zu reflektieren, ist ihre Zeit in seinen Augen eigentlich vorbei. Wenn wir nach ihrem Sinn, ihrem Zweck, ihrer Machart fragen, nehmen wir Distanz ein, ob wir wollen oder nicht. Wir können sie zwar immer noch schön finden oder interessant, blind an sie glauben können wir nicht mehr. Und deshalb lassen sie sich auch nicht mehr reaktivieren, es sei denn unter Androhung von Strafe, wenn man sich ihrer Anerkennung verweigert.

Im Lauf der Zeit zersetzen Mythologien sich von allein, so wie Religionen, Weltbilder, Ideologien. Sie alle basieren auf dem Glauben, man könne den Anfang der Welt erklären, den Ursprung der Geschichte, den Sinn des Seins; und sei es mit Blut-und-Boden-Fiktionen oder kommunistischen Ursprungs- und Zukunftsvisionen. Mythen sind riesige Behauptungsmaschinerien, man zimmert sich mit ihnen Geschichts- und Menschenbilder zusammen, die Gewalt ins sich bergen. Stets beschwören Mythen eine grandiose Vergangenheit, deren Wiederkehr sie propagieren: Am Anfang steht das Paradies; was folgt, ist Zerfall; die Zukunft muss aus Rückkehr bestehen. Mythen bewirtschaften regressive Sehnsüchte, die sich zum politischen Wahn steigern können.

Weil die modernde Welt kein sinnstiftendes Firmament mehr besitzt, sind unsere heutigen Gesellschaften besonders anfällig für Mythen, behauptet Nancy. Mit seinen nationalsozialistischen und kommunistischen Kollektivierungsversuchen hat das 20. Jahrhundert vorgeführt, wohin der Glaube an die große Gemeinschaft führt und welchen Terror er in Gang setzt. Nancy schaudert es ob aller Remythisierungsversuche. Für ihn besteht die Gemeinschaft der Menschen in dem Wissen, dass sie sterben müssen. Dieses Wissen verbindet sie, mehr als alles andere. Der Tod ist nichts, was erst am Ende kommt, er steckt in uns seit dem ersten Atemzug: in unserem Körper-Sein, unserer Hinfälligkeit, unserer Verletzbarkeit. Er ist allpräsent im unentwegten Vergehen und Verwehen. Unser Körper gehört uns nicht.

Auf diesem Hintergrund klingen die dem Buch vorangestellten Hölderlin-Verse anders, als wenn man sie frei assoziativ liest: »... immer bestehet ein Maß / Allen gemein, doch jeglichem auch ist eignes beschieden, / Dahin gehet und kommt jeder, wohin er es kann.«

GRIECHISCHES LICHT

Dionysos in Bordeaux. Nach seiner Rückkehr aus Bordeaux schreibt Hölderlin einen Brief an Casimir von Boehlendorff, der zu seinen meistzitierten Dokumenten gehört. Über Frankreich weiß er zu berichten: »Das gewaltige Element, das Feuer des Himmels und die Stille der Menschen, ihr Leben in der Natur, und ihre Eingeschränktheit und Zufriedenheit, hat mich beständig ergriffen, und wie man Helden nachspricht, kann ich wohl sagen, daß mich Apollo geschlagen. … Das Athletische der südlichen Menschen, in den Ruinen des antiquen Geistes, machte mich mit dem eigentlichen Wesen der Griechen bekannter; ich lernte ihre Natur und ihre Weisheit kennen, ihren Körper, die Art, wie sie in ihrem Klima wuchsen, und die Regel, womit sie den übermütigen Genius vor des Elements Gewalt behüteten. … Der Anblick der Antiquen hat mir einen Eindruck gegeben, der mir nicht allein die Griechen verständlicher macht, sondern überhaupt das Höchste der Kunst.«

Ein paar Jahre später, als er bereits bei der Familie Zimmer untergebracht ist, entsteht das Gedicht »Andenken«, in dessen erster Strophe es heißt: »Geh aber nun und grüße / Die schöne Garonne, / Und die Gärten von Bordeaux«. Und weiter: »An Feiertagen gehen / Die braunen Frauen daselbst / Auf seidnen Boden, / Zur Märzenzeit, / Wenn gleich ist Nacht und Tag, / Und über langsamen Stegen, / Von goldenen Träumen schwer, / Einwiegende Lüfte ziehen.« Zum Schluss hin lauten die Verse: »Nun aber sind zu Indiern / Die Männer gegangen, / Dort an der luftigen Spiz' / An Traubenbergen, wo herab / Die Dordogne kommt«. Indien steht für Dionysos, den Gott des Weins, wie schon in dem Gedicht »Dichterberuf«, wo es heißt: »Des

Ganges Ufer hörten des Freudengotts / Triumph, als allerobernd vom Indus her / Der junge Bacchus kam mit heilgem / Weine vom Schlafe die Völker weckend.« Das Gedicht »Andenken« endet mit dem berühmt gewordenen Vers: »Was bleibet aber, stiften die Dichter.«

Briefe kann man nicht mit Gedichten vergleichen, doch dieser Brief besitzt selbst etwas von einem Gedicht: das Element des Feuers, die gewaltige Hitze, die Stille der Menschen, die Ruinen des Geistes, der übermütige Genius, das Höchste der Kunst. Alles an ihm wirkt poetisch, nichts wird einfach nur erzählt oder berichtet. Zuweilen erinnert er an Winckelmann, der an den antiken Statuen das Athletische feiert, die Schönheit der Körper, ihr Straffes, Gesundes. Auch denkt man an seine berühmte Formulierung »Edle Einfalt, stille Größe«, mit der er das Wesen der Griechen charakterisiert. Was Hölderlin in Frankreichs Süden erblickt, ist eine archaische Welt. In Aquitanien glaubt er den alten Griechen zu begegnen, dort haben sie überlebt. Mythische Größe umweht ihn.

Hat er das wirklich gesehen? Oder hat er gesehen, was er sehen wollte? In ihrer lyrischen Intensität berühren einen die Bilder dieses Briefes zutiefst. Zugleich sind sie holzschnitzartig: nichts Konkretes, keine Individuen, nur antikisierte Gattungsexemplare. Mit keinem Wort ist von Bordeaux die Rede, wo Hölderlin eine Stelle als Hauslehrer gehabt hat. Überall nur Erde, Stille, Feuer des Himmels.

1934 heißt es in Heideggers Aufsatz »Warum bleiben wir in der Provinz«: »Neulich bekam ich den zweiten Ruf an die Universität Berlin. Bei einer solchen Gelegenheit ziehe ich mich aus der Stadt auf die Hütte zurück. Ich höre, was die Berge und die Wälder und die Bauernhöfe sagen. Ich komme dabei zu meinem alten Freund, einem fünfundsiebzigjährigen Bauern. Er hat von dem Berliner Ruf in der Zeitung gelesen. Was wird er sagen? Er schiebt langsam den sicheren Blick seiner klaren Augen in den meinen, hält den Mund straff geschlossen, legt mir seine treu-bedächtige Hand auf die Schulter und schüttelt kaum merklich den Kopf. Das will sagen: unerbittlich nein.« Berlin bedeutet Tumult und Entwurzelung. Stille, Schweigen, Schauen – das sagt mehr als tausend Worte. Nur Städter müssen ständig reden, quasseln, schwafeln. Und all das, um ihre innere Leere zu übertönen. Schon in »Sein und Zeit« ist von der Bodenlosigkeit des Geredes die Rede; es hat jeden Bezug zum Sein verloren. Stille und Stadt schließen sich aus.

Warum findet sich in Hölderlins Brief kein einziges Wort über Bordeaux? Zwar hält Hölderlin sich dort nicht lange auf, doch immerhin ein paar Monate, im Haus des Konsuls Meyer, der mit einer Französin verheiratet ist und neben seiner politischen Tätigkeit auch mit Wein handelt. Bordeaux ist mit seinen hunderttausend Einwohnern eine Großstadt, nicht nur für damalige Verhältnisse. Tübingen zählt an die siebentausend, Stuttgart knapp zwanzigtausend.

Begegnet Hölderlin in Bordeaux tatsächlich nur Inbildern der griechischen Antike? Stillen, athletischen Menschen? Muss er nicht staunen über eine Stadt, wie er sie in solcher Größe noch nie gesehen hat, außer auf dem Weg dorthin, als er über Lyon kommt? Warum ist Bordeaux ihm keiner einzigen Erwähnung wert? Passt diese Stadt nicht ins lyrische Bild?

Einige Jahre vor Hölderlins Ankunft hält sich ein Mann im Bordelais auf, der Vorsitzender der American Philosophical Society ist, Gründer der Universität von Virginia, Verfasser der amerikanischen Unabhängigkeitserklärung, einer der Gründerväter der Vereinigten Staaten und ihr dritter Präsident. Zudem ist er einer der ersten Winzer der Neuen Welt. Im Mai 1787 besucht Thomas Jefferson die Weinschlösser Margaux, Latour, Lafite und Haut-Brion, deren Namen schon damals Ehrfurcht einflößen. Auch in Sauternes, Preignac und Barsac schaut er vorbei, um nicht nur rostbraune Rote zu verkosten, sondern auch goldgelbe Süße.

Bei seiner Rückreise lässt er 252 Flaschen nach Amerika verschiffen, den größten Teil für sich selbst, ein paar Dutzend für seinen Schwager. Der Weinverbrauch in Jeffersons Haus beträgt pro Jahr um die 400 Flaschen, nicht gerechnet seine Präsidentschaftszeit, wo im Keller weit mehr gelagert werden muss. Allerdings hat Jefferson nicht die Absicht, sich seinen Wein für alle Zeiten aus Frankreich schicken zu lassen, er will Amerika mit Reben bestücken. Als Anhänger der physiokratischen Lehre ist er überzeugt, dass wahrer Reichtum sich in erster Linie Erzeugnissen verdankt, die der Boden hervorbringt.

Während Hölderlin auf seiner Reise nach Bordeaux den alten Griechen zu begegnen glaubt, trifft Jefferson auf eine Welt, die aus Lagerhäusern und Kontoren besteht und aus Geschäftigkeit. Schiffe aus aller Herren Länder legen an der Gironde an, auf den Straßen, in den Tavernen, Herbergen und Schenken trifft man mit Leuten aus allen Erdteilen zusammen. Von jener Stille der Menschen und jenen Ruinen des antiken Geistes, die Hölderlin in seinem Brief an Boehlendorff beschwört, bekommt Jefferson wenig mit. Nur die mächtigen Steine, aus denen die Prachtgebäude erbaut sind, erinnern ihn ans alte Rom. Sie beeindrucken ihn so sehr, dass er ihren Umfang misst: In der Länge betragen sie 19 bis 20 Zoll, in der Breite 11 bis 12, in der Dicke 1½ bis 2. Anders als die römischen Klötze kommen ihm die heutigen weniger massiv vor und weniger solide, aber auch weniger fein.

Auch fallen ihm die vielen gestutzten Ulmen am Flussufer auf und die Laubengänge, während sich zum Meer ödes Sumpfland erstreckt mit Farnen und Ginster, aber auch mit Hecken, zwischen denen gelegentlich Schafe weiden und Rinder. Die

Wege zu den Weingütern führen über wellige Ebenen voller Maulbeersträucher, Korn und Roggen, Mais und Bohnen, Flachs und Reben. Überall sieht man Pferde und Esel, nirgends jedoch Maultiere, wie Jefferson verwundert feststellt. Die in endlosen Reihen gepflanzten Rebstöcke misst er mit dem Meterstab: Sie sind 3½ Fuß hoch, die Trauben fangen ungefähr 1½ Fuß über dem Boden an zu wachsen. Er notiert, dass die Männer für die Lese 30 Sous pro Tag bekommen, die Frauen 15. Das alles muss er wissen, um ausrechnen zu können, was es heißt, in Amerika Wein anzubauen.

Das Schweigen. »Wer kehrt nicht heim, wenn er nach Griechenland fliegt?«, fragt Wolfgang Koeppen, als er 1961 das Flugzeug nach Athen besteigt. Er wird für den Süddeutschen Rundfunk eine literarische Reportage schreiben, wie schon über Frankreich, Russland und Amerika. Was ihn dort unten am meisten erstaunt, ist die überdeutliche Sichtbarkeit des Patriarchats. In den Kaffeehäusern dürfen nur Männer sitzen; immer wieder ziehen ein paar von ihnen Bündel mit fettigen Geldscheinen aus ihren Hosen und stecken sie den Speichelleckern zu, die sich um sie scharen. Es ist eine Gesellschaft aus Herren und Knechten, Paschas und Sklaven, einschüchternden Vätern und untertänigen Söhnen. Bis in die Gegenwart halten sich die Sitten der osmanischen Herrschaft, vielleicht rühren sie sogar noch von der Antike her, aus Zeiten, als Frauen, Fremde und Sklaven nichts zu sagen hatten.

»Dionysos lebte mäßig. Der Wein ist lauwarm. Nur das Wasser ist frisch«, heißt es bei Koeppen, womit er nicht nur die Tristesse der Tavernen meint. Immer wieder »alte Frauen in dunklen Fluren«, rundum etwas Freudloses, ernste Geschäftigkeit. Herrlich ist nur das Licht, wofür die Menschen nichts können, wie Koeppen betont. Über den steinigen, staubigen Aufstieg zur Akropolis schreibt er: »Das ist Hellas! Der hohe, der blaue, der wolkenlose Himmel.« Allerdings ist die Akropolis auch Griechenlands Fluch: Sie kündet von kurzer, glanzvoller Zeit. Lang ist's her. »Was wir auf der Akropolis sehen, ist die Sage von der Sage.« Nachhall des Nachhalls, Abglanz vom Abglanz. Die deutschen Antikeverehrer aus der Goethezeit können froh sein, dieses Land nie betreten zu haben.

Das Theater von Epidauros jedoch ist für Koeppen der schönste Ort der Welt. »Die Callas soll dort gesungen haben«, schreibt er. »Ich habe sie nicht gehört. Ich hatte das Glück, für eine Weile allein vor den verwitterten, dumpf schweigenden Steinen der Sitzreihen zu stehen, und ich meine, das Erhabene ist hier das Schweigen.«

Chateaubriand. Anders als Hölderlin, der nie griechischen Boden betritt, verlässt François-René de Chateaubriand im Sommer 1806 an der peloponnesischen Küste das Schiff, um sich auf dem Landweg über Sparta und Mykene nach Athen zu begeben. Er schreckt nicht – wie noch Heidegger – vor der Gegenwart zurück, erhofft sich aber auch kein seelisches Erbeben, wenn er auf dem Eselskarren von einem kargen Landstrich in den nächsten dahinzuckelt. Auch sehnt er sich nicht nach der Wiederkehr der Götter, ihm ist rätselhaft, wie man sich eine Welt zurückwünschen kann, deren Götter etwas Groteskes besitzen. Als er am Isthmus anlangt, notiert er: »Korinth liegt am Fuß einer Bergkette, in einer Ebene, die sich bis zur Bucht von Kirra erstreckt, die inzwischen den Namen Golf von Lepanto trägt und als einziger Ort neueren Namens einen so herrlichen Klang besitzt wie die antiken Orte.«

Chateaubriand spielt auf die Seeschlacht von Lepanto an, bei der 1571 die ottomanische Flotte geschlagen und Europa vor der islamischen Gefahr gerettet wird. Allerdings gehört Griechenland nach wie vor zum Osmanischen Reich. Während die Tempel und Theater zerstört darniederliegen, ertönt von den Türmen der Dörfer und Städte der Ruf des Muezzins.

»Ich bin keineswegs der Sohn von Odysseus«, erklärt Chateaubriand, »weitaus mehr liebe ich die heimatlichen Felsküsten in unseren viel schöneren Gegenden.« An anderer Stelle heißt es: »Ich gehöre nicht im Geringsten zu jenen furchtlosen Antikebewunderern, die ein Vers von Homer über alles hinwegtröstet.« An der Antike fehlt ihm, was das Christentum auszeichnet: das Mitleiden mit der geschundenen Kreatur und ein Naturgefühl, in dem das Rühmen der Schöpfung mit der Klage über unsere Vergänglichkeit einhergeht.

Die Griechen dagegen besingen am liebsten Heldentaten, wie man nicht nur an Hölderlins verehrtem Pindar sieht. Während die Götter auf dem Olymp thronen, bleibt den Menschen, wenn sie tot sind, allein der Hades, wogegen das Paradies allen offensteht, zumindest im Prinzip. Chateaubriand kann dem antiken Fatalismus, der nur das Diesseits kennt, wenig abgewinnen. In seinen Augen bringt erst das Christentum jene Unendlichkeitsgefühle in die Welt, die einen jauchzen lassen und zugleich traurig machen, weil das eigene Leben endlich ist.

Am schönsten erscheint ihm Griechenland, als er es mit dem Schiff Richtung Konstantinopel verlässt. »Je weiter wir uns entfernten, desto schöner erschienen im herrlichsten Himmelsazur die über dem Meer aufragenden Säulen von Sounion, deren unendliches Weiß in nächtlicher Stille leuchtete. Wir waren bereits recht weit vom Kap entfernt, als an unser Ohr immer noch die am Fuß der Felsen anbrandenden Wellen, der im Wacholdergesträuch säuselnde Wind und die Gesänge der Grillen drangen, die heute nur mehr die Ruinen der Tempel bewohnen. Das waren die letzten Laute, die ich von griechischer Erde vernahm.«

Landkarten. Aus Homburg schreibt Hölderlin an seine Schwester, er habe sich sein Zimmer mit den Karten der vier Weltteile dekoriert. Er selbst kommt nicht weit herum in der Welt, sieht man ab von seinem Aufbruch nach Bordeaux, von wo er bald völlig verstört zurückkehrt. Abgesehen von Aufenthalten in Jena, Homburg, Waltershausen und im schweizerischen Hauptwil beschränkt sein Radius sich auf die Welt zwischen Tübingen und Nürtingen. Salamis, Kolchis, Zypern und Kreta erwandert er sich in geschichtsphilosophischen Visionen, im »Gefild tiefern Beschauns«. Sein »Gang ins Offene« bleibt in aller Regel begrenzt auf die Rebhänge am Neckar und an der Teck. Ins Weite schweift er vor allem in Gedanken, zurück in Vergangenheiten, die sich historisch schwer belegen lassen.

Verglichen mit Kant kommt Hölderlin freilich weit herum. Dabei kennt Kant, der Königsberg so gut wie nie verlassen hat, sich in der ganzen Welt aus, wie nicht nur seine 1798 erschienene »Anthropologie in pragmatischer Hinsicht« beweist. Was er dort über den Charakter der Völker und Rassen zu sagen weiß, lässt aufhorchen: Der Franzose besitzt Konversationsgeschmack, neigt in seiner Lebhaftigkeit aber zum Leichtsinn; der Engländer ist tüchtig, will aber für sich allein sein; der aus europäischem und arabischem Blut hervorgegangene Spanier kultiviert eine Grandezza, die sich wissenschaftlichem Fortschritt verschließt; der Italiener konversiert gerne in Prachtsälen, schläft aber in Rattennestern; beim Russen weiß man nicht, was aus ihm noch einmal werden wird; der Armenier zeichnet sich durch Handel aus, muss dafür aber weit zu Fuß gehen.

Man muss nicht in der Welt herumgekommen sein, um Bescheid zu wissen. Zuweilen hat einer viel gesehen, aber von nichts eine Ahnung, vor allem nicht von Kunst und Dichtung. Während seiner kurzen, unglücklichen Hofmeisterzeit im thüringischen Waltershausen schreibt Hölderlin an seine Schwester: »Mein Major ist ein recht guter Mann, gebildet auf dem Meere und im Kriege, und im Umgange mit den besten Köpfen unsers Zeitalters in Deutschland, Frankreich u. Amerika. Und doch soll er, wie die Leute sagen, nur ein Zwerg am Geiste sein.«

Was bleibt: ein Licht. Lamartine schildert in seiner 1835 erschienenen »Reise in den Orient« eine Nacht, die er bei Troja verbringt. Der Vollmond ist in ein befremdlich schönes Licht getaucht, das ihn fortrückt in traumwandlerische Ferne. Man vernimmt nur das Schwanken des Schiffsmasts und leises Knattern. In diesem schweigenden Kosmos, dessen Sterne seit Jahrtausenden über dieser Szenerie glänzen, ersteht Homers Welt, die nur noch aus Gräbern besteht und aus Trümmern. Lamartine schreibt: »Ich fühle kein Verlangen, die zweifelhaften Reste der Ruinen von Troja noch bei Tage zu besuchen und aus der Nähe zu sehen; lieber ist mir diese nächtliche Erscheinung, die es den Gedanken erlaubt, solche Wüsten wieder zu bevölkern, von nichts erhellt als der bleichen Fackel des Mondes und der Poesie Homers. Im Übrigen, was gehen mich Troja und seine Götter an und seine Helden?«

Rechts des Rheins begegnet man einer schmachtenden Griechensehnsucht, nur dass kein einziger dieser Schwärmer sich auf den Weg zu den alten Stätten macht. Links des Rheins begibt man sich auf Reisen, ergeht sich aber nicht in hypertrophen Antikevisionen, weder vor der Reise und schon gar nicht danach. Chateaubriand erwartet so wenig wie Lamartine, dass ihn auf der Peloponnes ehrfürchtiger Schauer durchzuckt.

Bayrisches Griechenland. Als Hölderlin in Zimmers Turm längst keine Elegien mehr schreibt, sondern nur noch kurze Gedichte, in denen Griechenland und der Weingott keine Rolle mehr spielen, kommt es auf ganz andere Weise zur deutsch-hellenischen Vermählung, als er sich einst vorgestellt hat. Nach dem Ende des griechischen Befreiungskriegs gegen die Osmanen wird 1832 ein Schüler von Schelling König von Griechenland. Es handelt sich um Otto I., den Sohn Ludwigs I. von Bayern und Großvater des Märchenkönigs Ludwig II. In ihrem Bemühen, Griechenland wiederaufzubauen, ernennen Frankreich, England und Russland einen Bayern zum König. Sie gehen davon aus, dass die Griechen sich nicht selbst regieren können. »Dir ist das Große zugedacht! / Du führst ein Volk aus tiefer Nacht!« heißt es in einem Gedicht auf Otto, das der längst vergessene Alois Josef Büssel verfasst.

Die westlichen Mächte investieren in ein desolat wirkendes Land, in der Hoffnung, dass zwischen Patras und Piräus, Thessaloniki und Smyrna bald brauchbare Verkehrswege entstehen. Doch es stellen sich keine schnellen Erfolge ein, die Enttäuschung über die Griechen wächst. Auch Jahre nach der Befreiung von der Türkenherrschaft sieht das Land noch so aus, wie Chateaubriand es in seiner 1811 erschienenen »Reise von Paris nach Jerusalem« schildert: eine vegetationsarme Ödnis mit lethargischen Bewohnern, die durch jahrhundertelange Fremdherrschaft den Willen verloren haben, das Schicksal in die eigene Hand zu nehmen.

Man trifft auf ein unwirtliches Klima, das zu Homers Beschreibungen der antiken Welt überhaupt nicht passt. Griechenland bildet das Gegenteil zum üppigen Italien, in jeder Hinsicht, nicht nur was die Natur angeht, auch Architektur, Kunst und Kultur liegen darnieder. Die Europäer müssen erkennen, Griechenland hat mit dem Bild antiker Größe nichts zu tun. Man begegnet auch keinem Sokrates mehr und keinem Platon. Winckelmann ist nicht zufällig in Rom geblieben. In Goethes berühmtem »Iphigenie«-Vers »Das Land der Griechen mit der Seele suchend« spricht sich die Wahrheit aus: Man sucht dieses Land tatsächlich nur im Innern.

Seit Ottos Regentschaft sind Griechenlands Landesfarben identisch mit den bayrischen: Blau und Weiß. Von dem Architekten Friedrich Gärtner, dessen neoklassizistische Prachtbauten bis heute München prägen, lässt Otto sich in Athen ein Schloss errichten. Seit der jüngsten Griechenlandkrise ist es immer wieder im Fernsehen zu sehen, dort tagt inzwischen das Parlament. Schon damals werden Klagen laut, die den heutigen gleichen.

Auf der Spur der Götter. Heidegger schiebt eine von seiner Frau schon lange geplante Kreuzfahrt durch die Ägäis von Jahr zu Jahr hinaus. Er ahnt, dass die Gegenwart seinen geschichts-mythischen Visionen nicht entspricht. Lediglich die Gewissheit, dass er Griechenland meist bloß vom Meer aus sieht, lässt ihn 1962 das Schiff besteigen. Weil eine Welt, in der keine Götter mehr walten, nackt wirken muss, ergeht er sich lieber im stillen Zwiegespräch mit Hölderlin und Heraklit.

Seine tagebuchartigen Aufzeichnungen reichen kaum hinaus über spärliche Schilderungen, wie man sie auch am Schreibtisch daheim zu Papier bringen könnte, ohne dass man Gefahr läuft, Falsches zu behaupten. Was Heidegger zwischen Ithaka und Delphi erblickt, sind immer nur Täler, Gebirgszüge und Ebenen. Viel mehr vermag sein Auge, das auf Geistiges gerichtet ist, nicht zu entdecken. Den weit größeren Raum nehmen seine hinlänglich bekannten, in hohem Ton wiederholten Deutungen des antiken Wahrheitsbegriffs ein. Auch werden ausführlich Pindar und Hölderlin zitiert, während so gut wie alles, was die Gegenwart betrifft, Abneigung hervorruft: »Schon die Einfahrt in das Dorf mit den an der Straße gereihten modernen Hotels brachte einen Missklang in die Stimmung. Bis wir jedoch an der kastalischen Quelle angelangt waren, hatte sich wieder ein Schimmer des Weihevollen über den Ort gebreitet.«

Fotografierende Touristen sind ihm ebenso zuwider wie Restaurantsäle, wo man mit andern »abgefüttert wird«, wie Heidegger pikiert formuliert. Weil er am liebsten einem Griechenland begegnen würde, in dem es keine Hotels gibt und keine Griechen, verlässt er nach ein paar Tagen nur noch widerwillig das Schiff. Aus sicherem Abstand will er auf eine Welt blicken, die in dem gleißenden Licht, das sich über die heiligen Gestade ergießt, die Anwesenheit der alten Götter erahnen lässt.

Antiker Atheismus, antiker Agnostizismus. Während Hölderlin noch vom »heiligen Sokrates« spricht, der »das Tiefste gedacht«, ist Sokrates in Nietzsches und Heideggers Augen verantwortlich für die schlimmste Wende in der abendländischen Geschichte: für die Wende zum Rationalismus. Sokrates klagt ständig Argumente ein, für alles und jedes, bloße Ansichten und Meinungen lässt er nicht gelten. An Mythen hat er nie geglaubt, wie sich nicht nur in seiner letzten Lebensstunde zeigt. Im »Phaidon« schildert Platon, wie Sokrates ein letztes Mal mit seinen Freunden zusammensitzt, bevor er den Schierlingsbecher trinken muss. Die Freunde wollen ihn zur Flucht bewegen, Sokrates winkt ab. Er behauptet, man müsse sich vor dem Tod nicht fürchten, hinfällig sei lediglich der Leib, die Seele lebe weiter. Die Freunde möchten es gerne glauben, überzeugt sind sie nicht. Sokrates versucht es mit allerlei Argumenten, keines will ihnen wirklich einleuchten. Nachdem alles nichts nützt, erklärt er schließlich: Dann lasst uns zu guter Letzt auf die Mythen zurückgreifen und hören, was sie zu sagen haben! Wie man es sonst von ihm gar nicht kennt, fängt Sokrates in poetischem Überschwang an, vom Acheron zu erzählen und vom Styx und vom Tartarus und auch von jenen schöneren Orten, wohin die rein gewaschenen Seelen kommen. Als er mit seiner Schilderung zu Ende ist, fügt er hinzu: Wir sind zwar vernünftige Leute und glauben an so etwas nicht, doch manchmal lohnt es sich, so zu tun, als glaube man daran.

Sokrates' Haltung zu den Mythen zeugt von Gelassenheit. Weder kämpft er gegen sie, noch glaubt er an sie. Sie schenken uns Bilder, ohne die das Leben ärmer wäre. Auch das fragmentarische Werk »Über die Götter« von Protagoras, der eine Generation älter ist als Sokrates, setzt ein mit der Feststellung: »Von den Göttern weiß ich weder, dass sie sind, noch, dass sie nicht sind; denn vieles hemmt uns in dieser Erkenntnis, sowohl die Dunkelheit der Sache wie die Kürze des menschlichen Lebens.« Der noch ältere Heraklit erklärt: »Gott ist Tag und Nacht, Winter und Sommer, Krieg und Frieden, Überfluss und Hunger.« Er ist also identisch mit all dem Gegensätzlichen, was die Welt ausmacht. Mehr Zauber ist nicht.

Platon will die Schriften von Homer und Hesiod aus seinem idealen Staat verbannt wissen, weil sie brutalen Blödsinn über die Götter verbreiten. Er hält sie nicht für jugendtauglich, für Kinder eignen sich ihre Hirngespinste schon zweimal nicht. Was man bei Homer und Hesiod über die Götter lernt, ist nur Schlimmstes: Betrug, Eifersucht, Kastration. Kann Kronos, der seinem Vater die Hoden absticht, ein Vorbild sein? Für viele Griechen ist die antike Mythologie schon während der Antike tot und nicht erst seit Ovid, der in seinen »Metamorphosen« ein letztes Mal alles zusammenklaubt, was sich finden lässt an kuriosen Geschichten. Was die Brüder Grimm fürs deutsche Märchen, ist Ovid fürs Damals.

Hölderlins griechische Welt ist eine Fata Morgana, nicht anders als die kommunistische Urgesellschaft von Rousseau und Marx. In seiner Schrift »Glaubten die Griechen an ihre Mythen?« behauptet Paul Veyne: »Der Mythos war nichts weiter als der Aberglaube von Halbgebildeten, den die Gelehrten in Frage stellten. … Im Vergleich zu den christlichen oder marxistischen Jahrhunderten weht durch die Antike oft ein Hauch von Voltaire.« Das Verhältnis der Griechen zu ihren Göttern gleicht unserer Haltung zum Christkind: Die Kinder glauben noch dran, die Großen möchten bloß das Ritual nicht missen.

Was die Griechen betrifft, spricht Veyne von einem »schwankenden Glauben« und von der »Balkanisierung der Köpfe«. Die einen glauben ein bisschen mehr, die andern ein bisschen weniger, manche gar nichts, was aufs Ganze eine Mischung aus »Halbglauben, Zweifeln und Widersprüchen« ergibt. Wenn Veyne Mythen als Legenden charakterisiert, verweist er aufs lateinische legere, das lesen, lauschen, aufschnappen bedeutet. Mythen sind Geschichten, die man erzählt bekommt oder von denen man hört oder die man liest. Kindliche Gemüter halten sie für wahr, andere sagen sich: Se non è vero, è ben trovato – ist's nicht wahr, ist's gut erfunden.

Um vorzuführen, wie bei den Griechen Glauben und Nichtglauben ineinanderspielen, lässt Veyne den Geschichtsschreiber Diodor zu Wort kommen, bei dem es heißt: »Was die legendäre Geschichte betrifft, so soll man nicht unerbittlich nach Wahrheit verlangen, denn alles geschieht wie im Theater; dort glauben wir auch nicht an die Existenz von halb menschlichen, halb tierischen Zentauren, und auch nicht an einen Geryon mit drei Körpern, und dennoch erfreuen wir uns an diesen Fabeln, und indem wir Beifall klatschen, ehren wir den Gott. Herkules hat sein ganzes Leben damit verbracht, die Erde bewohnbar zu machen: es wäre schändlich, verlören die Menschen die Erinnerung an ihren gemeinsamen Wohltäter und machten ihm sein Lob streitig.« Ob es Herkules gegeben hat oder nicht, spielt keine Rolle. Er existiert im kollektiven Gedächtnis. Hat der Trojanische Krieg tatsächlich stattgefunden? Hat es Achill und Odysseus wirklich gegeben? Hat Ödipus mit seiner Mutter geschlafen und seinen Vater erschlagen? Wir wären arm ohne diese Figuren, Sigmund Freud müsste sich seinen Ödipus erfinden.

Paul Veyne spricht von »Palästen der Einbildungskraft«. Man begegnet ihnen überall, auf der ganzen Welt, vor allem in sich selbst. Auch die Vernunft baut sich ihre Paläste, in dem Glauben, es handle sich um nüchterne Gebäude, ohne Arabesken, Ornamente und sonstigen Krimskrams. Doch es gibt keine palastfreien Zonen, selbst wenn die Aufklärung an solche Legenden glaubt. »Das Alltagsleben … ist ein Ort, wo sich die Einbildungen kreuzen«, heißt es bei Veyne. Während die einen den Göttern noch Opfergaben darbringen, halten die anderen Götter bereits für Ausgeburten einer bizarren Phantasie. Heutzutage kann man gleichzeitig an die Vernunft glauben, in die Kirche gehen, Yoga machen, Horoskope legen, bei Blinddarmentzündung sich der Apparatemedizin anvertrauen, sonst aber homöopathische Kügelchen bevorzugen und Akupunktur. Man mischt und mixt, quer durcheinander, hier ein bisschen Rationalismus, dort ein bisschen Esoterik, einerseits viel Technik, andererseits viel alternativ. Wir wechseln von Wahrheitssystem zu Wahrheitssystem und bewegen uns in einem polyphonen Mythengemisch, ohne dass man unter dem Gefühl leidet, sich widersprüchlich zu verhalten.

Zu den Mythen der Gegenwart gehört für Veyne der Glaube, man könne alles mit gesellschaftlichen Mechanismen erklären. Jahrhunderte-, ja jahrtausendelang war das nicht der Fall, und es wird auch nicht so bleiben. Eines Tages wird man staunen, wie gesellschaftsgläubig die Leute heutzutage gewesen sind. Dazu gehört die Überzeugung, man müsse, um durchzublicken, nur wissen, welche Funktion Religionen und Mythen besitzen. Ebenso gehört laut Veyne zu den gegenwärtigen Mythen der Glaube an Einsteins Lehre, obwohl sie, wie er behauptet, keineswegs am Boden der Tatsachen klebe: »Er hat einen theoretischen Wolkenkratzer gebaut, der bis heute noch nicht erprobt werden konnte; und wenn er es wäre, hätte man deshalb noch lange nicht die Theorie verifiziert: sie wäre nur nicht erschüttert. … In unseren Augen ist Einstein wahr, und zwar in einem bestimmten Wahrheitsprogramm, dem der deduktiven und quantifizierten Physik; aber wenn wir an die ›Ilias‹ glauben, wird dies in ihrem mythischen Wahrheitsprogramm nicht minder wahr sein. Und ›Alice im Wunderland‹ ebenso wenig.«

Ist tatsächlich alles so beliebig? Immerhin sucht man bei Blinddarmentzündungen in aller Regel die Klinik auf und nicht den asiatisch inspirierten Alternativmediziner. Schließlich hat jede Entscheidung Konsequenzen, schlimmstenfalls tödliche. Geht es einem gut, kann man sorglos mehreren Gottheiten dienen, in der Not fällt die Qual der Wahl meist nicht schwer. Auch gibt es Ereignisse, die sich nicht mit jovialer Geste ins Reich des Relativen verweisen lassen. Spätestens bei Auschwitz hört das postmoderne Jonglieren auf. Dessen ist auch Paul Veyne sich bewusst, wenn er erklärt: »Klar ist, dass die Existenz oder Nichtexistenz des Theseus und der Gaskammern in einem bestimmten Punkt des Raumes und der Zeit eine materielle Wirklichkeit besitzt, die nichts unserer Einbildungskraft verdankt.« Allerdings fügt er hinzu: »Aber diese Wirklichkeit oder Unwirklichkeit … wird so oder anders interpretiert, je nach gerade geltendem Programm.« Dass es keine deutungsfreien Räume gibt, ist das eine, das andere, dass es gute Gründe gibt, in diesem Fall nicht jedes Programm gelten zu lassen.

Beweisbare Mythe. In Hölderlins »Anmerkungen zu Antigonä« findet sich die Formulierung: »Wir müssen die Mythe nämlich überall beweisbarer darstellen.« Was an ihr soll beweisbar sein? Wie lassen sich gute Gründe für die Wiederbelebung eines olympischen Narrentreibens finden, das bei Jacques Offenbach besser aufgehoben ist als bei einer poeto-politischen Philosophie, die neuzeitliche Sinndefizite zum Verschwinden bringen will?

Andererseits fehlt es der Gegenwart keineswegs an Mythen. In seiner 1960 erschienenen »Kritik der dialektischen Vernunft« verkündet Sartre, der Marxismus bilde den unüberbietbaren Horizont unserer Zeit. Wenige Jahre später zerschlägt Lyotard diesen Glauben mit seiner These, die Zeit der großen Erzählungen sei vorbei. Plötzlich gehört der Marxismus ins Reich der Mythen. So schnell kann es gehen.

Mnemosyne. »Mein einziger Genuß ist wirklich Hoffnung und Erinnerung«, schreibt Hölderlin im Oktober 1795 an Neuffer. Hölderlin meint damit vermutlich keine Kindheitserinnerungen, sondern Größeres: Griechenland und seine Wiederkehr.

In den Kulturwissenschaften rückt seit ein paar Jahrzehnten die Frage nach der kollektiven Erinnerung immer mehr ins Zentrum. Es geht dabei weniger um geschichtliche Ereignisse und Epochen als um Bilder, die sich damit verbinden, und um die Bedeutung, die man ihnen beimisst. Mit den wechselnden Bildern, die wir uns von der Vergangenheit machen, ändert sich die Vergangenheit selbst. Zuweilen geht das mit regelrechten Kämpfen einher, wie etwa bei der Wehrmachtsausstellung oder bei der Verurteilung des Genozids an den Armeniern, auf die man in der Türkei höchst allergisch reagiert hat. Sichtweise steht gegen Sichtweise, jede Seite beansprucht Deutungshoheit. Blickt man in fernere Vergangenheiten zurück, schwächen sich die Deutungskonflikte meist ab. Die Freiheit des bloßen Behauptens wird umso größer, je weniger sich die Dinge historisch belegen lassen. Je weiter man zurückschaut, desto sorgloser lässt sich phantasieren.

Nietzsches altphilologischer Kollege Wilamowitz-Moellendorff gilt als professoraler Pedant, weil er seinem genialischen Antipoden Unwissenschaftlichkeit vorwirft. Dabei hat Wilamowitz keineswegs unrecht, nur erzeugt man mit philologischer Kärrnerarbeit keinen solchen Wirbel wie Nietzsche in seiner frühen Schrift »Die Geburt der Tragödie aus dem Geist der Musik«. Nietzsche setzt dort kühne Thesen in die Welt. Was er über die Griechen sagt, hält historischer Forschung kaum stand, doch er prägt damit bis heute unser Antikebild. Nicht viel anders verhält es sich mit Hölderlin. Ist von den Griechen die Rede, denken wir sofort an diese beiden. Hätte es keinen Hölderlin gegeben und keinen Nietzsche, käme uns beim Stichwort Griechenland nicht sofort Dionysos in den Sinn. Freilich vertiefen wir uns nicht in Hölderlin und Nietzsche, um ernsthaft etwas über die Griechen zu erfahren. Wir lassen uns von ihrer Sprache mitreißen. Wer sich tatsächlich für die frühe, vorphilosophische Antike interessiert, quält sich durch trockene archäologische Abhandlungen und studiert die wenigen erhaltenen Texte aus dieser Zeit. Doch wen interessiert schon die geschichtliche Wahrheit? Überhaupt, was ist Wahrheit? Nietzsche würde sagen: Sie ist der Wille zur Macht und nichts sonst.

Geht man vom Titel aus, handelt Hölderlins Hymne »Mnemosyne« von Erinnerung. Doch so einfach ist es nicht. Gedichte besitzen in aller Regel kein Sujet, selbst wenn die Überschriften es suggerieren. Sie handeln nichts ab, am allerwenigsten Themen. Dennoch geht es in diesem Gedicht um Erinnerung, zumindest in irgendeiner Weise. Es reihen sich Verse und Versfetzen aneinander, ohne offenkundigen Zusammenhang. Das Ende der ersten Strophe meint man ein klein wenig zu verstehen: »Und immer / Ins Ungebundene gehet eine Sehnsucht. Vieles aber ist / Zu behalten. Und Not die Treue. / Vorwärts aber und rückwärts wollen wir / Nicht sehn. Uns wiegen lassen, wie / Auf schwankem Kahne der See.« Man sieht sich Widersprüchen gegenüber: Vieles ist zu behalten, ins Vergangene wollen wir aber nicht schauen! Oder handelt es sich um die Klage über eine Geschichtsvergessenheit, die sich an Zeitgenossen richtet, denen weder am Gedenken liegt noch am Vorausdenken? Die sich ans Hier und Jetzt verschenken und wiegen lassen wie der Kahn auf schwankender See, nur dem Augenblick hingegeben? Gleichzeitig fragt man sich, ob Treue zum Vergangenen sich bloßer Not verdankt. Man stochert in interpretatorischem Nebel, jeder Anflug eines Verstehens verliert sich in noch größerem Nichtverstehen. Man weiß nichts Genaues nicht, um mit Hegel zu reden, in schwäbischer Dialektik.

In seinen »Träumereien eines einsamen Spaziergängers« schildert Rousseau, wie er selig auf dem Bieler See in einem Nachen liegt und sich vom Wasser wiegen lässt, mitten in der Welt fern der Welt, in reiner Gegenwart, weder in Gedanken an Vergangenes noch an Künftiges, ohne Furcht, ohne Verlangen, ohne jeden Drang nach anderem. »Was genießt man in einem solchen Zustand?«, fragt Rousseau und gibt zur Antwort: »Man ist sich selbst genug, wie Gott.«

Im »Hyperion« heißt es: »Schicksallos, wie der schlafende / Säugling, atmen die Himmlischen; /… Und die seligen Augen / Blicken in stiller / Ewiger Klarheit.« Ewigkeit ist ein anderes Wort für reine Gegenwart. Ewigkeit kennt weder die Sehnsucht nach Vergangenem noch nach einer besseren Zukunft. Bezahlt wird dieses Glück allerdings mit schierer Bewusstlosigkeit. Aus Sicht derer, die Bewusstsein besitzen, hat das etwas Trauriges: Man erlebt dieses Glück gleichsam bewusstlos. Es handelt sich um ein schmerzfreies Leben in endlosem Koma. Dagegen ist man als ein von Begierden getriebener Mensch immerzu unruhig. Ständig blickt man ins Gestern oder ins Morgen, ganz im

Hier und Jetzt lebt man nie. Unablässig schweifen die Gedanken in allerlei Richtungen, am Heute halten sie sich so gut wie nie fest. Sie verlieren sich in Phantasien und Phantasmen, Bildern und Visionen, Tagträumen und Utopien.

»Am Feigenbaum ist mein / Achilles mir gestorben, / Und Ajax liegt / An den Grotten der See«, heißt es gegen Ende von »Mnemosyne«. Vermutlich hat es Ajax und Achill nie gegeben; richtiger gesagt, es gibt sie, weil sie bei Homer auftauchen, in seinen Epen, die mündlich überlieferte Geschichten in Verse bannen. Heutzutage würde man von Sagen reden und von Legenden. Was wäre Griechenland ohne Homer und ohne seinen Trojanischen Krieg? Noch Jahrhunderte nach Homer beziehen die drei Tragödiendichter Aischylos, Sophokles und Euripides ihre Stoffe zu großen Teilen von ihm. Was wäre Griechenland ohne diese drei Tragödiendichter? Es blieben noch Sokrates, Platon und Aristoteles, die keine Dichter mehr sind, sondern Philosophen, denen es nicht um Geschichten zu tun ist, sondern um Reflexion.

Erstaunlicherweise zeichnet »Mnemosyne« kein schönes Griechenland mehr. Alles ist zerstört. Hölderlin bemüht sich auch nicht mehr um einen pindarischen Erhabenheitston, auf einmal spielen apokalyptische Bilder aus der Bibel herein. Athen und Jerusalem nähern sich an, auf kryptische Weise, ohne wirklichen Zusammenhang. Dieses Gedicht präsentiert sich selbst als Ruine, in seiner ganzen Gestalt, seinem ganzen Gehalt. Wo bleibt, fragt man sich, der Isthmus, den Hölderlin einst mit dem Neckar vereint hat? Wo die einst besungenen Schiffe Korinths? Wo die heiligen Theater? Wo Vater Äther? »Es blühet / An Dächern der Rauch«, heißt es dort. Sonst blüht weit und breit nichts. Geschichte als sich auftürmendes Trümmerfeld, wie bei Walter Benjamin.

Was also ist Erinnerung? Nichts Fixes und Festes, ein Schweifen und Schwanken mit sich verändernden Bildern. Griechenland, möchte man fast sagen, gibt es gar nicht, es gibt nur Phantasien, die ein Eigenleben führen, mit spärlichem historischem Rückhalt.

Kann man so etwas Erinnerung nennen?

Bibliotheken-Mythologie. »Die Kunst ist eben deswegen dem Philosophen das Höchste, weil sie ihm das Allerheiligste gleichsam öffnet, wo in ewiger und ursprünglicher Vereinigung gleichsam in Einer Flamme brennt, was in Natur und Geschichte gesondert ist, und was im Leben und Handeln, ebenso wie im Denken, ewig sich fliehen muss«, stellt Schelling in seinem »System des transzendentalen Idealismus« fest. Nicht erst mit Mitte zwanzig, als diese Schrift erscheint, nimmt Schelling Abstand vom »Systemprogramm«. In der Kunst können wir unsere Träume von der großen Vereinigung immerzu besingen, das Leben, glaubt Schelling, ist dafür nicht gemacht.

Anders als Hegel hält Schelling allerdings durch seine vielen philosophischen Phasen hindurch an der Verknüpfung des Logos mit dem Mythos fest, was aber nicht bedeutet, dass er wie Hölderlin denkt, mit einer neuen Dichtung ließe sich der alte Götter- und Naturglaube zurückbringen. Während Hölderlin die Wiederkehr der Götter herbeisehnt, entwickelt Schelling eine Philosophie der Mythologie. Der eine gibt sich überschwänglichen Hoffnungen hin, der andere bewahrt reflexiven Abstand.

Ab 1810 erscheinen von Friedrich Creuzer mehrere Bände seiner »Symbolik und Mythologie der alten Völker, besonders der Griechen«. Schnell werden sie zum Standardwerk der damals aufkommenden Orientalistik und Altertumswissenschaft. Auch Schelling bezieht sich in seinen Vorlesungen immer wieder darauf. Bei aller Faszination, die das Mythologische auf

Schelling und Creuzer ausübt, lässt sich schwer übersehen, dass die beiden seine Historisierung betreiben.

Wohin eine solche Historisierung führt, demonstriert Michel Foucault in seinem 1966 geschriebenen Nachwort zu Flauberts »Die Versuchung des Heiligen Antonius«. Obwohl es bei Flaubert um einen christlichen Heiligen geht, tauchen bei ihm zahlreiche mythische Gestalten auf. Sie bedrängen Antonius in der Wildnis, sie verursachen ihm Delirien, Fieberphantasien und Wahnträume. Foucault fügt seinem Nachwort Abbildungen aus Creuzers Bänden bei, mit denen er zeigt, dass Flauberts literarische Visionen sich keiner überschäumenden Phantasie verdanken, sondern dem Studium von Creuzer. Flauberts Schimären entspringen Folianten, die in ehrwürdigen Bibliotheken stehen. »Der Text beschwört Bilder herauf, die völlig traumhaft zu sein scheinen, die große Diana von Ephesus z. B., mit Löwen auf den Schultern, vom Hals herabhängenden Früchten, Blumen und Sternketten, Trauben von Brüsten und einem Rock, aus dem Greife und Stiere hervorquellen«, heißt es bei Foucault. »Aber diese ›Phantasie‹ findet sich Wort für Wort, Zeile für Zeile im letzten Band von Creutzer, Tafel 88.« Fazit: »Das Imaginäre haust zwischen dem Buch und der Lampe.«

Hölderlin müsste entsetzt sein. So war das nicht gemeint mit der Wiederkehr der mythischen Welt. Hölderlin geht es nicht um Bücherwissen, er will die wirklichen Götter zurück. Von den griechischen Wetterwolken, die er sich am Neckar ersinnt, heißt es im »Hyperion«: »Ihren Donner hört ich, wie man die Stimme der Zukunft hört, und ihre Flammen sah ich, wie das ferne Licht der geahneten Gottheit.«

Geerdete Dichtung. Als Tocqueville 1831 durch Amerika reist, um das dortige Gesellschaftssystem zu studieren, stellt er bei aller skeptischen Bewunderung für dieses Land fest, dass die Kunst in einer Demokratie nie allgemeinverbindlichen Wert besitzen wird und sich nur verkauft, was der Masse gefällt. In Tocquevilles Augen spielt dort der Journalismus die maßgebliche Rolle, nicht die Dichtung. Der Mehrheit geht es nicht um Erhebendes und Edles, sie interessiert, was nützlich ist und gut unterhält. Dass in Amerika viel gelesen wird, bestreitet Tocqueville nicht, im Gegenteil. Dort wird sogar viel mehr gelesen als in früheren Zeiten, was schlichtweg mit der aufkommenden Literaturindustrie zusammenhängt. Die Welt der Bücher ist aus einschüchternden Bibliotheken, die nur Gelehrten zugänglich waren, in die Öffentlichkeit ausgewandert. Bildung und Unterhaltung gehören fortan zusammen, was heißt, dass die Leute in aller Regel nichts Abgehobenes lesen wollen. Sieht man von den Indianern ab, für deren Geschichte sich damals so gut wie niemand interessiert, besitzt Amerika fast keine Vergangenheit. Die Salemer Hexenprozesse, von denen Hawthorne erzählt, liegen knapp anderthalb Jahrhunderte zurück, viel weiter reicht die eigene Geschichte nicht. Wenn Melville vom Walfang erzählt, handelt es sich um pure Gegenwart.

Soll es dann doch einmal Poesie sein, muss der Dichter laut Tocqueville »einen Teil der Wirklichkeit unterdrücken und Einbildungskraft bei seinen Bildern walten lassen«, um die Natur und die reale Welt mit Erfundenem zu vervollkommnen. »Dichtung hat nicht die Aufgabe, das Wirkliche zu besingen, sie muss es herrlicher machen«, lesen wir bei ihm. Die Kunst muss für ästhetische Kompensation sorgen, sie muss dem aus Arbeit und Handel bestehenden Alltagsgetriebe etwas Schönes hinzufügen. Schließlich lebt auch in der Demokratie ein Schönheitsideal fort, und sei es in dem Bedürfnis, wirtschaftlichen Erfolg zu haben und diesen Erfolg genießen zu können, durch Lektüre, Gemälde, Musik. Die Kunst hat für jenen Silberstreif am Himmel zu sorgen, der den Alltag überhöht.

Tocqueville resümiert: »Ein aristokratisches Volk neigt stets dazu, vermittelnde Mächte zwischen sich und Gott zu rücken, was bedeutet, dass Dichtung dort gut gedeiht. Ist das Universum mit übernatürlichen Geschöpfen bevölkert, ... schweift die Einbildungskraft frei umher und die Dichter finden mit ihren mannigfaltigen Schilderungen Gehör bei einem zahllosen Publikum. Im Gegensatz dazu ist es in demokratischen Zeiten nicht unüblich, dass die Leute sich über Glaubensdinge und Gesetze eine Menge Gedanken machen. Ihr Skeptizismus zwingt die Vorstellungskraft der Dichter zu mehr Erdhaftung; er bindet sie an die reale, sichtbare Welt.«

Antike Natur, christliche Natur. Die Begeisterung fürs antike Heidentum verdankt sich dem Glauben, die Natur sei pantheistisch beseelt gewesen mit Göttern, Satyrn und Nymphen, während das Christentum sie entzaubert hat. Chateaubriand dagegen behauptet, in der Antike habe die Natur keine wirkliche Rolle gespielt, sie sei den Alten nicht einmal der Schilderung wert gewesen und keiner Bewunderung. »Zwar haben Horaz, Tibull, Properz und Ovid ein paar Naturansichten entworfen«, heißt es bei ihm, »doch es handelt sich um nicht viel mehr als einen von Morpheus bevorzugten Schattenplatz, ein Tal, in das Kythere hinabsteigen muss, eine Quelle, wo Bacchus sich am Busen der Najaden ausruht.« Seelisch erregen lassen sich die damaligen Dichter von der Natur nicht, sie dient nur als Kulisse für mythische Mächte.

Die Aufklärung beginnt für Chateaubriand nicht mit Voltaire, sondern mit dem Christentum, das der Natur ihre Größe zurückgibt. »Es war notwendig«, erklärt er, »dass das Christentum das Volk von Faunen, Satyrn und Nymphen vertrieben hat, um den Höhlen ihr Schweigen zurückzugeben und den Wäldern ihre Träumerei. ... Die Alten sind zu beklagen, denn sie haben im Ozean nichts gefunden als Neptuns Palast und die Grotte des Proteus.« Aus Chateaubriands Sicht besteht das antike Weltbild aus bizarren Göttern, irren Fiktionen, verrückten Phantomen.

1791 schifft Chateaubriand sich in Saint-Malo nach Amerika ein, das er ein knappes Jahr durchreist. In der Schilderung einer Nacht, die er bei den Niagarafällen verbringt, lässt er eine Natur erstehen, die in ihrer Ruhe und Weite vom Göttlichen kündet, allerdings anders als bei den Griechen. An der Antike fehlt ihm, was das Christentum in die Welt gebracht hat: ein Naturgefühl, in dem das Rühmen der Schöpfung einhergeht mit der Klage über unsere Vergänglichkeit. Wer Chateaubriands Religiosität verstehen will, muss nur an einer Küste stehen und beim Blick zum Horizont Verlorenheitsschauer empfinden, die sich mit Glücksgefühlen mischen. Indem das Christentum uns zwischen das Endliche und Unendliche spannt, sorgt es für eine Dramatik, die sich nirgends sinnlicher erleben lässt als beim Blick übers Meer.

Agon. Jakob Burckhardt korrigiert das von Winckelmann und Hölderlin kultivierte Antikebild radikal. Zwar faszinieren auch ihn die Griechen, doch aus anderen Gründen. Burckhardts Faszination ist nicht frei von Kopfschütteln. Für ihn geht es bei den Griechen immer nur um eines: um den Agon, um Kampf, um Sieg. Das fängt bei den Olympischen Spielen an und hört auf bei der sokratischen Rechthaberei. Von Harmonie keine Spur. Man hat es mit Machtmenschen zu tun und mit Emporkömmlingen, an allen Ecken. Ständig führen sie Krieg und schauen auf alles herab, was nicht ist wie sie: hier die Griechen, dort die Barbaren. Am Ende gehen sie an ihrem Hochmut zugrunde. Von wegen edle Einfalt, stille Größe. Laut Burckhardt dürfen wir uns die Griechen nicht als glückliches Volk vorstellen. Agon bedeutet Neid, Konkurrenz, Demagogie, Sykophantentum. Gar nicht zu reden von so nervigen Gestalten wie Sokrates, die ständig auf dem Markt herumlaufen und arglose Zeitgenossen mit der Frage belästigen, ob sie wirklich begründen können, was sie da alles behaupten. Ein unangenehmes Volk, rundum.

Ossian statt Homer. Mit Blick auf die um sich greifende Griechensehnsucht spottet Herder schon vor Hölderlins Geburt: »Griechische Spiele, Griechische Tänze, Griechische Feste, Griechische Offenheit, Jugend und Freude, wo sind sie?« In einem Deutsch, das inzwischen nicht mehr aufsatztauglich klingt, heißt es weiter: »Stellet Griechische Statuen hin, dass jeder Hund an sie pisset, und ihr könnt dem Sklaven, der sie täglich vorbeigeht, dem Esel, der seine Bürde schleppt, kein Gefühl geben, zu merken, dass sie da sei und er ihr gleich werde.« Für Herder steht fest, wir werden niemals wieder ein neues Griechenland bekommen, und das ist auch nicht wünschenswert. Lieber setzt er auf die belebende Kraft nordischer Mythen, vor allem auf »Die Gesänge des Ossian«, ein keltisches Epos, das erst jüngst entdeckt und übersetzt worden ist. Auch Klopstock begeistert sich für diese alte Bardendichtung und ebenso Goethe, den Herder während der Straßburger Studentenzeit aufmerksam macht auf dieses grandiose Werk aus dem dritten christlichen Jahrhundert.

Bald darauf heißt es in Goethes »Werther«: »Ossian hat in meinem Herzen den Homer verdrängt. Welch eine Welt, in die der Herrliche mich führt! Zu wandern über die Heide, umsaust vom Sturmwinde, der in dampfenden Nebeln die Geister der Väter im dämmernden Lichte des Mondes hinführt. Zu hören vom Gebirge her, im Gebrülle des Waldstroms, halb verwehtes Ächzen der Geister aus ihren Höhlen ... Wenn ich ihn dann finde, den wandelnden grauen Barden … und die Zeiten der Vergangenheit in des Helden Seele lebendig werden …, wenn ich den tiefen Kummer auf seiner Stirn lese, … wie er immer neue, schmerzlich glühende Freuden in der kraftlosen Gegenwart … einsaugt und nach der kalten Erde, dem hohen, wehenden Grase niedersieht und ausruft: ›Der Wanderer wird kommen, … der mich kannte in meiner Schönheit, und fragen: ‚wo ist der Sänger, Fingals trefflicher Sohn?‘‹«

Dass »Die Gesänge des Ossian« nicht aus dem dritten christlichen Jahrhundert stammen, sondern von einem zeitgenössischen schottischen Dichter namens Macpherson, weiß Herder nicht. Macpherson gräbt alte Gesänge aus, indem er sie erfindet. Als Diskussionen aufkommen, dass »Ossian« womöglich nicht echt sei, beharrt nicht nur Herder auf dessen Authentizität, auch Goethe verbietet sich jeden Zweifel.

FOREVER YOUNG

Forever young. »Voll göttlicher Jugend frohlockt mein ganzes Wesen über sich selbst, über Alles«, heißt es im »Hyperion«. »Eines zu sein mit Allem, was lebt! … und aus dem Bunde der Wesen schwindet der Tod, und Unzertrennlichkeit und ewige Jugend beseliget, verschönert die Welt. … O Jugend! Jugend! rief er, dann will ich trinken aus deinem Quell, dann will ich leben und lieben. … O laß dir deine Rose nicht bleichen, selige Götterjugend! Laß in den Kümmernissen der Erde deine Schöne nicht altern. Das ist ja meine Freude, süßes Leben! daß du in dir den sorgenfreien Himmel trägst. Du sollst nicht dürftig werden, nein, nein! du sollst in dir die Armut der Liebe nicht sehn. … Ja! rief ein anderer, das ist ewige Jugend, daß immer Kräfte genug im Spiele sind und wir uns ganz erhalten in Lust und Arbeit.«

Hölderlin liebt Wortballungen: göttlichschön, frohvollendet, heilignüchtern. Im »Hyperion« ist von der »himmlischjugendlichen« Natur die Rede, und es heißt gegen die Welt des Erwachsenseins: »Wie hass'ich … alle die Barbaren, die sich einbilden, sie seien weise, weil sie kein Herz mehr haben, alle die rohen Unholde, die tausendfältig die jugendliche Schönheit töten und zerstören, mit ihrer kleinen unvernünftigen Mannszucht!« In Hölderlins frühem Gedicht »Hymne an die Jugend« lesen wir: »In der Jugend Strahlen sonnen / Ewig alle Geister sich.«

Hölderlins Antike verkörpert ewige Jugend. Wieder schreibt im Hintergrund Winckelmann mit, dem es die athletischen Jünglinge angetan haben, wenn er schwärmt: »Die Gymnasia und die Orte, wo sich die Jugend im Ringen und in anderen

Spielen nackend übte, und wohin man ging, die schöne Jugend zu sehen, waren die Schulen, wo die Künstler die Schönheit des Gebäudes sahen; und durch die tägliche Gelegenheit, das schönste Nackende zu sehen, wurde ihre Einbildung erhitzt, und die Schönheit der Formen wurde ihnen eigen und gegenwärtig. In Sparta übten sich sogar junge Mädchen entkleidet oder fast ganz entblößt im Ringen.« Die Götternacht kennt all das nicht, das Christentum hat es nicht mit jugendlicher Erotik. Im Christentum ist viel vom Leiden die Rede. Keine Auferstehung ohne Karfreitag.

Erstaunlich oft findet zu Hölderlins Zeit die Jugend ein abruptes Ende. Nicht nur Werther überlebt sie nicht, auch im realen Leben stirbt so mancher Dichter schnell, bringt sich um oder endet in lebenslänglicher Verstörung: Hölderlin, Kleist, Waiblinger, Lenz. Auch Boehlendorff, dessen Namen man fast nur noch durch zwei Hölderlin-Briefe kennt, legt Hand an sich.

May your heart always be joyful, heißt es in Bob Dylans »Forever Young«. Anders als man annehmen könnte, besingt Dylan allerdings keine ewige Jugend. Er hat dieses Lied für seinen Sohn geschrieben, es handelt sich um ein Gebet: »May God bless and keep you always / May your wishes all come true / May you always do for others / And let others do for you / May you build a ladder to the stars / And climb on every rung / And may you stay forever young.« Neben allem Flehentlichen besitzt dieses wiederkehrende »may« auch etwas Demütiges. Der Glaube, es gäbe ewige Jugend, liegt ihm fern.

»May you always know the truth«, heißt es in der zweiten Strophe. Könnte man sich bei Hölderlin einen solchen Vers vorstellen? Wahrheit setzt Ambivalenz voraus, sie hat mit Schwanken zu tun, mit Ungewissheit, mit Zweifeln und Zutrauen. Heidegger fasziniert an Hölderlins Dichtung, dass in ihr all das keine Rolle spielt, so wenig wie in seinem eigenen Denken. Das Seynsdenken verträgt keine Subjektivität.

Mütterliches Magma. Hinter einer inflationären Signifikat- und Signifikanz-Terminologie verbirgt sich in Julia Kristevas früher Schrift »Die Revolution der poetischen Sprache« die These, dass dichterisches Reden anders funktioniert als gewöhnliches. Wort und Sache sind dort nicht in gleicher Weise zu unterscheiden wie bei der alltäglichen Sprache oder der philosophischen und wissenschaftlichen. Während man mit der alltäglichen die Dinge möglichst eindeutig benennen will, entfaltet die dichterische ein flirrendes Bedeutungsgestöber. Poesie kennt nicht wie die gewöhnliche Sprache eine klare Trennung zwischen Zeichen und Bezeichnetem, Begriff und Gegenstand, Wort und Wirklichkeit. Sie besteht im weitesten Sinn aus Onomatopoese und lebt von einer Sprachmusik, die alles in der Schwebe hält. In Gedichten kann man sich wiegen und sich von ihnen wie getragen fühlen. Sie besitzen ihren Sinn in sich selbst, wie Musik. Weil die poetische Sprache nicht auf Argumentation und Logik aus ist, unterläuft sie alle Grenzen. Sie verlässt das Feld der Thesen, Urteile, Erklärungen, Rechtfertigungen; sie bewegt sich traumwandlerisch zwischen den Welten und entführt in Sphären, die zwar nicht das Gegenteil des Wirklichen darstellen, es aber verwandeln. Imaginäres und Reales fließen ineinander.

Laut Kristeva hebelt Dichtung das Realitäts- und Rationalitätsprinzip aus. Bei Gedichten geht es nicht um ein Entweder-Oder, nicht um Ja oder Nein, nicht um Richtig oder Falsch. Dichtung kommt dem symbiotischen Verlangen entgegen, Ich und Welt verschwimmen zu lassen. Wieder weist der Weg in den Mutterbauch, ins Magma. Wir sind uns dessen nicht bewusst, wir denken daran nicht beim Hören und Lesen von Gedichten. Indem wir uns aber ihren Rhythmen und Melodien

überlassen, gerät alles ins Fließen. Dichtung lebt von Zwischen-
räumen, nicht von Gegensätzen, sie lebt von Übergängen, nicht
von Fixem und Festem. Sie lässt einen im Assoziativen schweben, frei flottierend, wie losgelöst. In der wirklichen Welt zerfällt alles in Einzelnes, in der poetischen beginnt alles zu schwirren: hier das Dingfeste, dort das Delirieren. Kein Wunder, dass
Hölderlin so gern Dionysos anruft, den großen Entgrenzer.

Tränen. Ein Kommilitone schüttet nach ein paar Flaschen Wein
seine Seele aus. Täglich liest er im »Hyperion«, seit Jahren, immer kommen ihm Tränen, erzählt er. Als Baby mussten ihn seine Eltern nach einer Operation wochenlang beim geringsten
Anzeichen von Unruhe beruhigen und füttern, damit er nicht
anfing zu schreien, es wäre offenbar lebensbedrohlich gewesen.
Noch als Erwachsener verschlingt er Unmengen, sein Appetit
ist nicht zu stillen. Auch kann er nachts nicht schlafen ohne verbundene Augen und verstopfte Ohren, ebenso müssen die Ja-
lousien heruntergelassen sein und die Läden zu. Jedes Geräusch
stört, jeder Lichtstrahl.

Nach einer weiteren Flasche erzählt er, dass er seine Freun-
din regelmäßig niedermachen muss. Er muss sie zum Nichts
stempeln. Er will das nicht, kann aber nicht anders. Es passiert
einfach, immer wieder. Dabei hängt er an ihr, hat Angst, sie zu
verlieren, würde um sein Leben bangen, wenn sie nicht mehr
da wäre. Doch er kann es nicht lassen. Diese Anfälle kommen,
ob er will oder nicht. Es ist zwanghaft. Danach kommt die Reue.
Und dann wieder Hyperion. Und Tränen.

Wollust. Über Orests Wahnsinnsmonolog aus Goethes »Iphigenie« sagt Schiller, er durchströme uns mit einer höheren Art
von Wollust. Mehr kann Dichtung nicht leisten, mehr kann
man von ihr nicht verlangen.

Vielleicht sollte man es auch bei Hölderlin dabei belassen. Gerade bei ihm. Vielleicht sollte man seine geschichtsmythischen Visionen als das nehmen, was sie für ihn selbst sind: poetische Antriebskraft. Kann man seinen Glauben nicht als notwendigen Teil einer Dichtung hinnehmen, sozusagen als Motor, bei allem Wissen, dass er seine historische Mission überschätzt, und zwar maßlos, obwohl er daraus seinen Antrieb bezieht? Er selbst mag an diese Visionen zutiefst geglaubt haben, wohin es jedoch führt, wenn auch Baeumler und Heidegger an sie glauben oder Georg Lukács und Peter Weiss, kann man inzwischen zur Genüge sehen: hier faschistisch imprägnierte Lesarten, dort kommunistisch imprägnierte.

Warum lässt man es nicht einfach bei Hölderlins überwältigender Sprachmusik? Bei seinem hochtönenden Rühmen, Klagen, Danken, Mahnen, ohne dass man gleich weltanschauliche Wahrheiten daraus schmiedet?

»Immer ins Ungebundene gehet eine Sehnsucht«, heißt es in »Mnemosyne«. Die späten Hymnen scheinen weltanschaulichen Ballast abzuwerfen. Sie weisen tatsächlich ins Offene, gerade in ihrem Zerbrochenen. Dagegen kommt einem bei Hölderlins prophetischen Versen gelegentlich Goethe in den Sinn: Die Botschaft hör ich wohl, allein mir fehlt der Glaube.

Die letzten Verse von Celans Gedicht »Cello-Einsatz« lauten: »Alles ist mehr / alles ist weniger.«

Mythen und Mysterien. »Einem gelang es – er hob den Schleier der Göttin zu Sais – / Aber was sah er? Er sah – Wunder des Wunders – Sich selbst«, lautet ein Distichon von Novalis.

Wenn Schwärmerei sich mit hehren Reden verknüpft, hat man es nicht selten mit »leerer Tiefe« zu tun, wie Hegel sich in seiner Vorrede zur »Phänomenologie« ausdrückt. Für Hegel dagegen gewinnt der Geist »seine Wahrheit nur, indem er in der absoluten Zerrissenheit sich selbst findet«, »indem er dem Negativen ins Angesicht schaut, bei ihm verweilt«. Hegel rühmt die »ungeheure Macht des Negativen« als »Energie des Denkens«. Bei Hegel muss man sich durch alles hindurcharbeiten: durchs Leben, durchs Denken, durch sich selbst, durchs Denken der andern, durch ihre Gefühle, durch alles. Immerzu, bis zum Ende. Was sich dabei ereignet, nennt Hegel Vermittlung. Manchmal kann man auch von Liebe sprechen, auf schwankendem Boden, wie immer, wie bei allem.

Theologenblut. Friedrich Nietzsche, der Sohn eines protestantischen Pfarrers, verkündet in seiner finalen Schrift »Der Anti-Christ«: »Unter Deutschen versteht man sofort, wenn ich sage, dass die Philosophie durch Theologen-Blut verderbt ist. Der protestantische Pfarrer ist Großvater der deutschen Philosophie, der Protestantismus selbst ihr peccatum originale. Definition des Protestantismus: die halbseitige Lähmung des Christentums – und der Vernunft … Man hat nur das Wort ›Tübinger Stift‹ auszusprechen, um zu begreifen, was die deutsche Philosophie im Grunde ist – eine hinterlistige Theologie.«

Im 19. Jahrhundert gehört der junge Nietzsche zu den wenigen, die Hölderlin überhaupt wahrnehmen. In einem Brief an Erwin Rhode nennt er ihn den Liebling aus seiner Gymnasialzeit. Näheres zu Hölderlin findet sich in Nietzsches Werk nicht, sein Name taucht an nur wenigen Stellen auf, reichlich beiläufig. Vermutlich verbindet Nietzsche mit dem Tübinger Stift weniger Hölderlin als Hegel und Schelling, zwei seiner Lieblingsfeinde, vor allem Hegel. Mehrfach taucht im »Anti-Christ« der Begriff Theologen-Blut kurz hintereinander auf. Nietzsche hebt hervor, dass er selbst am besten weiß, was es heißt, mit Theologen-Blut verderbt zu sein. Man kommt nicht los davon, oder nur mit größter Mühe. Jeder ist damit infiziert, der von einer besseren Welt träumt.

Nietzsches Gegenmittel: der Amor fati.

Handelt es sich beim Amor fati nicht auch um eine Illusion? Um einen Haltegriff, der wenig Halt gibt? Um weltanschauliches Heroentum, das sich selbst einiges vormacht? In mannhafter Weise, in stoischem Standhalten?

Göttliche Worte. Vielleicht hat Nietzsche in einem ganz anderen Sinn recht, als ihm vorschwebt. Als gebürtiger Protestant mag er den Protestantismus noch weniger als den Katholizismus, in dessen Macht- und Prachtentfaltung er immerhin ein gewisses Nachleben antiker Größe erkennt. Dagegen hat der Protestantismus sich neuzeitlicher Nüchternheit, Entzauberung, Rationalität verschrieben. Von Kunst keine Spur, sieht man ab von Musik. Bilder schätzt der Protestantismus nicht, für große Zeremonien besitzt er keinen Sinn. Das Einzige, worauf er baut, ist das Wort. So wie Hölderlin, der glaubt, dass Dichtung die Welt wieder verzaubern kann. Hölderlin setzt nicht auf die Bibel, er setzt auf Pindar und sich selbst. Für den Protestantismus ist er verloren, dem Glauben an die Kraft und Macht des Wortes bleibt er treu.

Ohne Widerspruch. In Gershom Scholems Schweizer Tagebuchaufzeichnungen, die von 1918 bis 1919 reichen, findet sich der Satz: »Hölderlin und die Bibel sind die einzigen Dinge auf der Welt, die sich niemals widersprechen können.«

So dacht' ich. Nächstens mehr lauten die Schlussworte des »Hyperion«. Zwei Stummelsätze, die in ihrer schieren Lockerheit schwerlich zum Vorigen passen. Sie kommen so lakonisch daher, dass man das permanente Pathos der vorangegangenen zweihundert Seiten fast entschuldigen möchte. Als müsse man sie nicht wirklich ernst nehmen. Als distanziere Hölderlin sich selbst davon, allein mit dieser schönen Floskel: »So dacht' ich. Nächstens mehr.« Als sei er selbst froh, dass nun Schluss ist, zumindest fürs erste. Genug von den überkandidelten Seelenergüssen!

In der Stuttgarter Ausgabe findet sich die Bemerkung, Hölderlin habe am 21. Januar 1841 zu seinem Besucher Christoph Theodor Schwab gesagt, als dieser in den aufgeschlagenen »Hyperion« schaut: »Guck nicht so viel hinein, es ist kannibalisch.«

Interpretieren, Deuten, Erläutern. Ums Deuten kommt man nicht herum, es geschieht von allein. Jedes Lesen setzt Assoziationen frei; wir haben sie nicht im Griff, sie schweifen in tausenderlei Richtungen. So manche Hölderlin-Deutung lebt jedoch von einem Auslegungsdrang, der weniger von dem Willen zeugt, Schwerverständliches verstehen zu wollen, als von dem Willen, ihn dem eigenen Weltbild einzuverleiben.

Hölderlins späte Elegien sind für endlose Exegesen wie geschaffen, weit mehr als die meisten Goethe-Gedichte, denen Heidegger zu Beginn seiner Hölderlin-Vorlesungen bescheinigt, sie bestünden aus bloßem Singsang, Versgehüpfe, Reimgeklingel. Während der Weltbürger Goethe Gedichte für Krethi und Plethi schreibt, ergeht Hölderlin sich in vieldeutigen Versgebilden, in denen unendlicher Tiefsinn zu stecken scheint. Hölderlin gilt als Wegbereiter einer Dichtung, die man im 20. Jahrhundert als hermetisch charakterisiert. Er sei seiner Zeit weit voraus, behauptet Lacoue-Labarthe, der ihn zum Avantgardisten der Avantgardisten kürt. Mit Celan gehört Hölderlin zu den Dichtern, die Literaturwissenschaftler ein Lebtag lang in Brot und Würden setzen. Auch so mancher Philosoph hofft mit Hölderlin in Tiefen vorzustoßen, die kein anderer Dichter und

Denker je ausgelotet hat. Dieter Henrich sieht sich durch den Traktat-Fetzen »Urteil und Sein« zu Deutungen inspiriert, die ins Uferlose reichen und zwischen Akribie und Abdrift schwanken. Den staunenden Leser überkommt das Gefühl, in einer Handvoll orakelnder Hölderlin-Sätze stecke mehr Weisheit als in der gesamten Bibel. Aber auch bei Henrich endet alles in der immer gleichen Vision von allumfassender Vereinigung. Das A und O bleibt das Ur-Eine.

Auf der anderen Seite sieht man sich mit weltanschaulichen Hölderlin-Annexionen konfrontiert, von der völkisch-germanischen bis zur marxistischen, antipsychiatrischen, diskurskritischen. Alles, was sich denken lässt an Gegensätzen, ist vorhanden. Alle schlagen Kapital aus Hölderlin, alle beanspruchen ihn, in absolutistischer Gänze. Allein zwischen den Verfechtern der Stuttgarter Hölderlin-Ausgabe und der Frankfurter entsteht ein wahrer *polemos*: ein Krieg um die reine Wahrheit, um die einzig richtige Deutung. Philologie entpuppt sich als Politik. Wo steht der Herausgeber, wie lässt er sich zuordnen, was will er bezwecken mit seiner Ausgabe? So lauten die imperativischen Fragen.

Mit seinen Geschichtsmythen eignet Hölderlin sich besser für weltanschauliches Gegrapsche als die meisten anderen Dichter. Fast möchte man sagen, er habe alles dafür getan, vereinnahmt zu werden. Warum aber hat Hölderlin eigentlich Gedichte geschrieben, wenn seine Botschaft sich auch in klare Prosa fassen lässt? Hölderlin selbst würde antworten, dass die Götter sich nur in dichterischer Sprache wieder zum Leben erwecken lassen. Doch muss man ihn in dieser Hinsicht ernst nehmen? Wozu so viel Gewese um Dinge, die sich scheinbar unmissverständlich ausdrücken lassen? Warum zu Hölderlin greifen, wenn man Marx meint? Oder Hitler? Wozu so viel Deutungskrämerei, wenn es um die Rehabilitierung urtümlicher

Instinkte geht und um den Kampf gegen den christlich-jüdisch-aufklärerischen Universalismus? Wozu so viele exegetische Affentänze um pindarisch klingende Verse, nur um zu verkünden, dass die Germanen allen andern Völkern überlegen sind?

Heidegger besitzt die Chuzpe, seine Deutungen als Erläuterungen auszugeben. Er wehrt sich ausdrücklich gegen den Begriff Interpretation. Mit schulmäßigem Gewerkel will er nichts zu tun haben. »Die vorliegenden *Erläuterungen* beanspruchen nicht, Beiträge zur literaturhistorischen Forschung und zur Ästhetik zu sein. Sie entspringen einer Notwendigkeit des Denkens«, erklärt er. Während andere bloß Fußnotenliteratur produzieren, steigt er in unermessliche Tiefen hinab. Wer von Erläuterungen spricht, weiß bereits, worum es geht. Heidegger legt offen, was andere mit ihrem emsigen Kommentierungsgeschäft immerwährend zuschütten. Stets geht es bei Heidegger ums Entbergen des Verborgenen, daraus besteht sein ganzes Tun. Schließlich übersetzt er das griechische *aletheia* nicht wie üblich mit Wahrheit, sondern mit Unverborgenheit. Wahrheit ist für ihn nicht das Gegenteil des Falschen, Wahrheit ist für ihn gleichbedeutend mit Lichtung. Mit seinen Erläuterungen bringt er ans Licht, was andere zustellen. Heidegger glaubt, das von Hölderlin Offenbarte zu offenbaren.

Nicht nur Heidegger, auch Lukács und Peter Weiss würden bestreiten, dass ihre Hölderlin-Aneignungen von Willkür zeugen. Ihnen allen geht es ums Ganze: ums Ganze des Seins, ums Ganze der Welt, ums Ganze der Gesellschaft, ums Ganze der Geschichte. Sie finden bei Hölderlin eine Botschaft, die ihre eigene Botschaft ist. Sie pressen aus seinen Versen weltanschauliche Wahrheiten heraus, die für sie längst feststehen.

Dass aus Hölderlins Werk eine abgründige Sehnsucht nach allumfassender Vereinigung spricht, ist offenkundig. Wer daraus ein politisches Programm bastelt, begibt sich in bedenk-

liches Fahrwasser. Während die Literaturwissenschaft zum Ein-
sortieren tendiert, ist bei weltanschaulichen Vereinnahmungen
purer Machtwille am Werk. Hölderlins Dichtung dient dann
als Mittel zum Zweck. Nach außen verneigt man sich vor ihr, in
Wirklichkeit vergewaltigt man sie.

Um einen Dichter, den bis Anfang des 20. Jahrhunderts
kaum jemand kennt, werden regelrechte Schlachten geschlagen. Man rennt mit Hölderlin gegen den Weimarer Klassizis-
mus an, kürt ihn zum Hohepriester germanisch-griechischen
Heroentums, stilisiert ihn zum frühen Marxisten. Foucault
führt an ihm vor, wie die Ausschlussmechanismen der aufklä-
rerischen Vernunft funktionieren. Im Zuge der antipsychiatrischen Kritik am Einsperren und Wegschließen wird Hölderlin
als berühmtes Beispiel dafür angeführt, dass die herrische Epis-
teme der westlichen Moderne alles Abweichende als wahnsinnig stigmatisiert. Foucault glaubt in diesem Wahnsinn ein Denken zu erkennen, das den Weg weist in eine Zukunft, die der
Tyrannei der Rationalität ein Ende setzt.

Hermetic radiance of great suns lautet ein Vers aus Geoffrey
Hills Gedicht »Little Apocalypse«. Sein Untertitel: »Hölderlin
1770–1843«.

Ja, möchte man sagen, das ist es! Ohne zu wissen, was es ist:
hermetisches Strahlen großer Sonnen.

Zuweilen hat man Orakel bezahlt für ihre Orakelsprüche,
und zwar im Voraus. Man wollte nicht gänzlich dem Zufall
überlassen, was dabei herauskommt. Man fühlt sich hingezo-
gen zu Rätselhaftem, möchte aber nicht völlig überrascht werden.

Schreiben Dichter Gedichte über Dichter, spinnen sie neue
Rätsel.

Jetzt aber. Immer wieder Hölderlins Aber. Zuweilen erregt einen an seiner Dichtung vor allem dieses Aber. Es versetzt die Welt in die Schwebe, rückt alles näher und ferner zugleich: »Aber unten im Tal …« – »aber drüben am See …«.

Manchmal ersteht die Welt wie neu, in reiner Wiederkehr: »Jetzt aber tagts!«

Manchmal klingt dieses Aber auch biblisch: Ich aber sage Euch!

Und dann wieder ganz anders.

»Aber jetzt« – »aber noch« – »aber doch« – »aber ihr« – »aber wir« – »aber schwer« – »aber näher« – »jetzt aber« –

Tübingen, die Welt, gestern, heute. Um Hölderlin ist es wieder ruhiger geworden. Die großen weltanschaulichen Debatten sind abgeklungen, der Kampf zwischen Frankfurter Ausgabe und Stuttgarter ist weitgehend Geschichte. Zu der Zeit, als diese Kämpfe stattfinden, tippt man Haus- und Doktorarbeiten noch auf mechanischen Schreibmaschinen. Wer es sich leisten kann, besitzt bereits eine elektrische, mit der sich bis zu vier, fünf Zeilen rückwärts korrigieren lassen. In der Unibibliothek stehen noch Dutzende von Schränken mit Abertausenden abgewetzter, zum Teil handgeschriebener Karteikarten. Bibliographieren beansprucht Tage und Stunden, meterweise Nachschlagewerke für jedes Fach, geordnet nach Jahreszahlen, für Hölderlin ist der Köttelwesch zuständig. Bekommt man ein Buch nicht vor Ort, kann man es per Fernleihe bestellen, was dauern kann, manchmal Wochen. Allenfalls in den Naturwissenschaften benutzt man gelegentlich schon Rechner, unförmige Geräte, verglichen mit heutigen Laptops.

In den Geisteswissenschaften zeichnet sich noch nicht einmal am Horizont ab, was zwanzig Jahre später globale Realität ist: Computer und Internet. Noch nirgends macht der Name

Silicon Valley die Runde, zumindest nicht bei Leuten, die Adorno lesen. Gäbe es schon den Begriff Start-up-Unternehmen, man würde die Nase rümpfen. Noch nirgends ist die Rede von virtuellen Welten.

Es gibt noch den ewigen Studenten und noch keine Bologna-Studien, keine Module, kein Punktesystem, keine Regelstudienzeit, keine Anwesenheitspflicht. Niemand an der Uni ist angehalten, Gelder zu akquirieren; undenkbar, dass jemand sich erlauben würde, von Effizienz zu reden. Man lebt auf einer Insel, auf der Humboldts Bildungsideale nachhallen. Die philosophische Fakultät ist noch nicht von der analytischen Philosophie erobert und von Professoren, die so gut wie alles von Hegel über Nietzsche bis zu Adorno und Derrida für Geschwätz halten, das bestenfalls ins literaturwissenschaftliche Seminar gehört.

Auch gibt es noch keine sozialen Netzwerke, zumindest nicht im medial-digitalen Sinn. Selbst portable Telefone gibt es noch keine. Man zieht in den WGs meterlange Kabel hinter sich her, von Zimmer zu Zimmer, durch die Flure, alle verdrillt, zerschlissen, halbkaputt. Auch fährt noch nirgends ein ICE, es gibt Schnellzüge und Bummelzüge. Zwischen Tübingen und Stuttgart zuckelt bis heute die Regionalbahn übers Land, mit den Stationen Oberboihingen und Nürtingen, wohin Hölderlin im Frühjahr 1788 aus dem Tübinger Stift an die Mutter schreibt: »Bleiben Sie in Nürtingen, so fahr ich in dem Unterboihinger Gefährt bis nach Boihingen und Sie kommen mir entgegen, kommen Sie aber ins Unterland, so erwarte ich Sie am Dienstag nach dem Palmtag in Schwiebertingen im Ochsen.«

Würde man zwischen der Neckarbrücke und dem Schlossberg nebst den Autos die Straßen- und Ladenschilder verbannen, man befände sich beinahe im Tübingen Hölderlins. Zwischen 1788 und 1988 gibt es weniger radikale technisch-mediale Veränderungen als zwischen 1988 und 2008. Eine Welt ohne Google, iPhone und Facebook kann sich niemand mehr vorstellen, selbst in entlegensten Weltgegenden nicht, sofern es noch entlegene Weltgegenden gibt. 1988 kann sich auch so gut wie niemand vorstellen, dass es die DDR bald nicht mehr gibt und der ganze Ostblock zusammenbricht. Ein Gedanke, so absurd wie der Glaube an die Wiederkehr der Götter.

Das Stift wird bis heute von einem Ephorus geleitet. Zu Hölderlins, Schellings und Hegels Zeiten hat zum Naturalstipendium neben freier Kost und Logis eine tägliche Ration Wein gehört. Neben dem Stift steht immer noch die Burse, in sanftem Rosa und stoischer Gelassenheit, als wartete man bloß darauf, dass der akademische Effizienzspuk eines Tages ein Ende findet und wieder ein Geist zu wehen anfängt, der niemandem dienen muss als sich selbst.

Ein bisschen steht um die Alte Burse herum noch immer die Zeit still, nicht nur bei Nacht. Hört man Schritte hallen durch die Stille, hört man auch noch anderes. Es liegt in der Luft, zwischen der Platanenallee, dem Neckar und den Kopfsteinpflastergassen. Es sind Geister, die nichts von Geistern an sich haben. Gespenster ohne Gespenstisches. Anwesenheit könnte man dazu sagen. Anwesenheit aus naher Ferne, von was auch immer.

INHALT

Forever young – May your heart always be joyful – Mütterliches Magma – Tränen – Wollust – Mythen und Mysterien – Theologen-Blut – Göttliche Worte – Ohne Widerspruch – So dacht' ich. Nächstens mehr – Interpretieren, Deuten, Erläutern – Hermetic radiance of great suns – Jetzt aber – Tübingen, die Welt, gestern, heute